Dorn-Bader

Physik

12. Jahrgangsstufe

Bayern-Grundkurs

Schroedel Schulbuchverlag

Dorn-Bader
Physik — 12. Jahrgangsstufe
Bayern-Grundkurs

Herausgegeben von:
Professor Dr. Franz Bader — Professor Friedrich Dorn

Bearbeitet von:
Professor Dr. Franz Bader, Ludwigsburg — Studiendirektor Dr. Helmut Bergold, München — Oberstudiendirektor Dr. Peter Drehmann, Kornwestheim — Studiendirektor Gottfried Staiger, Stuttgart

in Zusammenarbeit mit der Verlagsredaktion

Illustration:
Günter Schlierf
Peter Langner

Fotos:
Hans Tegen

Titelbild: Interferenz von weißem Glühlicht an einer dünnen Schicht aus Zapponlack
Foto: Wolfgang Staiger, Stuttgart

Hinweis:
Weitere Computerprogramme zur gesamten Oberstufenphysik sind in „Bader/Sexl — Computerprogramme zur Physik", Bestell-Nr. 86230, enthalten.
Die darin abgedruckten Computerprogramme werden auch zur gesamten Oberstufenphysik auf Disketten gespeichert angeboten.

ISBN 3-507-**86115**-1

© 1987 Schroedel Schulbuchverlag GmbH, Hannover

Alle Rechte vorbehalten. Dieses Werk sowie einzelne Teile desselben sind urheberrechtlich geschützt. Jede Verwertung in anderen als den gesetzlich zugelassenen Fällen ist ohne vorherige schriftliche Zustimmung des Verlages nicht zulässig.

Druck $A^{5\ 4\ 3\ 2\ 1}$ / Jahr 1991 90 89 88 87

Alle Drucke der Serie A sind im Unterricht parallel verwendbar, da bis auf die Behebung von Druckfehlern untereinander unverändert. Die letzte Zahl bezeichnet das Jahr dieses Druckes.

Gesamtherstellung: Universitätsdruckerei H. Stürtz AG, Würzburg

Liebe Schülerin, lieber Schüler!

Sie haben sich für eine Weiterführung der Physik im Grundkurs entschieden, weil Sie sich von ihr wichtige Beiträge zu einer modernen Allgemeinbildung versprechen oder weil Sie ein gutes naturwissenschaftliches Fundament für Studium und Beruf brauchen. Für beides bietet die Physik ein breites Spektrum an, das durch seine Geschlossenheit besticht.

Der vorliegende Band enthält die für die Jahrgangsstufe 12 vorgesehenen Gebiete des Grundkurses: elektrische und magnetische Felder und deren Verkettung bei der elektromagnetischen Induktion. Es schließen sich die elektromagnetischen Schwingungen und Wellen an. Wir bleiben aber bei diesen klassischen Gebieten nicht stehen, sondern geben einen ersten Einblick in die Physik unseres (des 20.) Jahrhunderts, die mit der Entdeckung der Quanten begonnen hat.

Wir haben uns Mühe gegeben, zusammenhängende Strukturen auf Grundkursniveau zu entwickeln und miteinander zu verzahnen. Die angeführten Gebiete hängen nämlich noch enger miteinander zusammen, als es auf den ersten Blick erscheinen mag. Die *Feldphysik* führt nahtlos von der Elektrizität über die elektromagnetischen Schwingungen und Wellen zur Optik. An einer Kette von Indizien, zu denen vor allem Interferenz- und Beugungserscheinungen gehören, zeigen wir, daß Licht eine elektromagnetische Welle ist, also ein Vorgang in zeitlich veränderlichen elektrischen und magnetischen Feldern. Versuche mit Mikrowellen sind dabei besonders hilfreich. In elektromagnetischen Feldern zeigen sich überraschenderweise bei sehr hohen Frequenzen, also beim Licht, Quanteneigenschaften.

Gerade bei diesen fremdartigen Quanteneigenschaften bietet es sich an, die Methoden physikalischer Erkenntnisgewinnung näher zu beleuchten. Wir versuchen dort besonders deutlich zu machen, wie sich physikalische Erkenntnisse, Gesetze und Definitionen aus den Experimenten entwickeln.

Ein wesentliches Strukturelement dieses Bandes ist der Feldbegriff. Er entstand in der Elektrizitätslehre. Doch verdeutlichen wir ihn auch am Gravitationsfeld. Auch im Grundkurs bleiben wir nicht beim homogenen Feld stehen, sondern deuten an, wie man die allgemeineren Feldgesetze veranschaulichen kann. Moderne Geräte – wie etwa die Hallsonde – ermöglichen es, elegant zu den magnetischen Feldbegriffen zu führen.

Gegenüber einem Leistungskurs entfallen schwierigere Formeln und Berechnungen, etwa zur Wechselstromlehre. Im Grundkurs verzichtet man auch auf den Einfluß der Felder auf Materie, insbesondere bei Licht und elektromagnetischen Wellen. Der Blick konzentriert sich auf die wesentlichen Einsichten in Felder und in die Natur des Lichts.

Um auch die *Anwendungen der Physik* gebührend zu berücksichtigen, haben wir solche herausgestellt, die Sie wahrscheinlich persönlich interessieren. Sie entstammen dem modernen Gebiet der HiFi-Technik, also der Elektroakustik (Mikrofone, Lautsprecher, Tonabnehmer, Klangregler). Sie können im Prinzip durchaus mit Grundkurskenntnissen verstanden werden.

Das Erarbeitete muß häufig wiederholt und gefestigt werden. Deshalb schließen wir jedes Kapitel mit einer Übersicht ab, sozusagen einer strukturierten Formelsammlung. Sie wird von weiteren Aufgaben begleitet, die zu gedanklichen Querverbindungen anregen und Ihnen helfen, sich auf das Abitur vorzubereiten.

Viel Spaß und guten Erfolg!

München, im Frühjahr 1987

Autoren und Redaktion

Inhaltsverzeichnis

Elektrische und magnetische Felder

§1	Elektrizität in Physik und Technik	6
§2	Ladung und Strom	8
§3	Spannung und Widerstand	11
§4	Elektrische Felder	16
§5	Die elektrische Feldstärke E	20
§6	Spannung und Feld	22
§7	Flächendichte der Ladung	24
§8	Kondensatoren; Kapazität	26
§9	Der Millikan-Versuch	28
§10	Der Elektronenstrahl	30
§11	Das Oszilloskop	32
§12	Das Besondere am Magnetismus	34
§13	Lorentzkraft an bewegter Ladung	36
§14	Messung magnetischer Felder	38
§15	Magnetfeld von Spulen; Erdfeld	42
§16	Die Größe der Lorentzkraft F_L	44
§17	Die Elektronenmasse	45
§18	Elektronenbewegung in Feldern	48
§19	Teilchen-Beschleuniger	50
§20	Allgemeine Feldgesetze	53
§21	Unsere Feldstrategie	54

Zeitlich veränderliche Felder

§22	Induktion durch Lorentzkräfte	56
§23	Induktion im ruhenden Leiter	60
§24	Elektrische Wirbelfelder	62
§25	Sinusförmige Wechselspannung	63
§26	Effektivwerte bei Wechselstrom	66
§27	Die Selbstinduktion	69
§28	Umladungen von Kondensatoren	75
§29	In Feldern sitzt Energie	77
§30	Zeitlich veränderliche Felder	79

Schwingungen und Wellen

§31	Der Schwingkreis	80
§32	Ungedämpfte elmag. Schwingungen	84
§33	Hochfrequenz	89
§34	Der Hertz-Dipol	91
§35	Eigenschaften von Wellen	94
§36	Die elektromagnetische Welle	101
§37	Radiowellen und Rundfunk	107
§38	Mikrowellen	114
§39	Geometrische Optik	116
§40	Die Lichtgeschwindigkeit	117
§41	Die Beugung des Lichts	119
§42	Interferenz bei Lichtwellen	120
§43	Die Kohärenz des Lichts	125
§44	Das optische Gitter	127
§45	Das elektromagnetische Spektrum	134

Lichtquanten

§46	Fotoeffekt und Energiequanten	136
§47	Photonenimpuls	142
§48	Paarbildung und Zerstrahlung	143
§49	Die Quanten im Gesamtspektrum	144
§50	Was bedeutet die Welle?	145
§51	Was bedeutet das Quant?	147
§52	Zusammenfassung	149

Anhang

Spektraltafel	150
Physikalische Konstanten	151
Stichwortverzeichnis	151

Bildquellenverzeichnis

Baader Planetarium KG, München: 142.1
Dr. F. Bader, Ludwigsburg: 46.1, 49.2b, 52.2, 145.2, 146.1
BFA Education Media, New York: 87.3
Deutsches Elektronen-Synchrotron, Hamburg: 52.1b
Deutsches Museum, München: 7.2, 7.3, 60.1a, 105.2, 107.1, 108.1, 117.1, 123.2
Gentner, Maier-Leibnitz, Bothe, „Atlas typischer Nebelkammerbilder", Springer-Verlag, Berlin-Heidelberg-New York: 143.1
Leybold-Heraeus GmbH, Köln: 27.1b, 48.2
Max-Planck-Institut für Radioastronomie, Bonn: 113.3
NEVA KG, Geislingen: 45.1a, 62.2
G. Staiger, Stuttgart: 127.1, 129.1, 132.2
U. Staiger, Stuttgart: 119.3, 120.2b, 121.1
W. Staiger, Stuttgart: 72.1, 72.2, 73.1, 74.1, 76.1, 81.1, 118.1
Ullstein-Bilderdienst, Berlin: 139.1

Alle übrigen Fotos: Hans Tegen, Hambühren

Die Lehrmittelfirmen Dr. H. Kröncke KG, Hannover; Leybold-Heraeus GmbH, Köln; Neva, Dr. Vatter KG, Geislingen; Phywe AG, Göttingen, stellten freundlicherweise Geräte für die fotografierten Versuchsaufbauten zur Verfügung.

Die hier getroffene Auswahl bezweckt keine qualitative Hervorhebung einzelner Fabrikate; sie läßt insbesondere nicht die Schlußfolgerung zu, daß Geräte anderer als der gewählten Lehrmittelfirmen nicht möglicherweise genauso oder besser für die einzelnen Versuchsaufbauten geeignet sind.

Elektrische und magnetische Felder

§ 1   Elektrizität in Physik und Technik

1. „Elektrizität in jedes Gerät!"

Mit diesem Werbespruch riefen die zu Beginn des Jahrhunderts gegründeten Elektrizitätsgesellschaften auf, das Bügeleisen und den Küchenherd nicht mehr mit Holzkohle und die Waschmaschine nicht mit der Hand zu betreiben. Elektrizität gehöre in jedes Gerät! Heute beherrscht sie unseren Alltag; sie wurde zur Großmacht. Männer wie *Werner von Siemens* haben nämlich ab 1860 aus den höchst einfachen Geräten des Engländers *Michael Faraday (Bild 7.3)* zur Induktion *(Bild 60.2)* nicht nur riesige Dynamomaschinen und Elektromotoren entwickelt. Sie schufen auch Wirtschaftsunternehmen mit Weltgeltung. Aus Hinterhofbetrieben wurden bisweilen Großunternehmen. Ähnliches erleben wir heute bei der Computerindustrie, dem neuesten Ableger von Elektrotechnik, Physik und Mathematik. Dabei entstanden auch neue Berufe, damals der Elektroingenieur, heute der Informatiker. Zu ihrer Ausbildung wurden Hochschulen gegründet oder erweitert. **Elektrotechnik** und **Informatik** entwickelten sich zu eigenständigen Wissenschaften mit hohen mathematischen und physikalischen Anforderungen. Die Auswirkungen der Elektrotechnik können wir heute einigermaßen überblicken, die der Computer noch nicht. Allzuschnell verändern sie Forschung und Arbeitswelt.

2. Elektrizität — schon immer in jedem Gerät!

Die Griechen fanden, daß Bernstein (griech. elektron) durch Reiben „elektrisch" wird und geheimnisvolle Anziehungskräfte ausübt. An elektrostatischen Aufladungen und prickelnden elektrischen Schlägen belustigte man sich in der Barockzeit *(Bild 7.2)*. Heute kennen wir elektrische Funken vom Umgang mit gut isolierenden Kunststoffböden und Pullovern. Im Grunde war also die Elektrizität schon immer in jedem „Gerät". Die wichtigsten Ladungsträger **Elektronen** und **Protonen** sind nämlich Bestandteile aller Materie. Doch blieb die Elektrizität lange verborgen und fand erst zögernd Einlaß in die Physik.

3. Elektrizität führte Faraday zur Feldphysik

a) Die großen Physiker *G. Galilei, J. Kepler* und *I. Newton* befaßten sich nicht mit elektrischen Spielereien. Elektrische Experimente überließen sie Männern, die nur in ihren Mußestunden die Natur erforschten: *O. von Guericke* (Bürgermeister von Magdeburg um 1660), *B. Franklin* (amerik. Staatsmann um 1750; Erfinder des Blitzableiters) u.a. Die damaligen Physiker sahen nämlich in der Natur verschiedene, streng voneinander getrennte Teilbereiche. Sie glaubten, Magnete würden nur auf Magnete, elektrische Ladungen nur wieder auf Ladungen wirken. Der alle Bereiche umfassende Energiebegriff wurde erst um 1850 geschaffen.

b) Der ital. Arzt *L. Galvani* fand etwas Neues: Ein feuchter Froschschenkel zuckt beim Berühren mit zwei verschiedenen Metallen zusammen. Danach baute *A. Volta* 1801 aus Elektrolyten und zwei Metallen das erste **galvanische Element**. Damit schlug er eine Brücke von der Elektrizitätslehre zur Chemie. Dieses Element lieferte die ersten Dauerströme, mit denen man um 1800 Drähte zum Glühen brachte. Das Prinzip der Taschenlampe war erfunden.

c) 1820 verknüpfte der dänische Physiker *Chr. Oersted* auch **Elektrizität** und **Magnetismus**. Er gehörte zu den wenigen, die damals vom Wirken universeller Naturkräfte überzeugt waren. Auf der Suche nach solchen Kräften fand er die magnetische Wirkung des Stroms. *A. Ampère* verstärkte sie in Spulen und erklärte die Dauermagnete durch Ströme in atomaren Bereichen. Dieser Zusammenhang im Naturgeschehen beflügelte die wissenschaftliche Welt ungemein.

d) Nun fanden auch mathematisch vorgebildete Forscher wie *Ch. Coulomb* und *C.F. Gauß* Interesse an der Elektrizität. Sie stellten Gesetze für die Kraftwirkung zwischen Ladungen und Magnetpolen auf. Diese deuteten sie als **Fernkräfte**, die ohne Vermittlung von Stoff und Raum zwischen Ladungen und Polen unmittelbar wirken sollten. 200 Jahre früher hatte nämlich der Philosoph und Mathematiker *R. Descartes* vergeblich versucht, die Übertragung von magnetischen und Gravitationskräften durch Wirbel in einem unsichtbaren Stoff zu erklären. Dieser sogenannte *Äther* sollte den ganzen Himmelsraum erfüllen. Solche Hypothesen lehnte *Newton* mit den Worten „hypotheses non fingo" ab. Also galt das Interesse der Forscher lange Zeit nur Körpern, Ladungen und Magnetpolen. Mit dem Raum dazwischen beschäftigte man sich nicht. Beinahe wäre so die Physik in eine Sackgasse geraten, ganz auf Körper fixiert.

e) Wie *Oersted* war auch *M. Faraday (Bild 7.3)* zunächst ein Außenseiter in der Physik. Er hatte sich durch Selbststudium vom Buchbinderlehrling zum glänzendsten Experimentator seiner Zeit hochgearbeitet. Von *Oersted* angeregt suchte er weitere übergreifende Zusammenhänge in der Natur; er ahnte schon den umfassenden Energiebegriff. Zwar fehlten ihm mathematische Kenntnisse, da er es in der Schule nur bis zum Dreisatz gebracht hatte. Dafür beschrieb er seine zahlreichen elektrischen Entdeckungen — etwa die elektromagnetische Induktion 1831 — anschaulich mit magnetischen Feldlinien und führte 1835 die **elektrischen Feldlinien** ein *(Bild 7.1)*. Was sind aber Feldlinien, fragte man *Faraday* vergeblich; erschweren sie nicht das Berechnen elektrischer und magnetischer Kräfte? Werden die Physiker durch die Vorstellung von Feldlinien nicht genau so in die Irre geführt wie früher durch die Äther-Wirbel-Theorie von *Descartes*? Darf der Physiker Hypothesen verwenden, selbst wenn er sie als solche kennzeichnet?

f) Der Schotte *J.C. Maxwell* erkannte 1865 die Bedeutung der **Faradayschen Feldvorstellung** und baute sie mathematisch aus. So konnte er Elektrizität und Magnetismus mit *zwei Grundgleichungen* korrekt beschreiben und sogar die elektromagnetischen Wellen (Radiowellen) richtig voraussagen. Das *Licht* erkannte er als solch eine Welle, die auch den materiefreien Raum durchflutet. So ordnete er die **Optik** der Elektrizitätslehre unter. Felder wurden zu physikalischen Grundbegriffen, veranschaulicht durch Feldlinien. Diese sind wichtige Denk- und Anschauungshilfen beim Einbeziehen des materiefreien Raums in physikalische Betrachtungen. Wir bringen in diesem Buch zunächst Indizien und später handfeste Beweise für die Existenz von Feldern.

g) *A. Einstein* erklärte 1915 die Massenanziehung als Wirkung eines Gravitationsfeldes. Schon 1905 hatte er in seiner **speziellen Relativitätstheorie** die Vorstellung eines den Raum erfüllenden Äthers endgültig widerlegt. Im gleichen Jahr erweiterte er die Wellentheorie des Lichts durch **Lichtquanten**. Die **Elementarteilchenphysik** sucht heute nach einer Synthese zwischen Teilchen und Feldern. Wir gehen am Ende von Band 13 darauf ein.

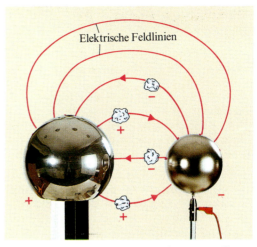

7.1 Zwischen den Kugeln des Bandgenerators fliegen Watteflocken längs *elektrischer Feldlinien*.

7.2 Elektrostatische Versuche weckten in der Barockzeit das Interesse an Elektrizität.

7.3 *Michael Faraday* (1791 bis 1867) führte 1835 die elektrischen Feldlinien ein und begründete die Feldphysik.

§2 Ladung und Strom

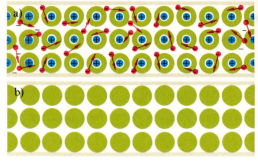

8.1 Atomistisches Bild a) Leiter, b) Isolatoren

1. Ladung — ein ganz besonderer Saft

In der Mechanik haben wir die Körper vor allem durch ihre *Masse* gekennzeichnet. Sie ist ein Maß für das Schwersein wie für das Trägsein und hat *Mengencharakter*: Beim Zusammenfügen von Körpern addieren sich Massen.

a) Auf der Mittelstufe fanden wir bei elektrischen Vorgängen eine andere Mengengröße, die **elektrische Ladung**: Als Überschußladung auf dem Elektroskop erzeugt sie durch Abstoßungskräfte einen Ausschlag. Ein von Ladung durchströmter Leiter wird erwärmt.

b) Bei der Gravitation gibt es nur Anziehung, nur eine Art Masse. Die Elektrizität zeigt aber auch Abstoßungskräfte. Faßt man jeweils alle Ladungen, die sich gegenseitig abstoßen, zu einer Sorte zusammen, so erhält man genau zwei Arten, nämlich *Plus-* und *Minusladungen*. Diese ziehen sich gegenseitig an.

c) Bringt man gleiche Mengen entgegengesetzter Ladungen nahe zusammen, so heben sich ihre Wirkungen nach außen hin auf. Die Ladungen *neutralisieren* sich, bleiben aber weiter bestehen. Deshalb merken wir i.a. nicht, daß alle Körper Ladung enthalten, daß Elektrizität allgegenwärtig ist. Für die Ladungssumme gilt ein **Erhaltungssatz** wie für Masse, Energie und Impuls. — Gäbe es auch zwei Arten von Masse, die sich neutralisieren, so ließe sich die Schwerkraft abschirmen; wir könnten uns schwerefrei machen oder gar von der Erde abstoßen lassen: Raumfahrt für jedermann.

d) Elektrische Ladung fließt in Drähten. Dabei kann Energie sauber in die Ferne geleitet werden, anders als durch die materiellen Energieträger Kohle und Öl.

e) Elektrische Quellen (Batterie, Bandgenerator, Dynamo) erzeugen die Elektrizität nicht neu — ähnlich einer Wasserquelle. Sie *trennen* nur bereits vorhandene Ladungen voneinander und bieten am einen Pol Minus-, am andern Plusladung im Überschuß an. Zur Trennung gegen die Anziehungskräfte brauchen die Quellen Energie. Sind sie erschöpft, so aus Energie-, nicht aus Ladungsmangel.

f) Elektrische „Verbraucher" (Lampen, Motoren) verbrauchen keine Ladung; sie wandeln elektrische Energie in andere Formen um.

2. Materie – ein Tummelplatz für Ladungen!

a) In *Metallen* bewegen sich nach *Bild 8.1a* auch im stromlosen Zustand die Elektronen eines *Elektronengases* frei. Es wird von den positiv geladenen Atomrümpfen zusammengehalten und neutralisiert. Nähert man deshalb dem senkrechten Stab des Elektroskops nach *Bild 8.2* von oben eine positive Ladung, dann zieht diese einen winzigen Teil seiner Elektronen nach oben. Diese bilden an der Staboberfläche durch Elektronenüberschuß eine negative *Influenzladung* (−). Unten am Stab herrscht folglich Elektronenmangel; dort überwiegen Plusladungen als positive Influenzladungen. Sie stoßen sich gegenseitig ab.

b) In *Isolatoren* dagegen sind alle Elektronen an ihre Atome gebunden *(Bild 8.1b)*. Doch halten die Atome eines Hartgummistabs ihre Elektronen fester bei sich als die Atome eines Katzenfells. Bringen wir beide Körper durch Reiben nahe zusammen, so holen atomare Kräfte

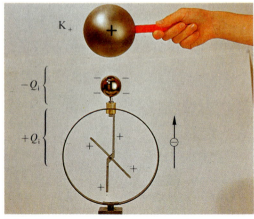

8.2 Influenzversuch: Die Plusladung der oberen Kugel zieht im Elektroskopstab Elektronen nach oben.

kurzer Reichweite Elektronen vom Fell zum Stab. Wenn wir die beiden nunmehr entgegengesetzt geladenen Isolatoren auseinanderziehen, müssen wir gegen die Anziehungskräfte Energie aufwenden. Sie steckt im System und wird in einer *Glimmlampe* als Lichtblitz frei. Am Hartgummi (−) blitzt ihre anliegende Elektrode auf, beim Fell (+) die abliegende.

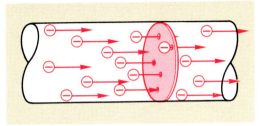

9.1 Ladungsfluß durch den roten Leiterquerschnitt

3. Strom als fließende Ladung

Unter der **Stromstärke I** eines konstanten Gleichstroms versteht man den Quotienten aus der durch einen Leitungsquerschnitt fließenden Ladung Q und der dazu nötigen Zeit t (*Bild 9.1*): Man definiert $I = Q/t$.

Zum Messen braucht man *Einheiten*. Alle mechanischen Einheiten leitet man aus den drei Basiseinheiten m, kg und s ab. So ist 1 N = 1 kg m s^{-2} die abgeleitete Einheit der Kraft. Beim Aufbau der elektrischen Einheiten benutzt man die Einheit **1 Ampere (A)** der Stromstärke I als zusätzliche Basiseinheit. Wir schreiben $[I] = A$. Die Ladungseinheit **1 Coulomb (1 C)** fließt bei der Stromstärke 1 A in 1 s durch einen Leiterquerschnitt; 1 C ist 1 A s. Fließende Ladungen kann man mit Knallgaszellen messen: 1 C scheidet unabhängig von der Zeit bei Laborbedingungen 0,19 cm^3 Knallgas ab. – Was zeigen Strommesser, wenn fließende Ladung in kleine Portionen zerhackt wird?

Versuch 1: a) Der Stromkreis nach *Bild 9.2a* enthält einen Drehspulstrommesser (I) und eine Knallgaszelle. Zeigt der Strommesser den konstanten Gleichstrom $I = 1\,A = 1\,C\,s^{-1}$ an, so fließt in 1 min die Ladung $Q = 60\,C$ und scheidet $60 \cdot 0{,}19$ cm^3 = 11,4 cm^3 Knallgas ab.

b) Um die Wirkung kleiner Ladungen zu untersuchen, zerhacken wir diesen Strom mit dem Schalter S. In ihm rotiert ein Metallstab, der zu $\frac{2}{3}$ des Umfangs mit Isolierband beklebt ist. Der darüber schleifende Metallstreifen hat also nur in $\frac{1}{3}$ einer Umdrehung Kontakt. Wir erhalten kurze periodische Ladungsstöße nach *Bild 9.2b*. Der träge Zeiger des Strommessers zittert um so weniger um den Mittelwert $\bar{I}$, je schneller der Stab rotiert. Mit dem Widerstand R stellen wir den Zeiger auf $\bar{I} = 1\,A$ ein. Dann bekommen wir in $\Delta t = 1$ min wieder 11,4 cm^3 Gas. Bei diesen Ladungsstößen fließt also in 1 min die gleiche Ladung $\Delta Q = 60\,C$ wie bei konstantem Strom, in 1 s also 1 C. Es gilt $\Delta Q = \bar{I} \Delta t$.

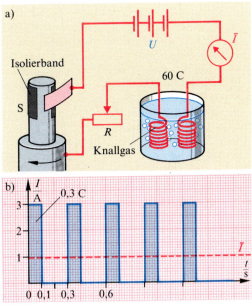

9.2 Bestimmung von Ladung und mittlerer Stromstärke $\bar{I}$ aus der Fläche unter der $I(t)$-Kurve

Wir sehen: Das Drehspulinstrument gibt bei der Anzeige 1 A die in $\Delta t = 1$ s fließende Ladung an (1 C je Sekunde), gleichgültig, ob sie gleichmäßig oder in schneller Folge zerhackt strömt. Für die *mittlere Stromstärke* gilt $\bar{I} = \Delta Q / \Delta t = 60\,C/60\,s = 1\,C\,s^{-1} = 1\,A$.

Der Schalter S war zu $\frac{1}{3}$ der Zeit geschlossen und zu $\frac{2}{3}$ geöffnet. Die *momentane Stromstärke* $I(t)$ schwankte zwischen 0 und 3 A; die mittlere Stromstärke war $\bar{I} = 1\,A$ (*Bild 9.2*). Im $I(t)$-Diagramm kann man die geflossene Ladung ΔQ als Fläche ablesen: Ist die Grundseite eines einzelnen Rechtecks $\Delta t = 0{,}1$ s und die Höhe $I = 3$ A, so beträgt die zugehörige Ladung $\Delta Q = I \Delta t = 3\,C\,s^{-1} \cdot 0{,}1\,s = 0{,}3\,C$. Ähnlich berechneten wir am $v(t)$-Diagramm Wegstrecken. Analog zu dort definiert man als Grenzwert:

Momentanstromstärke $I = \lim\limits_{\Delta t \to 0} \Delta Q / \Delta t$ \quad (9.1)

4. Meßverstärker messen sehr kleine Ladungen

Die Ladung geriebener Hartgummistäbe kann man mit Knallgaszellen nicht messen; sie ist zu klein. Wir benutzen hierzu elektronische **Meßverstärker**. Der Ausschlag ihres Meßinstruments ist der zu messenden Größe (je nach Einstellung Stromstärke I, Ladung Q oder Spannung U) proportional. So können wir Ströme bis zu $1\,\text{pA} = 10^{-12}\,\text{A}$ (1 Millionstel eines Millionstel Ampere) und Ladungen bis zu $10^{-9}\,\text{C} = 1\,\text{nC}$ messen (siehe *Tabelle 10.1*):

Versuch 2: Wir legen nach *Bild 10.1* die Platten eines Kondensators an ein Netzgerät (6 kV). Zwischen ihnen hängt an einem isolierenden Faden ein Kügelchen mit 2 cm Durchmesser und leitender Oberfläche. Wenn wir es an einer Platte aufgeladen haben, pendelt es in 1 s dreimal hin und dreimal her. Der in der Zuleitung liegende Meßverstärker zeigt die mittlere Stromstärke $\bar I = 12\,\text{nA} = 12\,\text{nC s}^{-1}$ an. Nach Versuch 1b fließt also durch ihn in $\Delta t = 1\,\text{s}$ die winzige Ladung $\Delta Q = \bar I \Delta t = 12\,\text{nC}$.

Was geht dabei vor? Dreimal in 1 s trägt das Kügelchen Elektronen mit der Ladung $-q$ von der linken Platte ($-$) zur rechten ($+$). Wir hören, daß es gleich schnell nach links zurückgezogen wird. Also trägt es dabei die gleich große positive Ladung $+q$ als Elektronenmangel. Die rechte Platte entzieht ihm somit Elektronen der Ladung $-2q$; die linke gibt ihm gleich viele wieder zurück und ändert so seine Ladung von $+q$ in $-q$.

Damit können wir die Ladung q des Kügelchens berechnen: Da es in 1 s dreimal links anschlägt, nimmt es dort in 1 s Ladung vom Betrag $3 \cdot 2q = 6q$ auf; rechts gibt es $6q$ ab.

d	(Dezi)	1/10	(1 dm = 10^{-1} m)
c	(Zenti)	1/100	(1 cN = 10^{-2} N)
m	(Milli)	1/1000	(1 mA = 10^{-3} A)
µ	(Mikro)	10^{-6}	(1 µA = 10^{-6} A)
n	(Nano)	10^{-9}	(1 nC = 10^{-9} C)
p	(Piko)	10^{-12}	(1 pA = 10^{-12} A)

Tabelle 10.1: Faktoren für dezimale Unterteilung

Der Meßverstärker zeigt 12 nA an, d.h. 12 nC je Sekunde. Aus $6q = 12\,\text{nC}$ folgt die Einzelladung zu $q = 2\,\text{nC} = 2 \cdot 10^{-9}\,\text{C}$. Dies prüfen wir in Versuch 3 nach.

Versuch 3: a) Wir legen den Kondensator aus Versuch 2 unmittelbar an die Quelle und laden das Kügelchen an der Innenseite seiner linken Platte ($-$) negativ auf. Dann entladen wir es am Meßverstärker, den wir aus dem Kreis genommen und auf Ladungsmessung umgeschaltet haben. Er zeigt $q = -2 \cdot 10^{-9}\,\text{C} = -2\,\text{nC}$ an. Haben wir es dagegen an der rechten Platte ($+$) geladen, so zeigt er $q = +2\,\text{nC}$.

b) Nun führen wir dem Meßverstärker zunächst die Ladung $-q$ und anschließend $+q$ zu. Sein Ausschlag geht wieder auf Null zurück: $+q$ und $-q$ neutralisieren sich. Wir können auch mehrere Ladungen vom gleichen Vorzeichen nacheinander aufbringen. Sie addieren sich. Dies bestätigt in eindrucksvoller Weise den Mengencharakter der elektrischen Ladung.

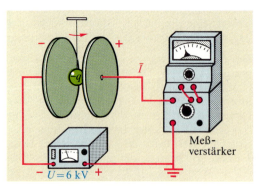

10.1 Der Meßverstärker mißt die Stromstärke $\bar I$, die das Pendelkügelchen im Kondensator „fließen" läßt. Dieser besteht aus zwei entgegengesetzt geladenen Platten.

Aufgaben

1. a) *Welches Volumen an Knallgas wird bei der Stromstärke 0,6 A in 4 min abgeschieden?* **b)** *Nun fließe periodisch 0,2 s lang der Strom 0,6 A, jeweils gefolgt von 0,6 s Pause. Wieviel Ladung fließt in diesen 0,2 s, wieviel in 4 min? Wie groß ist die mittlere Stromstärke $\bar I$? Wie lange muß man warten, bis 1 cm³ Knallgas gebildet ist? Fertigen Sie ein $I(t)$-Diagramm nach Bild 9.2!*

2. *Ein Elektron hat die Ladung $1,6 \cdot 10^{-19}$ C.* **a)** *Wie viele Elektronen fließen bei 1 pA in 1 s durch den Meßverstärker?* **b)** *Wie viele Elektronen trägt das Kügelchen in Versuch 2 jeweils von der negativ geladenen Platte zur positiven? Wie viele nimmt es dabei an der negativen auf, wie viele gibt es an der positiven ab? Was geschieht mit ihnen dann?*

3. *Was geschieht, wenn man in Bild 8.2 dem Elektroskop eine negative Ladung nähert? Welche Elektrode blitzt auf, wenn man es dann oben bzw. unten mit einer Glimmlampe berührt?*

§3 Spannung und Widerstand

1. Was versteht man unter Spannung?

Elektrische Quellen trennen entgegengesetzte Ladungen. Hierzu brauchen Batterien und Akkus chemische Energie, Dynamomaschinen mechanische. In Stromkreisen wird diese Energie auf Abruf, nämlich beim Fließen der Ladung wieder frei, und zwar als Wärme oder als Arbeit. Früher fanden wir:

a) Eine Quelle transportiert bei einer bestimmten Stromstärke I in der doppelten Zeit t die doppelte Ladung Q. Ein Lämpchen leuchtet dann doppelt so lange, die Quelle liefert die doppelte **Energie W**. Es gilt $W \sim Q = I t$.

b) Mit einer bestimmten Ladung kann man aber auch drei Lämpchen, die man hintereinandergelegt hat, zugleich leuchten lassen. Nun muß dieselbe Ladung dreimal so viel Arbeit verrichten wie bei einem Lämpchen. Sie kann dies, wenn man in der Stromquelle dreimal so viele Zellen hintereinander gelegt hat. Bei der dreifachen Zellenzahl erhält dieselbe Ladung von der Quelle die dreifache **Arbeitsfähigkeit** W; man sagt, die Quelle habe die dreifache **Spannung** U. Neben $W \sim Q$ gilt also auch $W \sim U$ oder mit $W \sim Q$ zusammengefaßt: $W \sim UQ$.

c) Die **Einheit der Spannung 1 V** ist so festgelegt, daß bei ihr die Ladung 1 C die Arbeitsfähigkeit 1 Joule besitzt; 1 V ist $1\,\text{J}\,\text{C}^{-1}$. Fließt bei der Spannung $U = 6$ V die Ladung 10 C, so wird die Energie $W = 6\,\text{V} \cdot 10\,\text{C} = 60$ J frei. Allgemein gilt also $W = UQ = UIt$.

> Die Spannung ist das Maß für die Arbeitsfähigkeit einer Ladung; $1\,\text{V} = 1\,\text{J}\,\text{C}^{-1}$.
>
> Fließt die Ladung Q zwischen zwei Punkten, zwischen denen die Spannung U besteht, so wird die Energie
>
> $W = UQ = UIt$ (11.1)
>
> umgesetzt. Beim Hintereinanderschalten von Quellen addieren sich deren Teilspannungen zur Gesamtspannung.

Spannung besteht immer zwischen zwei Punkten, etwa den Polen einer Quelle. Schaltet man mehrere gleiche Quellen parallel, so durchfließt ein Ladungsteilchen nur eine Quelle; an ihm wird nur einmal Arbeit verrichtet. Hier addieren sich die Spannungen nicht. Beim Gegeneinanderschalten von Quellen werden die Spannungen subtrahiert.

2. Die elektrische Heizung

Wenn wir einen Metalldraht zwischen die Pole einer Stromquelle legen, so bewegen sich die Elektronen im Draht, allerdings viel langsamer als im Vakuum einer Braunschen Röhre. Denn sie stoßen ständig auf Metallatome und werden abgebremst. Die gestoßenen Atome schwingen schneller und nehmen Energie auf; die Temperatur steigt. Man spricht von **Stromwärme**. In der Zeit t fließt bei der Stromstärke I die Ladung $Q = It$. Nach Gl. 11.1 beträgt die freiwerdende Energie $W = UQ = UIt$. Wir sehen an dieser Gleichung, daß für die Stromwärme W die Spannung U genau so maßgebend ist wie Stromstärke I und Zeit t.

Beispiel: Ein Tauchsieder wird bei der Spannung $U = 220$ V vom Strom $I = 1{,}36$ A $= 1{,}36\,\text{C}\,\text{s}^{-1}$ durchflossen. Die in $t = 100$ s entwickelte Wärme beträgt $W = UIt = 30\,000$ J. Sie erhöht die Temperatur von 500 g Wasser mit der spezifischen Wärmekapazität $c = 4{,}19\,\text{J}\,\text{g}^{-1}\,\text{K}^{-1}$ um

$$\Delta \vartheta = \frac{W}{cm} = \frac{30\,000\,\text{J}}{4{,}19\,\text{J}\,\text{g}^{-1}\,\text{K}^{-1} \cdot 500\,\text{g}} = 14{,}3\,\text{K}.$$

Die **Leistung** P des Tauchsieders ist $P = W/t = UI = 300\,\text{J}\,\text{s}^{-1} = 300\,\text{W} = 0{,}30\,\text{kW}$. In $t = 2{,}0$ h setzt er die Energie $W = Pt = 0{,}60$ kWh um. Dabei ist **1 kWh** (Kilowattstunde) das Produkt $1\,\text{kW} \cdot 1\,\text{h}$, also die **Arbeit** $1000\,\text{W} \cdot 3600\,\text{s} = 3{,}6 \cdot 10^6$ J. Verwechseln Sie nie Leistung (Einheit kW) mit Energie (Einheit kWh)! $[W]$ bedeutet die Einheit der Größe Energie (Arbeit, Wärme) W, also $[W] = \text{Joule} = \text{J}$.

> Für die Arbeit bzw. die Wärmeentwicklung W des Stroms I gilt bei der Spannung U
>
> $W = UIt$ (U und I konstant). (11.2)
>
> $[W] = \text{J} = \text{W s}$; $1\,\text{kWh} = 3{,}6 \cdot 10^6$ Ws.
>
> Für die Leistung P des Stroms gilt
>
> $P = W/t = UI = I^2 R$; $[P] = \text{W}$. (11.3)
>
> $R = U/I$ ist der Widerstand des Leiters.

> Die elektrische Energie 1 kWh erzeugt man aus:
>
> 0,3 kg Steinkohle (um 1900 noch 2,4 kg)
> 1,5 kg Braunkohle (um 1900 über 10 kg)
> 4 m³ Wasser bei 100 m Höhenunterschied
> 0,05 mg Uran 235 im Kernkraftwerk

Tabelle 11.1 Aufwand für die Energie 1 kWh

3. Der elektrische Widerstand

In Konstantandrähten gilt das Ohmsche Gesetz: Die Stromstärke I ist der zwischen die Drahtenden gelegten Spannung U proportional; man nennt den Quotienten $R = U/I$ **Widerstand**. Er ist hier konstant. Für I folgt $I = U/R$.

> **Unter dem Widerstand R versteht man den Quotienten**
> $$R = U/I; \quad [R] = \Omega = \text{V A}^{-1}. \tag{12.1}$$
> **Liegt zwischen den Enden eines Leiters mit dem Widerstand R die Spannung U, so fließt ein Strom der Stärke**
> $$I = U/R. \tag{12.2}$$

Aus $I = U/R$ folgt die Gleichung $U = IR$. Sie bedeutet: Durchfließt der Strom I den Widerstand R, so besteht zwischen dessen Enden die Spannung $U = IR$. Dies gilt auch, wenn der Widerstand mit mehreren anderen in Reihe geschaltet ist, durch die also der gleiche Strom fließt. Zwischen den Enden eines jeden Teilwiderstands R_i finden wir dann die ihm proportionale Teilspannung

$$U_i = I R_i. \tag{12.3}$$

Durch Messungen fanden wir früher: Der Widerstand R eines Drahts ist proportional zu seiner Länge l und zum Kehrwert $1/A$ seiner Querschnittsfläche A. Also gilt $R \sim l/A$. Da R auch vom Leitermaterial abhängt, wandeln wir diese Proportionalität durch Einfügen der Materialkonstante ϱ in die Gleichung $R = \varrho \, l/A$ um. ϱ heißt **spezifischer Widerstand**. Ein Konstantandraht vom Durchmesser $d = 0{,}10$ mm und der Länge $l = 1{,}0$ m hat den Widerstand $R = 60 \text{ V A}^{-1} = 60 \, \Omega$. Da die Querschnittsfläche $A = 7{,}9 \cdot 10^{-3}$ mm^2 beträgt, ist ϱ bei Konstantan $\varrho = R\,A/l = 0{,}47 \, \Omega \, \text{mm}^2 \, \text{m}^{-1}$. Dies bedeutet: Ein Konstantandraht von 1 m Länge und 1 mm^2 Querschnittsfläche hat den Widerstand $0{,}47 \, \Omega$.

Damit ein Draht mit Widerstand $60 \, \Omega$ vom Strom $I = 0{,}3$ A durchflossen wird, muß zwischen seinen Enden die Spannung $U = IR = 0{,}3 \text{ A} \cdot 60 \text{ V A}^{-1} = 18$ V liegen. Bei der doppelten Drahtdicke ist der Querschnitt vierfach; der Widerstand R sinkt auf $\frac{1}{4}$, also auf $15 \, \Omega$. Man braucht für $0{,}3$ A nur $\frac{18}{4}$ V $= 4{,}5$ V. Bei der Spannung 18 V fließt der Strom $I = U/R = 18 \text{ V}/15 \, \Omega = 1{,}2$ A. Beim Erwärmen um 1 K steigt der spezifische Widerstand von Metallen um etwa $0{,}4\%$. Bei der Legierung Konstantan hängt er dagegen nicht von der Temperatur ab.

Silber	0,016	Quecksilber	0,958
Kupfer	0,017	Messing	0,08
Gold	0,023	Konstantan	0,5
Aluminium	0,028	Kohle	50...100
Eisen	um 0,1	Akkusäure	10^4

Tabelle 12.1 Spezifische Widerstände in $\Omega \, \text{mm}^2 \, \text{m}^{-1}$

> **Der Widerstand R eines Drahtes der Länge l und der Querschnittsfläche A aus einem Material mit dem spezifischen Widerstand ϱ ist $R = \varrho \, l/A$.**
> $[\varrho] = \Omega \, \text{mm}^2 \, \text{m}^{-1}$.

4. Parallelschaltung von Leitern

a) Der Satz von der *Ladungserhaltung* gilt auch für die fließende Ladung an den Verzweigungen des Stromkreises:

1. Kirchhoffsches Gesetz: **Die Gesamtstromstärke I ist bei einer Verzweigung gleich der Summe der Einzelstromstärken.**

$$I = I_1 + I_2 + \ldots + I_n \tag{12.4}$$

b) An allen zwischen die Verzweigungspunkte, also parallel geschalteten Widerständen R_k liegt die *gleiche Spannung U* (Bild 12.1). Für die *Einzelstromstärken* I_k gilt folglich $I_k = U/R_k$ und $I_1/I_2 = R_2/R_1$. Die gleiche Spannung erzeugt im doppelten Widerstand die halbe Stromstärke. Das Ohmsche Gesetz gilt ja für jeden Einzelwiderstand.

2. Kirchhoffsches Gesetz: **Die Zweigströme I_k verhalten sich umgekehrt wie die Widerstände R_k. An allen Widerständen R_k liegt die gleiche Spannung**

$$U = I_k R_k. \tag{12.5}$$

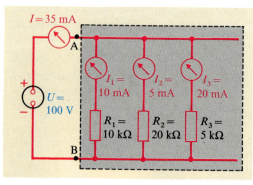

12.1 Verzweigter Stromkreis: Die gleiche Spannung U liegt an allen Zweig-Widerständen R_k. Prüfen Sie die Werte!

Die Parallelschaltung nach *Bild 12.1* sei in einen Kasten eingeschlossen, aus dem nur die beiden Klemmen A und B herausragen. Man legt die Spannung U an und mißt die Gesamtstromstärke I. Dann berechnet man für den Kasteninhalt den **Ersatzwiderstand** $R = U/I$. Hierbei denkt man sich das Kasteninnere in einer *Ersatzschaltung* durch den einen Widerstand $R = U/I$ ersetzt. Wir berechnen ihn:

$$I = I_1 + \ldots + I_k = \frac{U}{R_1} + \frac{U}{R_2} + \ldots + \frac{U}{R_k} = \frac{U}{R}.$$

Division durch die gemeinsame Spannung U ergibt:

$$\frac{1}{R} = \frac{1}{R_1} + \frac{1}{R_2} + \ldots + \frac{1}{R_k}. \qquad (13.1)$$

Bei einer Parallelschaltung ist der Kehrwert des Ersatzwiderstands R gleich der Summe der Kehrwerte der Einzelwiderstände R_k.

Der *Ersatzwiderstand* R ist *kleiner* als der kleinste Einzelwiderstand R_k: Je mehr Geräte man in einer Wohnung parallel legt, um so kleiner erscheint ihr Widerstand für das E-Werk; die Leitungen erscheinen dicker, nicht aber länger!

5. Hintereinander (Reihen-, Serien-)-Schaltung

Bei der Christbaumbeleuchtung, vor allem aber im Innern von Geräten, werden oft n Teilwiderstände $R_1, R_2, \ldots, R_n$ hintereinandergelegt *(Bild 13.1)*. Sie sind vom gleichen Strom I und damit von der gleichen Ladung q durchflossen. Auf jeden Einzelwiderstand entfällt dabei die **Teilspannung** $U_k = I R_k$. Ihr entspricht die Transportarbeit $W_k = q U_k$. All diese Arbeitsbeträge an der Ladung q addieren sich als Skalare, wenn q die Widerstände nacheinander durchfließt, zu $W = W_1 + W_2 + \ldots + W_n$. Der *Gesamtarbeit* W entspricht die *Gesamtspannung* $U = W/q$. Für diese gilt nach Division von W mit q

$$U = U_1 + U_2 + \ldots + U_n$$
$$= I(R_1 + R_2 + \ldots + R_n) = I R. \qquad (13.2)$$

Gesamtspannung U und Gesamtwiderstand R setzen sich beim Hintereinanderschalten additiv aus den Teilspannungen und Teilwiderständen zusammen:

$$R = R_1 + R_2 + \ldots R_n;$$
$$U = U_1 + U_2 + \ldots U_n. \qquad (13.3)$$

Die Natur legt also an den n-fachen Widerstand auch die n-fache Teilspannung. Durch alle Widerstände fließt dann der gleiche Strom I. Die in einem Widerstand R umgesetzte Leistung $P_k = U_k I = I_k^2 R_k$ ist diesem Widerstand proportional: Der Glühfaden einer Lampe wird wegen seines großen Widerstands heiß.

6. Je mehr Strom, desto weniger Spannung?

Versuch 4: a) Wenn man einer Quelle (Batterie, Verstärker) keinen Strom entnimmt, mißt man an ihr die *Leerlaufspannung* U_0. Läßt man dann die Stromstärke I anwachsen, so sinkt die zwischen den Polen (Klemmen) gemessene *Klemmenspannung* U_{Kl} unter U_0 (*Bild 13.2*). Der Strom muß nämlich im Innern der Quelle durch Leiter, also einen *Innenwiderstand* R_i fließen. Dazu ist die Teilspannung $U_i = I R_i$ nötig. Für den Abnehmer steht nicht mehr U_0, sondern nur noch $U_{Kl} = U_0 - I R_i$ zur Verfügung.

b) *Kurzschluß* entsteht, wenn man die Klemmen durch einen dicken Draht mit Widerstand $R_k = 0$ verbindet. Im Kreis ist dann nur noch R_i wirksam und läßt den Maximalstrom $I_{max} = U_0/R_i$ zu, nur von R_i begrenzt. Die Klemmenspannung sinkt auf $U_{Kl} = U_0 - R_i I_{max} = U_0 - R_i U_0/R_i = 0$ ab. Bei alten Batterien ist U_0 nur wenig abgesunken, aber R_i stark angestiegen. Dies erkennt man am Absinken von I_{max}.

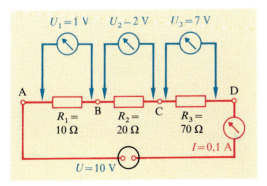

13.1 Beim Hintereinanderschalten ist die Stromstärke I in allen Teilwiderständen gleich; U teilt sich in die Teilspannungen U_k auf.

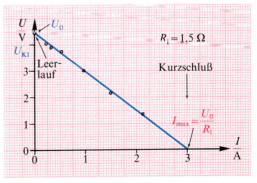

13.2 Leerlaufspannung U_0 der unbelasteten Quelle. Die Klemmenspannung U_{Kl} sinkt mit wachsendem I. Bei I_{max} ist $U_{Kl} = 0$.

7. Meßbereichserweiterung von Instrumenten

Ein Meßwerk habe 100 Ω Widerstand und zeige bei 1 mA Vollausschlag. Um den Meßbereich auf 1 A zu erweitern, leitet man 999 mA an ihm durch einen *Nebenwiderstand* vorbei. — Bei Vollausschlag zeigt dieses Meßwerk die Spannung $U = I R = 0{,}1$ V an. Ein *Vorwiderstand* von 900 Ω erweitert den Bereich auf 1 V, indem er R auf 1000 Ω vergrößert.

8. Wer mißt, der stört

a) *Strommesser* haben selbst einen Widerstand R_i. Er sinkt, wenn man den Meßbereich erweitert, und sei beim Bereich 1 A z.B. $R_i = 0{,}50$ Ω. Zeigt der Strommesser auf diesem Bereich $I = 0{,}60$ A an, so liegt an ihm die Teilspannung $U_i = I R_i = 0{,}30$ V. In der *Spannungsfehlerschaltung* (c) verfälscht dies die Spannungsmessung.

b) Der Widerstand R_i eines *Spannungsmessers* steigt mit dem Meßbereich. Beim Bereich 10 V habe er den Wert $R_i = 100$ kΩ. Wenn er die Spannung 7,0 V anzeigt, fließt durch ihn der Strom $I_{sp} = 0{,}07$ mA. Dies verfälscht in der *Stromfehlerschaltung* (d) die zu messende Stromstärke.

c) Spannungsfehlerschaltung: Mit den Instrumenten aus (a) und (b) ermittelt man nach *Bild 14.1a* den Widerstand R_x. Die Stromstärke in R_x wird mit 0,60 A richtig angezeigt (Reihenschaltung). Der Spannungsmesser gibt auch die Spannung der Stromquelle mit $U = 7{,}00$ V richtig an. Doch tritt am Strommesser nach (a) die Teilspannung 0,30 V auf. Deshalb ist die Teilspannung an R_x nur noch 7,00 V − 0,30 V = 6,70 V. Mit ihr berechnet man den Widerstand zu $R_x = 6{,}70$ V/0,60 A = 11,2 Ω.

d) Stromfehlerschaltung: Nach *Bild 14.1b* liegt der Spannungsmesser unmittelbar an R_x. Deshalb gibt er die Spannung an R_x ohne systematischen Fehler an (7,00 V). Doch mißt der Strommesser mit 1,00 mA auch noch den Strom I_{sp} durch den Spannungsmesser, der nach (b) $I_{sp} = 0{,}07$ mA ist. Der Strom durch R_x ist nur $I_x = 1{,}00$ mA − 0,07 mA = 0,93 mA. Es folgt $R_x = 7{,}00$ V/0,93 mA = 7,5 kΩ.

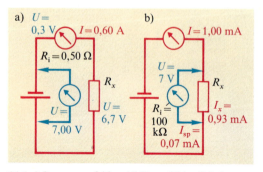

14.1 a) Spannungsfehler- b) Stromfehler-Schaltung

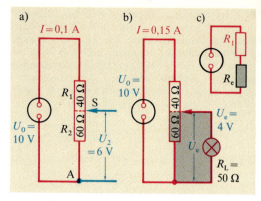

14.2 a) Unbelastetes Potentiometer; b) belastet

9. Potentiometer unterteilen Spannung

Um eine vorgegebene Spannung zu unterteilen, benutzt man **Potentiometer**. Mit ihrer Hilfe regelt man z.B. die Lautstärke im Radio. Ein solches Potentiometer ist nichts weiter als ein langer Draht, an dessen Enden nach *Bild 14.2a* die zu unterteilende Spannung U_0 gelegt wurde. Durch den Draht fließt der Strom $I = U_0/R = 0{,}1$ A. Am unteren Teilwiderstand $R_2 = 60$ Ω tritt deshalb die Teilspannung $U_2 = I R_2 = 6$ V auf. Sie wird mit dem Schleifer S zwischen S und A abgegriffen. Schiebt man den Schleifkontakt S von unten nach oben, so steigt R_2 und mit ihm $U_2 = I R_2$ kontinuierlich von 0 V auf $U_0 = 10$ V. Hier entnimmt der Schleifkontakt S keinen Strom, das Potentiometer ist unbelastet.

Versuch 5: Wir messen am Potentiometer nach *Bild 14.2a* zwischen dem Abgriff S und A die Spannung U_2. Legt man nach *Bild 14.2b* ein Lämpchen parallel, so sinkt U_2. Jetzt ist das Potentiometer belastet. Wir können aus R_2 und dem Lämpchenwiderstand R_L einen Ersatzwiderstand R_e bilden. Er ist kleiner als R_2. Deshalb fließt durch den oberen Potentiometerteil R_1 ein stärkerer Strom mit einer größeren Teilspannung. Für den unteren Teil bleibt weniger Spannung übrig; dort sinkt die Spannung beim Belasten. Sie sehen hier, wie man sich Probleme durch Berechnen des Ersatzwiderstands vereinfacht.

Aufgaben

1. Auf eine Spule ist ein Kupferdraht von 0,05 mm Dicke gewickelt. Um seine Länge zu bestimmen, legt man zwischen die Enden die Spannung 20 V. Es fließt ein Strom der Stärke 1,0 mA. Wie lang ist der Kupferdraht? Wie lang wäre bei gleichen Meßwerten ein Eisendraht?

2. Bei 380 kV-Überlandleitungen verwendet man Seile, bestehend aus einem Stahlkern mit 60 mm² und einem Aluminiummantel mit 240 mm² Querschnittsfläche. Wie groß ist der Widerstand eines Seils von

100 km *Länge (sind Stahlkern und Mantel parallel oder in Reihe geschaltet)? Wie groß ist der Widerstand von 4 solchen parallel gelegten Seilen? Welche Teilspannung fällt in dieser Parallelschaltung bei* $I = 500$ A *ab? Wieviel Prozent der zu übertragenden Spannung* 380 kV *gehen also auf* 100 km *Leitungslänge verloren?*

3. a) *Ein E-Werk gibt die Spannung* 250 V *ab. Ein Abnehmer ist durch eine* 3,0 km *lange Doppelleitung aus Kupfer angeschlossen und will bei einer Stromstärke von* 20 A *die Spannung* $U_{K1} = 220$ V. *Wie groß muß der Leitungsquerschnitt sein? Welche Leistung entnimmt der Verbraucher, wieviel gibt das Werk ab? Welche Wärme entsteht je Stunde in der Leitung bei* 20 A? *Wieviel % der E-Werk-Leistung gehen verloren?* **b)** *Die in a) vom Verbraucher aufgenommene Leistung soll in der gleichen Leitung bei* 220 kV *übertragen werden. Wie groß sind dann Stromstärke sowie Spannungs- und Leistungsverluste in der Leitung?*

4. *Ein Tauchsieder entnimmt bei* $U = 220$ V *genau* 1 min *lang* 3,0 A. *Wieviel Wärme gibt er ab? Wieviel Wasser kann man damit von* 15 °C *auf* 85 °C *erwärmen? Wieviel kostet das, wenn* 30 Pf *für* 1 kWh *zu zahlen sind?*

5. *Ein Heizofen der Leistung* 1,0 kW *ist* 1,0 h *lang in Betrieb. Wie groß ist sein Widerstand* ($U = 220$ V)? *Um wieviel Kelvin würde damit die Luft eines Zimmers von* 40 m³ *Inhalt erwärmt, wenn sie keine Wärme abgäbe (Luftdichte* 1,24 g dm^{-3}; *spezifische Wärmekapazität* 1,0 J g^{-1} K^{-1}).

6. *Jemand rasiert sich naß, um Energie zu sparen. Er erwärmt täglich* 50 g *Rasierwasser von* 15 °C *auf* 80 °C. *Der Rasierapparat (*10 W*) wäre täglich* 2,0 min *in Betrieb. Vergleichen Sie die Preise in* 360 *Tagen bei* 30 Pf *pro* 1 kWh!

7. a) *Drei Widerstände (*5,0 Ω; 10 Ω; 20 Ω*) sind hintereinandergelegt. Welche Spannung* U_0 *braucht man für* $I = 2,0$ A? *Wie verhalten sich die Wärmeleistungen?* **b)** *Wie groß ist die Gesamtstromstärke beim Parallelschalten dieser drei Widerstände an* $U_0 = 10$ V? *Wie verhalten sich jetzt die Wärmeleistungen in ihnen?* **c)** *Wie würde sich ein Strom von* 2,0 A *auf diese drei parallelen Widerstände aufteilen? Wie groß ist jetzt* U_0?

8. a) *Der Widerstand eines Kohlekörnermikrofons ändert sich beim Sprechen zwischen* 500 Ω *und* 1000 Ω. *Es ist mit dem Widerstand* $R_V = 200$ Ω *in Reihe an* $U_0 = 4$ V *gelegt. In welchem Bereich ändern sich Stromstärke* I *und Teilspannung* U_V *an* R_V *beim Sprechen?* **b)** *Man legt ein Oszilloskop an* R_V. *Warum ist die von ihm angezeigte Spannung* U_V *zu* I *proportional?* **c)** *Wie groß ist* ΔU *am Mikrofon? Warum legt man das Oszilloskop nicht an das Mikrofon oder die Spannungsquelle* U_0? **d)** *Warum zeigt das Oszilloskop primär Spannungen und nicht Stromstärken an?*

9. a) *In den Ketten für die Christbaumbeleuchtung (*220 V*) sind* 10 *bzw.* 16 *Lampen zu je* 3 W *Nennleistung in Reihe gelegt. Wie groß sind die Teilspannungen einer Lampe und die Stromstärke?* **b)** *Eine Lampe der kurzen Kette wird in die lange eingesetzt. Berechnen Sie Teilspannung und Leistung dieser Lampe!*

10. *Zwei* 4 V*-Lämpchen für* 0,1 A *und* 0,2 A *werden parallel gelegt. Wie groß ist der Ersatzwiderstand? In Reihe damit kommt ein* 6 V; 0,3 A*-Lämpchen. Das ganze wird an* 10 V *gelegt. Geht das gut? Berechnen Sie Stromstärken und Lampenleistungen und vergleichen Sie mit den Nennwerten!*

11. a) *In Bild* 14.1b *hat der Spannungsmesser beim Meßbereich* 100 V *den Innenwiderstand* $R_i = 2,5$ MΩ *und zeigt* 90 V *an, der Strommesser* 0,100 mA. *Wie stark ist der Strom in* R_x *und wie groß ist* R_x? *Muß man den Widerstand des Strommessers kennen?* **b)** *In Bild* 14.1a *zeigt der Spannungsmesser* 9,50 V, *der Strommesser (*$R_i = 0,50$ Ω*) den Strom* $I = 0,850$ A *an. Wie groß ist hier* R_x? *Welche Spannung liegt an* R_x?

12. *Bei großen Widerständen ist Schaltung* 14.1a, *bei kleinen* 14.1b *bequemer, da man auf Korrekturen verzichten kann. Begründen Sie dies!*

13. *Eine Taschenlampenbatterie hat* $U_0 = 4,5$ V *Leerlaufspannung; bei Kurzschluß fließen* 3,0 A. *Wie groß ist ihr Innenwiderstand* R_i? *Wie groß ist die Klemmenspannung* U_{K1}, *wenn man ein Lämpchen mit* 4 V; 0,6 A *Nennwert anlegt?*

14. a) *Ein elektrisches Meßwerk zeigt Vollausschlag bei* 1 mA *und hat* 100 Ω *Widerstand. In welchem Bereich kann man mit ihm Spannungen messen? Wie geht man vor, um den Meßbereich auf* 1 V; 10 V; 100 V *zu erweitern?* **b)** *Welchen Meßbereich hat das Meßwerk in (a) als Strommesser? Er soll nun durch einen Zusatzwiderstand auf* 2,0 mA *bzw.* 2,0 A *erweitert werden. Wie ist er zu schalten; wie groß muß er sein? Wie groß ist jeweils der Ersatzwiderstand, der sich bei einer Strommessung im Kreis auswirkt?*

15. a) *Beim Potentiometer nach Bild* 14.2 *liegt die Spannung* $U_0 = 10$ V *am Widerstand* $R = R_1 + R_2 = 100$ Ω. *Welche Spannung* U_2 *nimmt der Abgriff S an* $R_2 = 60$ Ω *ab, wenn S stromlos ist (unbelastetes Potentiometer)?* **b)** *Nun wird das Lämpchen mit* $R_L = 50$ Ω *dazugeschaltet, das Potentiometer also belastet. Warum sinkt* U_2? *Berechnen Sie den Ersatzwiderstand* R_e *von* R_2 *und* R_L *und den Gesamtwiderstand der Schaltung (*$R_e + R_1$*)! Welchen Strom liefert jetzt die Quelle? Welche Spannung* U_e *fällt an* R_e *ab (Vergleich mit a), welcher Strom fließt im Lämpchen?*

16. *Wenn man in einem Badezimmer den Heizstrahler einschaltet, werden die Lampen etwas dunkler. Jemand sagt, der Strahler würde ihnen Strom stehlen. Nehmen Sie dazu Stellung!*

17. *Ein Verstärker hat den Innenwiderstand* 5,0 Ω *und die Leerlaufspannung* $U_0 = 20$ V. *Welche Stromstärke entnehmen Lautsprecher von* 2,5 Ω, 5,0 Ω *bzw.* 7,5 Ω? *Welche Klemmenspannung* U_{K1} *liegt an ihnen? Welche Leistung nehmen sie also auf? Verstehen Sie jetzt die Regel: Der Widerstand des Lautsprechers soll etwa so groß sein wie der Innenwiderstand des Verstärkers?*

15

§4 Elektrische Felder

1. Faradays Feldidee

Einen geangelten Hecht zieht man mit Haken und Schnur an Land. Wie aber zieht eine Ladung eine andere zu sich her oder stößt sie ab? Früher glaubte man, die Kraft wirke als *Fernkraft*, also ohne Mitwirkung des Raums zwischen den Ladungen (Seite 6). *M. Faraday* dagegen sah ab 1835 das Umfeld um Ladungen als Mittler für elektrische Kräfte an und nannte es **elektrisches Feld**. Dies war ein Wagnis; denn er konnte noch keine zwingenden Beweise vorbringen, bestenfalls Indizien. Auch wir suchen nach solchen, zumal sich im Umfeld von Ladungen einiges tut:

Versuch 6: Ein Bandgenerator lädt zwei Kugeln entgegengesetzt auf. Im Umfeld ihrer Ladungen $\pm Q$ fliegen Watteflocken wie von unsichtbarer Hand gezogen auf gekrümmten Bahnen hin und her *(Bild 7.1)*. Bei $+Q$ erhalten die Flocken kleine positive, bei $-Q$ negative Ladungen q. Diese erfahren *Feldkräfte*.

Zur Untersuchung bringen wir also *Probeladungen q* in ein Feld. Sie erfahren **Feldkräfte** tangential zu gekrümmten Linien, **elektrische Feldlinien** genannt *(Bild 16.1b)*. Mit ihnen beschreibt man die Struktur des Feldes. Liegen die Startpunkte der Watteflocken auf einer Kugel genügend nahe beisammen, so laufen die Flocken entlang benachbarter Feldlinien; man könnte diese beliebig dicht zeichnen. Wenn wir uns aber auf wenige Linien beschränken, erfassen wir das Feld besser: So liegen die Feldlinien an den geladenen Kugeln näher beisammen als weitab von ihnen. Da in Kugelnähe die Watteflocken schneller fliegen, können wir sagen: *Das Feld ist an Stellen größerer Feldliniendichte stärker.*

Versuch 7: Wir gießen auf den ebenen Boden einer Glasschale eine dünne Schicht Rizinusöl, mit Grieß vermischt. Darauf setzen wir zwei Metallscheiben und laden sie mit einem Bandgenerator entgegengesetzt auf. Die Grießkörner reihen sich kettenförmig aneinander *(Bild 16.1a und 16.2a)*. In ihnen werden Influenzladungen durch Feldkräfte verschoben. Die entgegengesetzten Ladungen benachbarter Körner ziehen diese zu Ketten längs Feldlinien zusammen und zeigen die Struktur des Feldes.

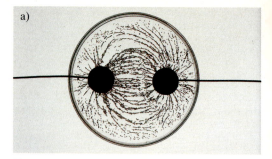

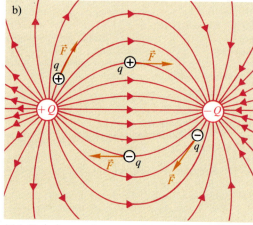

16.1 Zwischen entgegengesetzt geladenen Kugeln ordnen sich Grießkörner längs Feldlinien.

Die Pfeile an den Feldlinien in *Bild 16.1b* geben die Richtung der *Feldkraft* $\vec{F}$ auf eine *positive Probeladung* $+q$, die man in ein schon bestehendes Feld bringt. Die Feldkraft an negativen Ladungen zeigt gegen die so festgelegte Feldlinienrichtung *(Bild 16.2b)*. Die Feldlinien beginnen an den positiven Ladungen $+Q$ und enden an den negativen $-Q$.

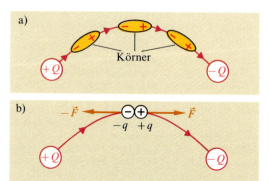

16.2 a) In den Grießkörnern werden Ladungen durch Influenz getrennt; sie ziehen die Körner zu Ketten zusammen. b) Feldkräfte an Probeladungen $\pm q$ im Feld von $+Q$ nach $-Q$.

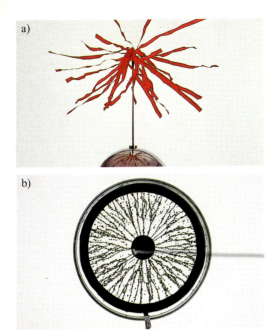

17.1 a) Die Papierstreifen sträuben sich im Raum um eine kleine Kugel. Da Papier etwas leitet, laden sich die Streifen auf und stoßen sich dann gegenseitig ab. b) Radiales Feld um geladene Kugel, von Grießkörner-Ketten angezeigt.

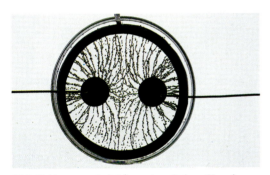

17.2 Feld um zwei gleichnamig geladene Kugeln

2. Eine Vielfalt von Feldformen

Versuch 8: a) In die Mitte der Schale aus Versuch 7 bringen wir nur *eine* positiv geladene Scheibe. Von ihr gehen Feldlinien radial weg *(Bild 17.1b)*. Sie enden bei diesem **radialen Feld** an negativen Ladungen auf einem Ring am Schalenrand. Längs dieser Linien sträuben sich geladene Papierstreifen *(Bild 17.1a)*.

b) Wir laden zwei Scheiben *(Bild 17.2 und 17.3)* positiv auf. Ihre gleichnamigen Ladungen stoßen sich ab. Zwischen ihnen verläuft keine Feldlinie – im Gegensatz zu sich anziehenden Ladungen von entgegengesetztem Vorzeichen. In der Mitte bleiben die Grießkörner ungeordnet; dort ist das Feld schwach. Die Feldlinien laufen etwa parallel nach außen zum negativ geladenen Ring am Rand der Schale.

c) Wir wenden uns dem Feld zwischen zwei parallelen *Kondensatorplatten* zu. Die Feldlinien beginnen senkrecht auf der positiv geladenen Platte ($+Q$) und laufen parallel zueinander zur negativ geladenen ($-Q$). Probeladungen erfahren in diesem wichtigen **homogenen Feld** Kräfte gleicher Richtung *(Bild 17.4 und 18.2)*.

Am Rand biegen sich die Feldlinien nach außen. Dieses **Randfeld** ist nicht mehr homogen; die Feldkräfte sind nicht mehr parallel.

> Ladungen sind von elektrischen Feldern umgeben. In ihnen erfahren ruhende wie bewegte Probeladungen Feldkräfte tangential zu den elektrischen Feldlinien. Positive Probeladungen erfahren Kräfte in Richtung der Feldlinien.
>
> Feldlinien beginnen an positiver Ladung $+Q$ und enden an negativer $-Q$; sie beginnen oder enden nie frei im Raum.

17.3 Feldlinien zweier positiver Ladungen

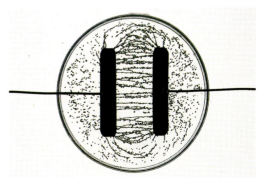

17.4 Grießkörner zeigen ein homogenes Feld.

3. Wie enden Feldlinien an Ladungen?

In all unseren Bildern enden Feldlinien auf Metalloberflächen *senkrecht*. Muß das immer so sein? Nach *Bild 18.1* stehe die Feldlinie (1) schräg zur Leiteroberfläche. Die dort sitzende bewegliche Ladung $-Q_1$ erfährt die schräg liegende Kraft $\vec{F}_1$. Ihre Komponente $\vec{F}_p$ parallel zur Oberfläche verschiebt die Ladung näher zur Mitte M hin. Die Feldlinie folgt der verschobenen Ladung und endet immer steiler. Die Ladungsverschiebung hört erst dann auf, wenn $\vec{F}_p = 0$ ist, d.h. wenn alle Feldlinien senkrecht an Leitern enden. Dann herrscht das die *Elektrostatik* kennzeichnende Gleichgewicht.

Wir dürfen nun aber nicht etwa sagen, $-Q_1$ werde zusätzlich von $-Q_2$ abgestoßen. Diese Abstoßung ist im Feldlinienbild bereits berücksichtigt; es gibt die *gesamte Kraft* an, die eine Ladung von allen andern Ladungen erfährt.

> An Feldlinienenden sitzen Ladungen. In der Elektrostatik ruhen sie. Dort enden Feldlinien auf allen Leiteroberflächen senkrecht. Andernfalls fließt Strom.

4. Blitz- und Feldschutz im Faraday-Käfig

Bisweilen sehen wir in der Grießkörnerschale Blitze entlang der Feldlinien. Wie können Auto- und Flugzeughüllen aus Metall (als *Faraday-Käfige*) vor solchen Blitzen schützen?

Versuch 9: Wir bringen nach *Bild 18.3* einen Metallring in das homogene Kondensatorfeld. Blitze schlagen von den Platten nur zur Oberfläche des Rings, nicht in sein Inneres. Im Innern des Rings liegen die Grießkörner ohne Struktur. Feldkräfte haben nämlich negative Influenzladungen $-Q_i$ auf die linke Ringseite gezogen. An ihnen enden die von links kommenden Feldlinien senkrecht. Rechts auf dem Ring sitzen die zugehörigen positiven Influenzladungen $+Q_i$. Von ihnen starten neue Feldlinien nach rechts.

> In Leitern können Feldkräfte Ladungen trennen und so auf den Oberflächen Influenzladungen bilden. In der Elektrostatik schützen diese das Leiterinnere vor Feldern, Ladungen und Strömen.

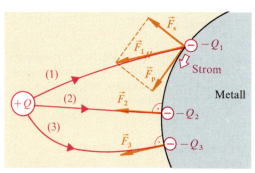

18.1 Wenn Feldlinien senkrecht auf Leiteroberflächen enden, besteht elektrostatisches Gleichgewicht.

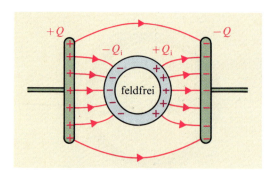

18.3 Das Innere des Metallrings ist in der Elektrostatik feldfrei.

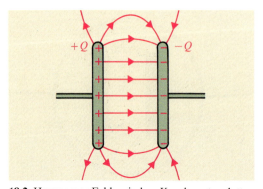

18.2 Homogenes Feld zwischen Kondensatorplatten

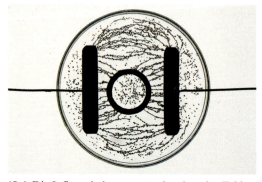

18.4 Die Influenzladungen unterbrechen das Feld.

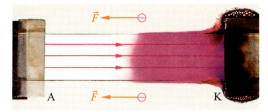

19.1 Feldkräfte treiben die Ionen auf Wanderschaft.

Von der Mittelstufe her wissen wir: Wenn man mit einer Kugel Ladung in einen isoliert stehenden *Faradaybecher* bringt, bleibt die in der Stromquelle von ihr abgetrennte entgegengesetzte Ladung außen. Sie zieht mit ihren Feldkräften die Kugelladung vollständig auf die Außenseite des Bechers. Die Kugel im Innern wird entladen.

5. Ist das Leiterinnere immer feldfrei?

Versuch 10: In *Bild 19.1* erzeugt die Quelle zwischen A und K ein elektrisches Feld. In die Rinne dazwischen bringen wir Wasser und etwas Kaliumpermanganat. Es enthält negative, lila färbende Permanganat-Ionen. Trotz des Widerstands, den sie im Wasser erfahren, wandern sie nach links. Sie zeigen uns als Probeladungen, daß sie auch im Innern der leitenden Flüssigkeit Feldkräfte erfahren, daß dort ein Feld besteht. Feldkräfte halten also den Strom aufrecht.

> **In stromdurchflossenen Leitern besteht ein elektrisches Feld. Feldkräfte treiben dort die Ladungen an; ohne Feld kein Strom.**

6. Elektrische Felder auch im Vakuum?

Auch im materiefreien Raum kann ein Feld existieren. Wir finden es zwischen den geladenen Ablenkplatten von *Braunschen Röhren*. (*Bild 19.2*). In ihm erfahren Elektronen sozusagen als Probeladungen Kräfte und werden abgelenkt. Dieses Feld ist homogen.

7. Kräfte zwischen felderzeugenden Ladungen

Feldlinienbilder geben nicht nur Auskunft über die Kräfte auf Probeladungen, die man in ein bereits bestehendes Feld bringt. Sie deuten auch die Kräfte an, die zwischen den felderzeugenden Ladungen wirken. Von benachbarten gleichnamigen Ladungen gehen Feldlinien etwa parallel weg; dies weist auf die dort bestehenden Abstoßungskräfte hin. Andererseits verbinden die Feldlinien entgegengesetzte Ladungen und deuten so auf die Anziehung zwischen felderzeugenden Ladungen. Dies sehen Sie an den *Feldlinienbildern 16.1* und *17.3*. In *Bild 18.1* kann man die Abstoßungskräfte zwischen $-Q_2$ und $-Q_3$ deutlich am Parallellauf der Feldlinien (2) und (3) ablesen.

Aufgaben

1. a) *Unterscheidet sich das Feldlinienbild einer positiven von dem einer negativen Kugelladung?* **b)** *Wo gibt es homogene, wo radiale Gravitationsfelder? Wie würden Sie die Richtung einer Gravitationsfeldlinie festlegen? Welche Richtungen können die Feldkräfte bei elektrischen bzw. Gravitationsfeldern haben?*

2. *Im Feld zwischen den Polen eines Bandgenerators fliegt eine Watteflocke. Zeichnen Sie alle auf die Flocke wirkenden Kräfte! Fliegt sie stets gleichförmig und exakt auf einer Feldlinie?*

3. *Zeichnen Sie einen Stromkreis mit Glühlampe und Schalter! Skizzieren Sie das Feldlinienbild, ausgehend von den Polen der Quelle,* **a)** *bei geschlossenem* **b)** *bei offenem Schalter!* **c)** *Wann ist das Leiterinnere feldfrei?*

4. a) *Eine positiv geladene Kugel wird vor eine Metallwand gehalten. Zeichnen Sie die entstandenen Influenzladungen und das Feld! Treten Kräfte zwischen Kugel und Wand auf?* **b)** *Man hält die Hand in die Nähe der Papierstreifen nach Bild 17.1. Warum werden sie angezogen? Zeichnen Sie das Feldlinienbild!*

5. *Wo fliegen in Braunschen Röhren Elektronen, ohne daß auf sie eine Feldkraft wirkt? Warum sind aber Feldkräfte nötig, wenn Elektronen in Leitern „Widerstand" erfahren?*

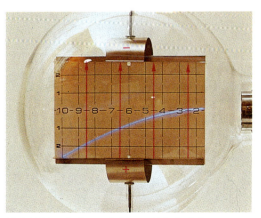

19.2 Feld zwischen geladenen Ablenkplatten

§5 Die elektrische Feldstärke E

1. Ortsfaktoren — auch im elektrischen Feld?

Sie kennen die Gravitationsfelder von Erde und Mond. Mit dem **Ortsfaktor** $\vec{g}$ beschreiben wir ihre Stärke und berechnen die Gewichtskräfte $\vec{G} = m\vec{g}$, die dort Körper der Masse m erfahren. Nun versuchen wir, die Feldkraft $\vec{F}$, die eine Probeladung q in Punkten eines elektrischen Felds erfährt, mit Hilfe elektrischer Ortsfaktoren zu berechnen. Finden sich dabei Parallelen zum Gravitationsfeld?

Versuch 11: a) Wir hängen ein Metallplättchen bifilar, also an zwei nach oben stark auseinanderlaufenden isolierenden Perlonfäden auf. Wenn wir es laden, erfährt es in seinem eigenen Feld keine Kraft, sondern erst im Feld einer fremden Ladung. Auch die Erde als Ganzes erfährt im eigenen Gravitationsfeld keine Kraft, wohl aber in dem der Sonne.

b) Nun entladen wir das Plättchen und bringen es in das homogene Feld des Plattenkondensators nach *Bild 20.1*, also in ein fremdes Feld. Ungeladen erfährt es dort keine Kraft.

c) Wir geben dem Plättchen durch Berühren an der linken Kondensatorplatte eine positive Probeladung q (mit Q bezeichnen wir die großen felderzeugenden Ladungen auf den Platten). Die Auslenkung s des Plättchens wird durch Projektion mit einer Punktlichtlampe auf einem entfernten Maßstab vergrößert sichtbar.

d) Wir verschieben den Kondensator quer und auch parallel zur Richtung seiner Feldlinien. Solange die Probeladung im homogenen Feldbereich bleibt, ändert sich die Auslenkung s nicht. Dies gilt selbst dann, wenn q näher an die Plattenladungen rückt, die das homogene Feld erzeugen. Seine Feldkräfte sind also nicht nur überall *gleich gerichtet*, sondern auch *gleich groß*; die Feldlinien laufen weder auseinander noch zusammen. Im Bereich eines Hauses ist das Gravitationsfeld ebenfalls homogen, der Ortsfaktor $\vec{g}$ ein konstanter Vektor, selbst unmittelbar am Erdboden. Er nimmt erst in großer Höhe ab, wenn die Feldlinien merklich auseinandergelaufen sind.

e) Wenn wir die Probeladung q in das inhomogene Randfeld des Kondensators bringen, wird die Feldkraft $\vec{F}$ kleiner, das Feld schwächer. Hier laufen die Feldlinien auseinander.

Bevor wir mit der Feldkraft $\vec{F}$ die Stärke des Feldes ermitteln, müssen wir den Betrag von $\vec{F}$ aus dem Ausschlag s berechnen. Nach *Bild 20.2a* erfährt die Probeladung q die horizontale Feldkraft $\vec{F}$ und die vertikale Gewichtskraft $\vec{G}$. Beide setzen sich zur resultierenden Zugkraft $\vec{R}$ am Aufhängefaden zusammen. Dieser stellt sich in Richtung der Resultierenden $\vec{R}$ ein. Der Ausschlag s ist klein gegenüber der Fadenlänge l, der Pendelkörper wird kaum gehoben. Die Höhe h ist fast gleich der Pendellänge l ($h \approx l$). Also gilt

$$\frac{F}{G} = \frac{s}{h} \approx \frac{s}{l} \quad \text{oder} \quad F \approx G\,\frac{s}{l}. \qquad (20.1)$$

Die Feldkraft $\vec{F}$ ist bei kleinen Ausschlägen ($s \ll l$) der Auslenkung proportional.

Versuch 12: Wir laden das Plättchen aus Versuch 11 an der einen Kondensatorplatte auf und

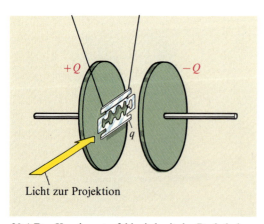

20.1 Das Kondensatorfeld wird mit der Probeladung q des Plättchens ausgemessen.

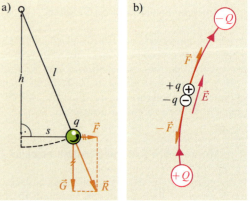

20.2 a) Feldkraft $\vec{F}$ zu s proportional. **b)** Feldstärke $\vec{E}$ zeigt in Feldlinienrichtung, auch bei $q < 0$.

Kurz vor Durchschlag in Glimmer	$70 \cdot 10^6$
Kurz vor Blitzschlag in Luft	$3{,}2 \cdot 10^6$
Zwischen Hochspannungsleitungen	$1 \cdot 10^5$
Elektrisches Erdfeld bei schönem Wetter	$1{,}3 \cdot 10^2$
Für Radioempfang: Stereo	$50 \cdot 10^{-6}$
Mono	$1 \cdot 10^{-6}$

Tabelle 21.1 Werte einiger Feldstärken in $N\,C^{-1}$

messen seinen Ausschlag s. Dann nehmen wir das Feld weg und bringen das Plättchen in die Mitte zwischen beide Platten. Dort berühren wir es mit einem zweiten, genau gleichen, das vorher ungeladen war. Dabei verteilt sich die Probeladung q gleichmäßig auf beide. Erzeugen wir das Feld wieder, so erfährt die halbe Plättchenladung ($q/2$) nur die halbe Kraft ($F/2$), nach nochmaligem Halbieren nur noch $F/4$. Also ist die Kraft F zur Probeladung q proportional. Dies leuchtet ein: Die Hälfte einer negativen Probeladung besteht nur aus der Hälfte an Elektronen. Jedes Elektron erfährt die gleiche Kraft. Die Gesamtkraft auf alle Elektronen, also auf das ganze Plättchen, ist auch halbiert. Folglich bleibt der Quotient

$$E = \frac{F}{q} = \frac{F/2}{q/2} = \frac{F/4}{q/4}$$

konstant. Er ist von der Größe der benutzten Probeladung q unabhängig. Wenn mehrere Experimentatoren den gleichen Feldpunkt mit verschiedenen Probeladungen ausmessen, erhalten sie verschiedene Kräfte und sind sich vielleicht über die Stärke des Feldes uneins. Der Vektor $\vec{E} = \frac{1}{q}\vec{F}$ ist aber bei allen gleich.

Im schwächeren Randfeld nimmt F ab, wenn q unverändert bleibt. $E = F/q$ wird kleiner und eignet sich daher als Maß für die Stärke elektrischer Felder. Der Vektor $\vec{E} = \frac{1}{q}\vec{F}$ heißt **elektrische Feldstärke**. Sie ist analog zum Ortsfaktor $\vec{g} = \frac{1}{m}\vec{G}$ im Schwerefeld und kann wie dieser sehr wohl vom Feldpunkt abhängen.

Die Kraft $\vec{F}$ auf positive Probeladungen ($q > 0$) zeigt in Richtung der Feldlinien, die Kraft $-\vec{F}$ auf negative Ladungen $-q$ der Feldlinienrichtung entgegen *(Bild 20.2 b)*. Der als Vektor geschriebene Quotient $\vec{E} = \vec{F}/q = (-\vec{F})/(-q)$ hängt also weder vom Vorzeichen noch von der Größe der Probeladung q ab. Die Vektoren $\vec{E} = \frac{1}{q}\vec{F}$ zeigen in Richtung der Feldlinienpfeile. Im homogenen Feld haben diese $\vec{E}$-Vektoren gleiche Richtung und gleichen Betrag.

Erfahrung: Die Kraft $\vec{F}$, die eine Ladung q in einem Punkt eines elektrischen Feldes erfährt, ist q proportional.

Definition: Die Feldstärke $\vec{E}$ in einem Feldpunkt ist der von der Ladung q unabhängige Vektor

$$\vec{E} = \tfrac{1}{q}\vec{F}; \quad [E] = \frac{\text{Newton}}{\text{Coulomb}} = \frac{N}{C} = N\,C^{-1} \quad (21.1)$$

$\vec{E}$ zeigt in Richtung der Feldlinien.

Die Feldkraft $\vec{F}$ auf eine Ladung q beträgt

$$\vec{F} = q\,\vec{E}. \qquad (21.2)$$

In einem homogenen Feld ist die Feldstärke $\vec{E}$ nach Betrag und Richtung überall gleich.

2. Feldstärke E — zunächst mühsam gemessen

Versuch 13: Wir messen nach Versuch 12 die Feldstärke E zwischen zwei Kondensatorplatten, die den Abstand $d = 6{,}0$ cm voneinander haben und durch die Spannung $U = 6{,}0$ kV aufgeladen sind. Das Plättchen mit der Gewichtskraft $G = 0{,}22$ cN hängt an Fäden der Länge $l = 150$ cm und wird um die Strecke $s = 3{,}3$ cm ausgelenkt. Nach *Gl. 20.1* erfährt es die Feldkraft $F = G\,s/l = 4{,}8 \cdot 10^{-5}$ N. Mit dem Meßverstärker ermitteln wir im feldfreien Raum die Plättchenladung zu $q = 5{,}2 \cdot 10^{-10}$ C. Die Feldstärke ist also

$$E = \frac{F}{q} = \frac{4{,}8 \cdot 10^{-5}\,\text{N}}{5{,}2 \cdot 10^{-10}\,\text{C}} = 94 \cdot 10^3\,\text{N}\,C^{-1}.$$

Die (nicht realisierbare) Probeladung 1 C würde hier die große Kraft 94 kN erfahren. Den Punkten eines Feldes schreiben wir eine Feldstärke auch dann zu, wenn sich in ihnen keine Probeladung befindet. Dies liegt im Sinne der Feldtheorie *Faradays*. Wir werden bald sehen, daß sich diese kühne Erweiterung bewährt.

Stören wir nicht das Feld, ändern wir nicht die Feldstärke E, wenn wir eine größere Probeladung q zum Messen von E einbringen? Sicherlich; eine weitere Probeladung würde dies sofort bestätigen. Doch übt q auf sich selbst keine Kraft aus (Versuch 11 a). Wer hier Bedenken hat, kann die Probeladung q so klein machen, daß sie das auszumessende Feld nicht merklich ändert. Wegen $F \sim q$ erhält er den gleichen Quotienten $E = F/q$ wie bei großen Probeladungen. — Die Leitfähigkeit der Kondensatorplatten kompliziert allerdings den Versuch: Wenn wir die Probeladung q einer Kondensatorplatte nähern, influenziert q auf der Platte um so mehr an entgegengesetzter Ladung, je größer q ist (Aufgabe 4, Seite 19). Diese zusätzliche Influenzladung zieht das Plättchen um so stärker zur Kondensatorplatte hin, je größer q ist. Deshalb benutzt man kleine Probeladungen. Man hängt sie zudem in die Mitte zwischen die Platten. Dann ziehen die störenden Influenzladungen beider Platten an ihnen nach entgegengesetzten Richtungen und heben sich auf.

Aufgaben

1. a) *Welche Kraft erfährt die Ladung* 10 nC *bzw.* −10 nC *in einem Feld der Stärke* 10 kN C^{-1}? **b)** *Welche Ladung erfährt dort die Kraft* 10 μN?

2. *Die Ladung* $q_1 = 1,0$ nC *erfährt im Feld (1) die Kraft* $F_1 = 0,10$ mN, *die Ladung* $q_2 = 3,0$ nC *im Feld (2) die Kraft* $F_2 = 0,20$ mN. **a)** *Welches Feld ist stärker?* **b)** *Wie groß sind die Kräfte, wenn man die Ladungen vertauscht?* **c)** *In welchem Verhältnis müßten zwei Ladungen stehen, damit sie in Feld (1) und (2) gleich große Kräfte erfahren?*

3. a) *Welchen Ausschlag s erfährt ein Pendelchen der Masse* 0,40 g, *das am Faden der Länge* $l = 1,0$ m *hängt, wenn es die Ladung* $q = 5,0$ nC *im Feld der Stärke* 70 kN C^{-1} *trägt?* **b)** *Bei welcher Ladung q schlägt ein Pendel doppelter Länge gleich weit aus?*

4. *Ein Pendel* ($m = 0,50$ g; $l = 0,50$ m) *schlägt in horizontaler Richtung gemessen* 30 cm *weit aus. Welche Ladung trägt es im Feld der Stärke* 10 kN C^{-1}? *Gilt noch die Näherung* $l \approx h$?

5. a) *Das Kügelchen der Aufgabe 3a pendelt in* 10 s *zwischen beiden Platten 40mal hin und 40mal her. Welche mittlere Stromstärke $\bar{I}$ zeigt ein Meßverstärker in der Kondensatorzuleitung nach Bild 10.1?* **b)** *Das Kügelchen pendelt je Sekunde 5mal hin und 5mal her; $\bar{I}$ ist* 2,0 nA. *Wie groß ist jetzt E, wenn das ruhende Pendel um* 5,0 cm *ausgelenkt wird?*

6. *Warum hat die Gravitationskraft stets die Richtung des Ortsfaktors $\vec{g}$, die elektrische Feldkraft aber nicht immer die Richtung von $\vec{E}$?*

7. *Das elektrische Gewitterfeld nach Tabelle 21.1 verlaufe vertikal nach unten. Ein Regentröpfchen von* 1,0 mm *Radius sei negativ geladen. Wie viele Elektronen muß es als Überschuß tragen, damit an ihm die elektrische Feldkraft der Gewichtskraft das Gleichgewicht hält? Muß dann das Tröpfchen in Ruhe sein oder darf es fallen? Welche Art der Fallbewegung ist möglich? (Von Luftströmung sei abgesehen; die Elektronenladung beträgt* $1,6 \cdot 10^{-19}$ C.)

8. a) *In Versuch 13 werden G, s und q je mit 3% relativem Fehler gemessen, die Pendellänge mit 1%. Welchen relativen Fehler kann die Feldstärke E ungünstigstenfalls auf Grund der Meßwerte haben?* **b)** *Wie groß ist der relative Fehler, wenn Sie die Näherungsrechnung in Gl. 20.1 statt der genauen Rechnung benutzen? Zwischen welchen Werten könnte E also liegen?*

§6 Spannung und Feld

1. Nun kommt Energie ins Spiel

Wofür schickt das E-Werk seine Rechnung? Sicher nicht für die angelieferten Elektronen; diese bleiben im geschlossenen Kreislauf, im „Netz". Vielmehr bezahlen wir für die entnommene Energie. Nach welchem Prinzip pumpt das E-Werk diese Energie ins Netz; wie entnehmen wir sie ihm wieder?

Versuch 14: a) Nach *Bild 22.1 links* stehen sich zwei Kondensatorplatten in sehr kleinem Abstand gegenüber. Wir laden sie kurz mit einem Netzgerät auf und entladen sie dann über eine Glimmlampe. Diese leuchtet nur schwach auf. Die Quelle hatte nur wenig Energie in die Anordnung (das System) gepumpt, als sie die Ladungen trennte. Dem wollen wir nachhelfen:

b) Hierzu laden wir die Platten nochmals auf, trennen sie von der Quelle und ziehen sie dann weit auseinander. So setzen wir die von der Quelle begonnene Trennung der Ladungen $+Q$ und $-Q$ fort, ohne Q zu vergrößern. Dabei verrichten wir Arbeit gegen ihre Anziehungskraft. Jetzt leuchtet die Glimmlampe beim Entladen weithin sichtbar auf. Also steht im System mehr Energie auf Abruf bereit; man sagt, es herrscht eine größere *Spannung*.

c) Wir verbinden ein *Elektroskop* mit den Platten. Wenn wir sie auseinanderziehen, steigt sein Ausschlag erheblich an. Bei der größeren Spannung hat das System mehr Energie und zwingt mehr gleichnamige Ladung gegen deren Abstoßungskraft auf den Elektroskopstab.

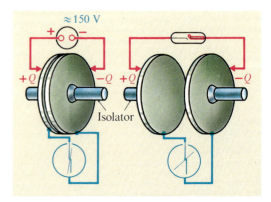

22.1 Energie wird in die Anordnung gepumpt, wenn man die Platten auseinanderzieht. Dadurch steigt die Spannung zwischen den Platten.

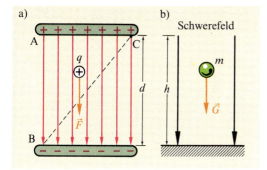

23.1 Vergleich von Energieumsetzungen a) im elektrischen, b) im Schwerefeld

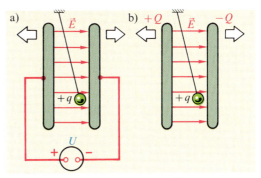

23.2 a) Quelle hält U konstant; $\vec{E}$ und Q sinken. b) Auf isolierten Platten bleibt Q konstant; U steigt.

> **Besteht zwischen Körpern Spannung, so steht elektrische Energie auf Abruf bereit. Spannung entsteht, wenn man entgegengesetzte Ladungen unter Arbeitsaufwand trennt. Die Energie wird frei, wenn Strom fließt.**

2. Was bedeutet die Spannung 1 V?

Wie gewinnt man die ins System gesteckte elektrische Energie wieder zurück? Nach *Bild 23.1* transportiert die Feldkraft $\vec{F} = q\vec{E}$ die Ladung q von der oberen Platte A zur unteren B (analog dazu treibt im Schwerefeld die Gewichtskraft $\vec{G} = m\vec{g}$ einen Körper nach unten). Der *Transportweg s* ist der Plattenabstand d. Deshalb verrichtet die Feldkraft $F = q\,E$ an der bewegten Ladung q die Arbeit $W = F\,s = q\,E\,d$ (im Schwerefeld $W = G\,h = m\,g\,h$). Also ist die Transportarbeit $W = q\,E\,d$ der transportierten Ladung q proportional. Der Quotient

$$U = \frac{W}{q} = \frac{q\,E\,d}{q} = E\,d \qquad (23.1)$$

hängt von der Ladung q nicht mehr ab. Er wird **Spannung** U genannt. Die Einheit der Spannung ist Volt (V). Die Spannung 1 V bedeutet dann, daß beim Transport der Ladung 1 C von den Feldkräften die Arbeit 1 J verrichtet wird.

> **Definition:** Feldkräfte verrichten an der Ladung q zwischen zwei Punkten die Transportarbeit W. Die elektrische Spannung U zwischen diesen Punkten ist der Quotient
>
> $$U = \frac{W}{q}; \quad [U] = \frac{J}{C} = V \text{ (Volt)}. \qquad (23.2)$$

3. Spannung ist weder Feldstärke noch Kraft!

Nach *Gl. 23.1* erhält man die Spannung $U = E\,d$ im homogenen Kondensatorfeld als Produkt aus Feldstärke E und Plattenabstand d. Prüfen wir dies mit den Werten aus Versuch 13 nach: Das Produkt aus der Feldstärke $E = 94\,\text{kN}\,\text{C}^{-1}$ und dem Plattenabstand $d = 0{,}060\,\text{m}$ gibt die Spannung $U = E\,d = 5{,}6\,\text{kN}\,\text{m}\,\text{C}^{-1} = 5{,}6\,\text{kJ}\,\text{C}^{-1} = 5{,}6\,\text{kV}$. Das Elektroskop zeigte 6 kV. Die Feldstärkemessung war mühsam, Spannungsmessungen dagegen sind einfach. Also berechnen wir künftig die Feldstärke E – allerdings nur in homogenen Feldern – nach $U = E\,d$ zu $E = U/d$. Dies gibt auch die übliche Einheit der Feldstärke

$$[E] = \frac{1\,\text{V}}{1\,\text{m}}, \text{ da } 1\,\frac{\text{V}}{\text{m}} = 1\,\frac{\text{J}}{\text{C}\,\text{m}} = 1\,\frac{\text{N}\,\text{m}}{\text{C}\,\text{m}} = 1\,\frac{\text{N}}{\text{C}}.$$

> **Der Betrag E der elektrischen Feldstärke im homogenen Feld eines Kondensators mit dem Plattenabstand d ist bei der Spannung U zwischen parallelen Platten**
>
> $$E = \frac{U}{d}; \quad [E] = V\,m^{-1} = N\,C^{-1}. \qquad (23.3)$$

Die Gleichung $E = U/d$ ist zwar für homogene Felder bequem, aber auf diese beschränkt. Mit ihr wird zudem nur der Betrag des Feldstärkevektors $\vec{E}$ ermittelt. Mit $\vec{E} = \frac{1}{q}\vec{F}$ ist dieser Vektor auch für inhomogene Felder definiert. Zudem zeigt $\vec{E} = \frac{1}{q}\vec{F}$, daß *jedem Punkt* schon für sich ein Feldstärkevektor – sozusagen als elektrischer Ortsfaktor – zugeordnet wird. Die Spannung U dagegen kann man als Transportarbeit nur *zwischen den Punkten* angeben, zwischen denen die Ladung transportiert wird.

Versuch 15: a) Wir hängen nach *Bild 23.2a* die Probeladung $+q$ in ein homogenes Feld. Die am Ausschlag s abgelesene Feldstärke E steigt proportional zur Spannung U zwischen den Platten. Dies bestätigt die Gleichung $E = U/d$.

b) Wir verdoppeln den Plattenabstand d bei konstanter Spannung U. $E = U/d$ wird halbiert.

c) Nun laden wir die Platten nach *Bild 23.2b* auf und trennen sie von der Quelle. Wenn wir sie dann mit ihren konstanten Ladungen $\pm Q$ auseinanderziehen, bleibt die Feldstärke E konstant (solange das Feld hinreichend homogen ist). Die Transportarbeit $W = Fs$ an der Probeladung q steigt wegen des längeren Weges s an und mit ihr die Spannung $U = W/q$.

Das spektakuläre Ansteigen der Spannung $U = Ed$ in Versuch 14 tritt also nur dann ein, wenn die Platten isoliert sind (*Bild 23.2b*). Sie behalten dabei ihre felderzeugende Ladung; nach Versuch 15c bleibt dann auch die Feldstärke gleich. Eine angelegte Spannungsquelle (*Bild 23.2a*) erzwingt dagegen konstante Spannung; $E = U/d$ nimmt dann beim Auseinanderziehen ab. — Diese Überlegungen sollen Sie zur Vorsicht mahnen: Beachten Sie stets, welche Größen (U, Q, E, d usw.) konstant bleiben und welche nicht!

Mit den Feldkräften haben wir nun die Überlegungen zur Spannung von Seite 11 wesentlich vertieft. Im Feld zwischen den Polen der Quelle verrichten diese Feldkräfte die *Arbeit* W an der fließenden Ladung Q. Aus der Spannungsdefinition $U = W/Q$ berechnet sich diese Arbeit zu $W = UQ$. Sie ist sowohl zur transportierten Ladung Q als auch zur Spannung U proportional.

Aufgaben

1. Zwischen zwei Kondensatorplatten mit 2,0 cm Abstand liegt die Spannung 1,0 kV. Wie groß ist die Feldstärke E, wie groß die Kraft F auf eine Probeladung q von 10 nC? Welche Arbeit W wird von den Feldkräften beim Transport von der einen zur anderen Platte verrichtet? Prüfen Sie die Spannungsangabe mit $U = W/q$ nach!

2. Eine Watteflocke hat die Masse 0,01 g und ist mit 0,1 nC geladen. Welche Arbeit verrichten Feldkräfte an ihr, wenn sie die Spannung $U = 100$ kV durchläuft? Welche kinetische Energie erhält sie dabei im Vakuum, wenn sie aus der Ruhe heraus startet? Wie groß wird also ihre Geschwindigkeit?

3. Zeigen Sie, daß in Bild 23.1 die Transportarbeit im homogenen Feld auf der Geraden CB so groß ist wie auf AB! Zeigen Sie dies auch für eine von C nach B laufende gekrümmte Bahn! Vergleichen Sie mit entsprechenden Überlegungen in der Mechanik!

§7 Flächendichte der Ladung

1. Dichtere Ladung — stärkeres Feld?

Wie hängt die Stärke eines Kondensatorfeldes von seiner Ursache, den felderzeugenden Ladungen $\pm Q$ ab? Diese werden von Feldkräften auf die Innenseiten der Platten gezogen und bilden dort zwei dünne *Ladungsfilme*.

Versuch 16: Wir messen zunächst, wie dicht die Ladung in diesen Filmen sitzt; dazu halten wir eine dünne Testplatte mit der Fläche A' nach *Bild 24.1* auf die Innenseite der negativ geladenen rechten Platte. Feldkräfte ziehen die auf der Fläche A' (rot) sitzenden Elektronen auf die Testplatte. Mit ihr heben wir diese Elektronen ab und messen ihre Ladung $-Q'$ am Meßverstärker (Vorsicht: Platten nicht verkanten, sonst Feldverzerrung!). Überall wo das Feld homogen ist, entnehmen wir an beiden Kondensatorplatten gleich große Ladungen $+Q'$ bzw. $-Q'$. Also sitzen die felderzeugenden Ladungen dort gleich dicht, wo die Feldlinien gleich dicht enden. Im schwachen Feld an den Außenseiten finden wir dagegen kaum Ladung. — Benutzen wir zwei Testplatten nebeneinander, so heben wir auf der doppelten Fläche A' auch die doppelte felderzeugende Ladung Q' ab. Der Quotient $\sigma = Q'/A'$ ist also im homogenen Feldbereich konstant. Er gibt die *Dichte* σ *der Flächenladungen* an.

Definition: **Die Flächendichte σ einer über die Fläche A gleichmäßig verteilten Ladung Q ist der Quotient**

$$\sigma = Q/A; \quad [\sigma] = \text{C m}^{-2}. \quad (24.1)$$

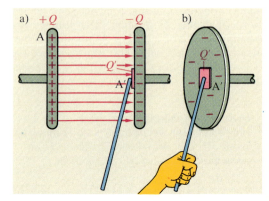

24.1 Messung der Flächendichte $\sigma = Q/A$

Versuch 17: a) Wir halbieren nun die Spannung U zwischen den Platten bei konstantem Abstand d. Mit der Feldstärke $E = U/d$ sinkt auch die gemessene Flächendichte σ auf die Hälfte.

b) Wenn wir dann bei halber Spannung auch noch den Plattenabstand d halbieren, steigen $E = U/d$ und die gemessene Flächendichte σ wieder auf den ursprünglichen Wert. σ ist also der Feldstärke E (nicht U) proportional: $\sigma \sim E$.

Bei der doppelten Ladungsdichte σ zeichnen wir auch die Feldlinien doppelt so dicht und veranschaulichen so die doppelte Feldstärke E. Nun verstehen wir, warum in Versuch 15c beim Auseinanderziehen der geladenen und isolierten Platten die Feldstärke E konstant blieb und die Spannung U anstieg: da die Ladung nicht abfließen konnte, änderten sich ihre Dichte σ und die Feldstärke E nicht. E nimmt erst ab, wenn bei zu großem Plattenabstand die Feldlinien nach außen drängen und ihre Dichte im inhomogenen Bereich sinkt.

Die grundlegende Proportionalität zwischen der Dichte σ der felderzeugenden Ladung und der Feldstärke E schreiben wir als Gleichung $\sigma = \varepsilon_0 E$. Der Faktor ε_0 heißt **elektrische Feldkonstante**. Wie groß ist sie?

Versuch 18: Zwischen zwei Kondensatorplatten mit dem Abstand $d = 6{,}0$ cm liegt die Spannung $U = 6{,}0$ kV und erzeugt die Feldstärke $E = U/d = 1{,}0 \cdot 10^5$ V m^{-1}. Mit einer Testplatte ($A' = 48$ cm^2) heben wir die Ladung $Q' = 4{,}2 \cdot 10^{-9}$ C ab. Die Ladungsdichte $\sigma = Q'/A' = 8{,}8 \cdot 10^{-7}$ C m^{-2} liefert die Feldkonstante

$$\varepsilon_0 = \frac{\sigma}{E} = \frac{8{,}8 \cdot 10^{-7} \text{ C m}^{-2}}{1{,}0 \cdot 10^5 \text{ V m}^{-1}}$$
$$= 8{,}8 \ 10^{-12} \text{ C (Vm)}^{-1}.$$

Die Flächendichte σ der felderzeugenden Ladung eines homogenen Feldes ist seiner Feldstärke E proportional. In Luft gilt $\sigma = \varepsilon_0 E$ mit der elektrischen Feldkonstanten

$$\varepsilon_0 = 8{,}85 \cdot 10^{-12} \text{ C (Vm)}^{-1}. \qquad (25.1)$$

---

2. Stärkeres Feld — dichtere Influenzladung?

Versuch 19: Wir halten nach *Bild 25.1* zwei Testplatten mitten ins Feld, senkrecht zu den Feldlinien. In den Platten wird Ladung verschoben. Auf ihrer linken Oberfläche bildet sich die Influenzladung $-Q'_i$, auf der rechten die gleich große $+Q'_i$ (die Ladungssumme bleibt Null). Nach dem Trennen der Platten im Feld zeigt sich, daß die Influenzladung Q'_i die gleiche Flächendichte σ wie die Kondensatorladungen aufweist.

Dies ist nicht selbstverständlich: Liegt doch die linke Testplatte näher an der Plusladung $+Q$ der linken Kondensatorplatte als die rechte Kondensatorplatte. Das homogene Feld hat aber überall die gleiche Feldstärke E; dies führt zur gleichen Dichte $\sigma = \varepsilon_0 E$ der influenzierten Ladung. Also kann man die Feldstärke mit solchen Testplatten bestimmen, wenn sie senkrecht zu den Feldlinien stehen. Sonst wird das Feld erheblich verzerrt.

Aufgaben

1. *Zwischen zwei Kondensatorplatten mit dem Abstand 5,0 cm und je 450 cm^2 Fläche liegt die Spannung $U = 10$ kV. **a)** Wie groß sind Feldstärke E und Flächendichte σ der felderzeugenden Ladungen? Welche Ladung trägt jede Platte? **b)** Wie ändern sich diese Werte, wenn man die Platten **A)** bei konstanter Plattenladung (Platten isoliert), **B)** bei konstanter Spannung (Quelle angeschlossen) auseinanderzieht? **c)** Welche Spannung muß man bei $d = 5{,}0$ cm zwischen die Platten legen, damit sie 10 nC tragen?*

2. *Man hat ermittelt, daß bei schönem Wetter die Spannung gegen den negativ geladenen Erdboden um 1300 V zunimmt, wenn man jeweils 10 m höher steigt. **a)** Wie groß sind E und σ der Ladung an der Erdoberfläche? **b)** Welche Ladung hätte die Erdkugel mit Radius 6370 km (überall schönes Wetter)? **c)** Welche Ladung trägt ein Metallflachdach von 300 m^2 Fläche, welche ein Sonnenanbeter (1 m^2)?*

3. a) *Darf man aus obigen Versuchen die Proportionen $\sigma \sim U$ oder $Q \sim E$ verallgemeinern (ohne Nebenbedingungen)? **b)** Wären die beiden Platten nach Bild 25.1 in einem radialen Feld auch gleich stark geladen?*

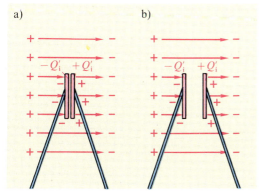

25.1 Messung der Dichte influenzierter Ladung

§ 8 Kondensatoren; Kapazität

U	in V	50	100	150	200
Q	in nC	10	20	30	40
$C=Q/U$	in nF	0,20	0,20	0,20	0,20

Tabelle 26.1 $Q \sim U$; $A = 450$ cm²; $d = 2{,}0$ mm

1. Wieviel Ladung faßt ein Kondensator?

In Radios sind Kondensatoren so wichtig wie Widerstände – aber nicht um Felder zu erzeugen, sondern um *Ladung zu speichern*. Wieviel nehmen sie auf? Die Ladungsdichte $\sigma = Q/A$ auf ihrer Plattenfläche A beträgt $\sigma = \varepsilon_0 E = \varepsilon_0 U/d$. Die Ladung $Q = \sigma A = \varepsilon_0 A U/d$ ist also der Spannung U proportional. Deshalb wird der Quotient $C = Q/U$ von U unabhängig; er heißt **Kapazität**.

Versuch 20: a) Zwei Kondensatorplatten der Fläche $A = 450$ cm² haben den Abstand $d = 2{,}0$ mm. Wir laden sie mit der Spannung U und messen ihre Ladung Q mit dem Meßverstärker. Nach *Tabelle 26.1* ist $Q \sim U$, der Quotient $C = Q/U$, also die Kapazität, beträgt 0,2 nC V^{-1}. Bei 1 V hat der Kondensator auf den Platten die Ladung $\pm 0{,}2$ nC, bei 100 V das 100fache.

b) Wir stellen eine Kugel vor eine Metallplatte und legen zwischen beide die Spannung U. Sie nehmen die Ladungen $\pm Q$ auf, die zu U proportional sind. Wir haben also auch in diesem *inhomogenen* Feld einen Kondensator mit der konstanten Kapazität $C = Q/U$ vor uns.

> Die Ladungen $+Q$ und $-Q$ auf den beiden Teilen eines Kondensators sind der Spannung U zwischen ihnen proportional.
> *Definition:* Unter der Kapazität C eines beliebigen Kondensators versteht man den von der Spannung U unabhängigen Quotienten aus Ladung Q und Spannung U:
> $$C = \frac{Q}{U}; \quad [C] = \frac{C}{V} = F \text{ (Farad)}. \quad (26.1)$$

Die Einheit Farad wurde nach *M. Faraday* benannt. Meist benutzt man µF, nF oder pF (*Tabelle 10.1*). Ein Kondensator habe die Kapazität $C = 2$ nF und kann wegen Funkenüberschlag nur bis zur Spannung $U_{max} = 5$ kV geladen werden. Er speichert dann die Ladung $Q_{max} = C\,U_{max} = 2 \cdot 10^{-9}$ F $\cdot 5 \cdot 10^3$ V $= 10$ µC.

Nach der obigen Rechnung ist die Kapazität C eines Plattenkondensators $C = Q/U = \varepsilon_0 A/d$. Sie ist proportional zu $1/d$. Beim Auseinanderziehen isolierter Platten steigt nach Seite 22 die Spannung U. Da Q konstant bleibt, sinkt die Kapazität $C = Q/U \sim 1/d$.

> Die **Kapazität** C eines **Plattenkondensators** mit Fläche A und Plattenabstand d ist
> $$C = \varepsilon_0\, A/d. \quad (26.2)$$

2. Zeigerinstrumente messen auch Ladung

a) Elektroskope sind in Volt geeicht, also *Spannungsmesser*. Wir haben sie aber schon oft auf- und entladen. Also stellen sie auch *Kondensatoren dar*. Kennt man ihre Kapazität, so kann man die Ladung $Q = C\,U$ berechnen, die sie bei der von ihnen selbst angezeigten Spannung U tragen.

b) Auch **Meßverstärker** sind an sich *Spannungsmesser*, etwa für den Bereich 0 bis 0,3 V. Legt man parallel zu ihrem Eingang den hochisolierten Kondensator der Kapazität C, so nimmt er nach Aufbringen der zu messenden Ladung Q die Spannung $U = Q/C$ an. U wird gemessen, $Q = C\,U$ berechnet.

c) Versuch 21: Der Pendelschalter S (ein mit 50 Hz betriebenes Postrelais) legt nach *Bild 26.1* in Stellung 1 die Spannung $U = 10$ V an den Kondensator C. In Stellung 2 entlädt ihn der Schalter S schnell über den rechts liegenden Drehspulstrommesser. Dieser zeigt bei schnellem Pendeln nach Seite 9 die *mittlere Stromstärke* $\bar{I}$ an. Ist $\bar{I} = 1$ mA $= 1$ mC s^{-1}, so fließt in 1 s, also bei 50 Entladungen, die Ladung 1 mC ab. Die einzelne Kondensatorladung beträgt $Q = 1$ mC$/50 = 20$ µC. Mit diesem Experiment können wir Kapazitäten messen.

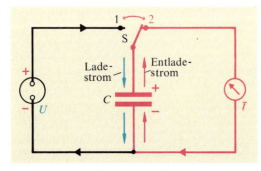

26.1 Zum Pendelschalter-Versuch 21

3. Kondensatoren in Radios und im Labor

a) In **Block-Kondensatoren** bestehen die „Platten" aus zwei langen, bandförmigen Aluminiumfolien. Das mit Paraffin getränkte Papier trennt sie *(Bild 27.1a)*.

b) Bei hohen Spannungen benutzt man **Leidener Flaschen** nach *Bild 27.1b*. Innen- wie Außenseite sind mit Metallfolien beklebt.

c) In der Radiotechnik benutzt man **Drehkondensatoren** *(Bild 27.2a)*. Sie bestehen aus zwei gut gegeneinander isolierten Plattensätzen, die sich ineinander drehen lassen. Dies ändert die Größe der sich gegenüberstehenden geladenen Flächenteile und deshalb die Kapazität stetig.

d) Elektrolyt-Kondensatoren haben eine Aluminium- oder Tantalfolie als Plusplatte und eine saugfähige, mit einem Elektrolyten getränkte Papierschicht als Minusplatte. Beim Herstellen erzeugt man mit Gleichstrom elektrolytisch zwischen beiden eine extrem dünne Oxidschicht. So wird eine sehr hohe Kapazität auf kleinem Raum konzentriert (heute bis zu 1 F!). Doch muß man die zulässige Höchstspannung und die Polung genau beachten. Sonst kann die Oxidschicht abgebaut und der Kondensator durch eine Explosion zerstört werden. – Die meisten Kondensatoren kann man bereichsweise als Plattenkondensatoren auffassen und ihre Kapazität nach *Gl. 26.2* berechnen.

4. Geladene Kondensatoren sind gefährlich!

Versuch 22: Wir laden einen spannungsfesten Kondensator großer Kapazität (100 µF) mit der Spannung $U = 100$ V auf und trennen ihn von der Spannungsquelle. Nun wäre es gefährlich, die Anschlüsse des Kondensators zu berühren; er wurde nämlich selbst zur Spannungsquelle! Ein angeschlossener Spannungsmesser zeigt die Spannung $U = 100$ V an. Erst allmählich entlädt sich der Kondensator über den großen Instrumentenwiderstand. Dabei nimmt mit seiner Ladung Q auch die Spannung $U = Q/C$ ab.

Verbinden wir die Kondensatorplatten mit einem dicken Draht, so gibt es einen hellen Funken und einen lauten Knall. Man darf also nicht in ein geöffnetes Fernsehgerät greifen, auch wenn es vom Netz getrennt ist. Seine noch geladenen Kondensatoren stellen für einige Zeit Spannungsquellen dar, denen man die Gefahr nicht ansieht.

27.1 a) Blockkondensator; b) Leidener Flasche

Aufgaben

1. a) *Ein Streifen eines Blockkondensators hat auf jeder Seite* 20 m² *Fläche und* 0,05 mm *Abstand zum anderen. Wie groß sind Kapazität und Ladung bei* 100 V? *Bei welcher Spannung hat er* 100 µC? *(Im Innern gehen von beiden Seiten eines Streifens Feldlinien zum anderen Streifen.)* **b)** *Wie lang müßten die* 5,0 cm *breiten Streifen sein, damit* $C = 10$ µF *wird?*

2. *Eine Leidener Flasche hat den mittleren Durchmesser* 10 cm *und ist am Grund ganz und an den Seiten* 25 cm *hoch mit Stanniol belegt. Welche Ladung nimmt sie bei* 50 kV *auf, wenn das Glas* 3,0 mm *dick ist? (Vom Einfluß des Glases sei abgesehen!)*

3. *Nach Bild 26.1 zeigt der Strommesser bei 20 Entladungen je Sekunde* 2,0 mA *an. Wie groß ist die Kapazität* C *bei* $U = 40$ V?

4. *Die Kapazität eines Drehkondensators kann zwischen* 100 pF *und* 1 nF *geändert werden. Ein angelegtes Elektroskop von* 100 pF *Kapazität zeigt bei ineinandergedrehten Plattensätzen* 100 V *an. Welche Ladung ist auf der gesamten isolierten Anordnung? Welche Spannung entsteht, wenn man die Platten auseinanderdreht?*

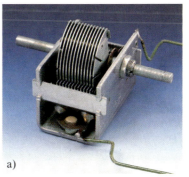

27.2 a) Drehkondensator; b) Elektrolytkondensator

§9 Der Millikan-Versuch

1. Die Physiker wollen es ganz genau wissen

Wir sprachen schon immer vom Elektron und seiner Ladung. Wie groß ist diese? Bei der Elektrolyse fand man, daß 1 mol Wasserstoff oder 1 mol Chlor, also $N_A = 6{,}02 \cdot 10^{23}$ Ionen, die Ladung $Q = 96500$ C abscheiden. 1 Ion transportiert folglich die Ladung $e = Q/N_A = 1{,}6 \cdot 10^{-19}$ C, Elementarladung genannt. N_A ist dabei die sog. Avogadro-Konstante (auch Loschmidt-Zahl genannt). Der Amerikaner *Millikan* (Nobelpreis 1923) konnte ab 1909 die Elementarladung mit Hilfe eines einfachen Kondensators bestimmen:

Versuch 23: a) Mit einem Mikroskop betrachtet man den Raum zwischen zwei horizontalen Kondensatorplatten *(Bild 28.1)*. Er ist durch ein Gehäuse vor Luftzug geschützt. Im Mikroskop erkennt man Strichmarken für vertikale Strecken Δs zwischen den Platten. Durch eine Öffnung bläst man aus einem Zerstäuber kleine Öltröpfchen zwischen die Platten. Man sieht sie bei seitlicher Beleuchtung als helle Lichtpunkte nach unten sinken (da das Mikroskop umkehrt, scheinen sie nach oben zu wandern).

b) Nun legt man eine Spannung zwischen die Platten (die untere sei negativ geladen). Dann sinken die ungeladenen Tröpfchen unbeeinflußt weiter. Ein Teil steigt jedoch zur oberen Platte auf, ist also negativ geladen. Positiv geladene sinken schneller als ohne Feld. Die Ladung rührt daher, daß beim Zerstäuben des Öls das eine Tröpfchen einige Elektronen zuviel, das andere einige zu wenig erhält.

c) Man beobachtet nun ein negativ geladenes Tröpfchen über längere Zeit genau und ändert dabei die Spannung U_0 am Potentiometer solange, bis es *schwebt* (die andern verschwinden allmählich). Dann besteht am *ruhenden* Tröpfchen *Gleichgewicht*: Nach oben zieht die elektrische Feldkraft $F = qE$, die seine Ladung q im Feld der Stärke $E = U_0/d$ erfährt (d: Plattenabstand). Nach unten zieht die gleich große Gewichtskraft G. Es gilt $qE = qU_0/d = G$.

d) Leider sind die Tröpfchen so klein, daß man ihren Radius r und damit ihre Gewichtskraft G nicht unmittelbar bestimmen kann. Man mißt deshalb die Geschwindigkeit v_1, mit der das Tröpfchen nach Wegnahme der Schwebespannung U_0 in Luft *sinkt*. Diese *Sinkgeschwindigkeit* v_1 ist bekanntlich bei schweren Regentropfen groß, bei Nebeltröpfchen klein. Am *fallenden* Tröpfchen kommt nämlich *Gleichgewicht* zwischen der Gewichtskraft G und der von v_1 abhängigen Kraft des Luftwiderstands zustande. Der Zusammenhang zwischen v_1 und G ist in *Bild 28.2* aufgetragen. Man mißt nun ohne Feld die Fallzeit Δt längs der Strecke Δs. *Beispiel:* Die Strecke $\Delta s = 2{,}50$ mm wird in $\Delta t = 35{,}0$ s durchfallen. Also ist $v_1 = \Delta s/\Delta t = 7{,}14 \cdot 10^{-5}$ m s^{-1}. *Bild 28.2* entnimmt man $G = 15{,}8 \cdot 10^{-15}$ N. Aus der Schwebespannung $U_0 = 255$ V und dem Plattenabstand $d = 5{,}0$ mm folgt $q = G/E = Gd/U_0 = 3{,}2 \cdot 10^{-19}$ C. Dies sind *zwei* Elementarladungen.

e) Für die Tröpfchenladung $q = G/E = Gd/U_0$ erhält man auch bei Wiederholung an vielen Tröpfchen immer nur *kleine ganzzahlige Vielfache* der oben bei der Elektrolyse zunächst nur als Mittelwert berechneten Elementarladung e, nämlich e selbst oder $2e$, $3e$ usw. *(Bild 29.1)*. Zwischenwerte wie $0{,}7e$ oder $3{,}4e$ werden nicht beobachtet.

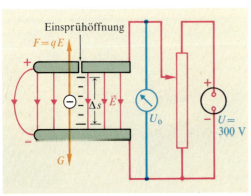

28.1 Schema des Millikan-Versuchs

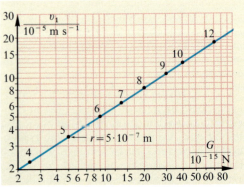

28.2 Sinkgeschwindigkeit v_1 in Luft

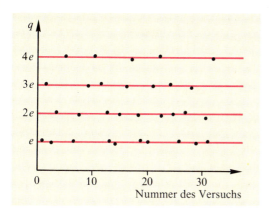

29.1 Streuung zahlreicher Meßwerte der Tröpfchenladung q um ne ($n = 1, 2, 3, \ldots$)

Versuch 24: Man polt die Spannung an den Platten um und mißt die Ladung eines *positiv* geladenen Tröpfchens. Der Wert für e ist der gleiche. Man kann Tröpfchen auch laden, indem man die Luft durch ein radioaktives Präparat kurzzeitig ionisiert. Auch hat man schon Elektronen von Glühdrähten aus beliebigen Metallen abgedampft und auf die Tröpfchen gebracht. Man erhält stets die gleiche Elementarladung.

> **Positive wie negative Ladungen treten nur als ganzzahlige Vielfache der Elementarladung $e = 1,6 \cdot 10^{-19}$ C auf. Die Ladung des Elektrons ist $-e = -1,6 \cdot 10^{-19}$ C.**

Wenn man mit diesem Millikan-Versuch den Wert für e genau bestimmt hat, kann man umgekehrt aus $e = 96\,500$ C$/N_A$ die **Avogadro-Konstante** N_A ermitteln. Dies ist eine der zahlreichen Methoden, um diese Grundkonstante der atomaren Welt zu bestimmen. Alle führen zum gleichen Ergebnis, ein schönes Beispiel für die *Konvergenz der Forschung*: Auch wenn man von ganz verschiedenen Problemen ausgeht und völlig verschiedene Versuche ausführt, erhält man übereinstimmende Aussagen. Dies erkennen wir hier in einem unseren Sinnen nicht zugänglichen Bereich, der Welt der Atome.

2. Ein eigenes Energiemaß eV für Elektronen

Wenn ein Elektron die Spannung U in einer Elektronenkanone – oder in der elektrischen Heizung – durchlaufen hat, so wurde an ihm von den Feldkräften die Arbeit $W = eU$ verrichtet. Um nicht immer mit e multiplizieren zu müssen, führt man die auf die Elementarladung zugeschnittene **Energieeinheit Elektronvolt (eV)** ein. Durchfliegt ein Elektron in der Fernsehröhre die Spannung 20 000 V, so steigt seine kinetische Energie um $W = qU = e \cdot 20\,000$ V $= 20\,000$ eV $= 20\,000 \cdot 1,6 \cdot 10^{-19}$ J $= 3,2 \cdot 10^{-15}$ J.

> ***Definition:*** **Wenn ein Teilchen beliebiger Masse mit der Ladung 1 e im Vakuum die Spannung 1 V durchläuft, dann ändert sich seine kinetische Energie um 1 Elektronvolt:**
>
> **1 eV = 1 e · 1 V = $1,6 \cdot 10^{-19}$ J**   (29.1)
>
> **1 MeV (Mega-Elektronvolt) = 10^6 eV**   (29.2)

Durchlaufen ein Cu^{++}-Ion oder ein Heliumkern, die beide zwei Elementarladungen tragen, die Spannung 1 V, so ändert sich die Energie um 2 eV. – In *Bild 28.1* sei die untere Platte geerdet; die obere habe ihr gegenüber die Spannung $U = +200$ V. Um ein positives Teilchen der Ladung $q = +e$ von unten nach oben zu transportieren, braucht man die Energie $W = qU = +200$ eV; bei einem Elektron ($-e$) wird sie frei. In der Mitte des Kondensators sind diese Werte halb so groß.

Aufgaben

1. *Zeigen Sie, daß die e-Bestimmung nach Millikan von der elektrolytischen Methode (Beginn Ziffer 1) unabhängig ist!*

2. a) *Ein Öltröpfchen ($m = 2,4 \cdot 10^{-12}$ g) schwebt in einem Kondensator von 0,50 cm Plattenabstand bei 250 V (obere Platte negativ geladen). Welche Ladung und wieviel Elementarladungen trägt es? Wie ermittelt man ihr Vorzeichen? Mit welcher Geschwindigkeit sinkt es in Luft ohne elektrisches Feld (Bild 28.2)?* **b)** *Wieviel Überschußelektronen sitzen je cm^2 auf der negativ geladenen Platte?* **c)** *Auf wie viele Atome der Oberfläche kommt ein freies Elektron? (Ein Atom braucht die Fläche 10^{-15} cm^2.)*

3. a) *Ein Tröpfchen mit $q = +e$ bzw. $-e$ durchläuft in Bild 28.1 von oben nach unten die Spannung 200 V. Wie groß ist die Energieänderung in eV und in Joule?* **b)** *Das Tröpfchen nach Aufgabe 2a sinkt langsam um 1,0 mm. Wieviel verliert es an Lageenergie? Welche Spannung durchläuft es? Um wieviel eV ändert sich die elektrische Energie im Feld? Nimmt sie zu oder ab? Vergleichen Sie beide Energieänderungen!* **c)** *Ein gleich geladenes Tröpfchen mit halber Masse steigt schnell hoch. Vergleichen Sie jetzt die beiden Energieänderungen!*

4. *Ein Elektron fliegt im Feldelektronenmikroskop bei 7,0 kV von der Spitze (Radius 100 nm) zum 5,0 cm entfernten Leuchtschirm. Wieviel Energie in eV und in J gewinnt es dabei?*

§ 10 Der Elektronenstrahl

1. Ein Glühdraht liefert Elektronen

Freie Elektronen sind in der Technik recht nützlich, z.B. erzeugen sie Bilder im Fernsehgerät. Wie lassen sie sich auf einfache Weise gewinnen? Wir erinnern uns an den elektrischen Leitungsvorgang in einem Kupferdraht. In ihm befinden sich frei bewegliche Elektronen, die von den im Gitterverband festsitzenden Kupferatomen abgegeben werden. Beim Anlegen einer Spannung zwischen den Enden des Drahtes bewegen sich diese Elektronen in Richtung auf den positiven Pol der Spannungsquelle: Es fließt ein elektrischer Strom. Die Elektronen können aber den Draht im allgemeinen nicht verlassen, da sie ihn positiv geladen zurücklassen und dadurch eine Kraft erfahren würden, die sie in den Draht zurückholte. Kann man sie nicht doch herausbekommen?

Versuch 25: Wir benutzen eine Glühlampe mit einem luftleer gepumpten Glaskolben; die Luft kann dann nicht stören. Oben ist ein Metallblech, Anode A genannt, eingeschmolzen *(Bild 30.1)*. Die Anode ist mit einem Elektroskop verbunden, das positiv geladen wird. Sobald der Glühdraht K zu glühen beginnt, geht der Ausschlag des Elektroskops zurück. Wir haben es nicht berührt, also kann seine positive Ladung nicht abgeflossen sein. Was ist mit ihr geschehen?

Offensichtlich wurde die positive Ladung auf der Anode durch negative Ladungen neutralisiert. Diese können nur vom Glühdraht gekommen sein. Bei der höheren Temperatur haben die Elektronen soviel Energie gewonnen, daß sie den Draht verlassen konnten.

2. Der Elektronenstrahl

Versuch 26: In einer Braunschen Röhre *(Bild 30.2)* befindet sich kurz hinter dem Heizdraht, der Kathode, ein Anodenblech mit einem schmalen, horizontalen Schlitz. Legen wir eine Spannung U_a zwischen Kathode und Anode, so daß die Anode positiv gegenüber der Kathode ist, so erfahren die aus dem Heizdraht austretenden Elektronen im elektrischen Feld dieses Kondensators eine Beschleunigung in Richtung Anode, also *gegen die Feldlinienrichtung*. Viele von ihnen werden durch den Schlitz in der Anode hindurchfliegen. Da sie dann keine Kraft mehr erfahren, fliegen sie gleichförmig weiter und treffen streifend auf den Leuchtschirm. Dieser ist mit einem Material beschichtet, das beim Auftreffen von Elektronen bläuliches Licht aussendet. Wir sehen einen scharfen Strahl längs der Mittellinie, dessen Intensität sich durch Änderung der Anodenspannung U_a oder der Heizspannung U_h beeinflussen läßt. Wie hängt die Geschwindigkeit v_x der Elektronen hinter der Anode von der Anodenspannung U_a ab?

Im elektrischen Feld wird an jedem Elektron die Arbeit $W = e\, U_a$ verrichtet; an der Anode hat es die kinetische Energie $W_k = \frac{1}{2} m v_x^2$. Nach dem Energiesatz gilt im Vakuum $\frac{1}{2} m v_x^2 = e\, U_a$, wenn alle Elektronen mit $v = 0 \text{ m s}^{-1}$ starten. Wir bekommen also

$$v_x^2 = 2 e\, U_a / m. \tag{30.1}$$

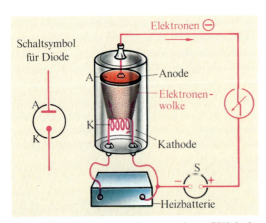

30.1 Beim Glühen dampfen aus dem Glühdraht Elektronen ab und neutralisieren die Plusladung.

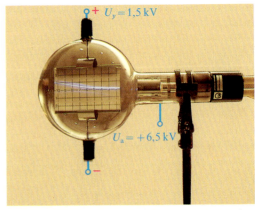

30.2 Ablenkung von Elektronen in einer Braunschen Röhre

Kennen wir Ladung $e = 1{,}6 \cdot 10^{-19}$ C und Masse $m = 9{,}1 \cdot 10^{-31}$ kg des Elektrons, so können wir seine Geschwindigkeit v_x berechnen. Für $U_a = 1$ kV ergibt sich $v_x = 1{,}9 \cdot 10^7$ m s^{-1}.

3. Wir lenken einen Elektronenstrahl ab

Was geschieht nun mit schnellen Elektronen, die *senkrecht zur Feldlinienrichtung* in das Feld eines Plattenkondensators fliegen?

Versuch 27: Wir erzeugen einen Elektronenstrahl wie in Versuch 26. Legen wir nun eine Spannung U_y zwischen die horizontalen Platten *(Bild 30.2)*, so daß die obere positiv und die untere negativ geladen ist, wird der Elektronenstrahl nach oben gekrümmt. Polen wir um, so ist die Krümmung entgegengesetzt.

Die Bahnkurve erinnert an eine *Parabel*. Zur Bestätigung betrachten wir den waagerechten Wurf (Fundamentum, Seite 92); wir erkennen Analogien: In beiden Fällen bewegen sich Teilchen, die zunächst nur eine Geschwindigkeit v_x in horizontaler Richtung haben. Sie brauchen für die Strecke x längs der x-Achse die Zeit $t = x/v_x$. Während dieser Zeit durchfällt ein Körper beim waagerechten Wurf mit der Fallbeschleunigung g längs der y-Achse die Strecke $y = \frac{1}{2} g t^2 = \frac{1}{2} g x^2 / v_x$. Dies ist die Bahnkurve beim waagerechten Wurf.

Elektronen erfahren im Feld eines Kondensators eine Beschleunigung a_y senkrecht zu v_x. Wenn wir also in der Gleichung für die Bahnkurve beim waagerechten Wurf die Fallbeschleunigung g durch die Beschleunigung a_y ersetzen, erhalten wir bereits die Gleichung für die Bahnkurve der Elektronen

$$y = \frac{a_y}{2 v_x^2} x^2$$

Die Beschleunigung a_y ist konstant, denn sie ergibt sich aus der konstanten Kraft F, die ein Elektron im homogenen Feld des Plattenkondensators erfährt. Es gilt $F = m a_y$. Wegen $E = F/e = U_y/d_y$ ergibt sich $m a_y / e = U_y / d_y$, also

$$a_y = \frac{e U_y}{d_y m}. \qquad (31.1)$$

Setzen wir a_y und v_x nach *Gl. 30.1* in unsere Parabelgleichung ein, so finden wir

$$y = \frac{U_y}{4 d U_a} x^2. \qquad (31.2)$$

Versuch 28: Zur Bestätigung dieser Rechnung verdoppeln wir bei konstanter Anodenspannung U_a die Ablenkspannung U_y. Wir beobachten eine Verdoppelung des y-Wertes am rechten Schirmrand. Verdoppeln wir dann auch U_a, so ergibt sich wieder der alte y-Wert.

> **Elektronen, die senkrecht zu den Feldlinien in das elektrische Feld eines Plattenkondensators hineinfliegen, bewegen sich auf einer Parabelbahn.**

In Versuch 27 haben wir bei $U_a = 6{,}5$ kV und $U_y = 1{,}5$ kV eine Auslenkung $y_1 = 1$ cm gemessen. Die Rechnung liefert für diese mit $d_y = 5{,}5$ cm und $x = l = 10$ cm den Wert $y_1 = U_y l^2 / 4 d U_a = 1{,}05$ cm. Unsere Messung stimmt mit der Rechnung gut überein.

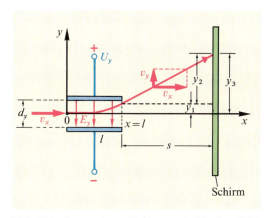

31.1 Ablenkung eines Elektronenstrahls im Feld eines Plattenkondensators

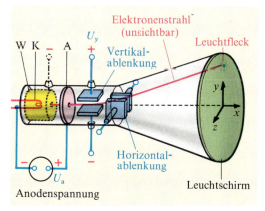

31.2 Braunsche Röhre mit zwei senkrecht zueinander angeordneten Plattenkondensatoren und dem Wehneltzylinder W

§ 11 Das Oszilloskop

1. Spannungsmessung — einmal anders

Wir wollen im folgenden eine Braunsche Röhre benutzen, die etwas anders aufgebaut ist als die aus Versuch 26 *(Bild 31.2)*. Wir erkennen statt des einen Ablenkkondensators zwei senkrecht zueinander angeordnete Plattenpaare. Außerdem hat diese Braunsche Röhre noch eine zusätzliche Elektrode zwischen Kathode und Anode, den *Wehneltzylinder* W. Schließlich ist der Bildschirm senkrecht zum nicht abgelenkten Elektronenstrahl angebracht.

Versuch 29: Wir erzeugen zunächst auf die bekannte Weise einen Elektronenstrahl und beobachten auf dem Bildschirm einen größeren Lichtfleck. Offensichtlich ist der Elektronenstrahl nicht so scharf gebündelt, wie es wünschenswert ist. Laden wir mit einer Hilfsspannung den Wehneltzylinder auf, so werden die Elektronen auf ihrem Weg von der Kathode zur Anode zusammengedrängt und wir erreichen eine gute Bündelung des Strahls. Nun wollen wir Ablenkversuche durchführen.

Versuch 30: Wir legen an das anodennahe Plattenpaar eine Gleichspannung U_y und beobachten die erwartete Ablenkung y_3 auf dem Bildschirm *(Bild 31.1)*. Messen wir für verschiedene Spannungen U_y die zugehörigen Werte y_3, so beobachten wir eine Proportionalität.

Wie ist das zu erklären? Die Ablenkung y_3 ergibt sich als Summe der Ablenkung y_1 im Plattenkondensator, die wir bereits kennen *(Gl. 31.1)*, und der Ablenkung y_2, die der Elektronenstrahl zwischen Plattenkondensator und Bildschirm erfährt. Im Kondensatorfeld verweilen die Elektronen die Zeit $t_1 = l/v_x$. Dabei erfahren sie in y-Richtung die Beschleunigung a_y, also erhalten sie zusätzlich zur Horizontalkomponente v_x die Vertikalkomponente $v_y = a_y t_1$ der Geschwindigkeit.

Mit dieser Geschwindigkeit fliegen sie nach Verlassen des Kondensators kräftefrei weiter, benötigen bis zum Schirm die Zeit $t_2 = s/v_x$ und werden um $y_2 = v_y t_2 = v_y s/v_x$ abgelenkt. Berücksichtigen wir, daß $v_y = a_y t_1$ mit $a_y = eU_y/d_y m$ ist *(Gl. 31.1)*, so bekommen wir

$$v_y = a_y t_1 = \frac{a_y l}{v_x} = \frac{eU_y l}{d_y m v_x}.$$

Daraus folgt die Ablenkung y_2

$$y_2 = \frac{v_y s}{v_x} = \frac{eU_y l s}{d m v_x^2}.$$

v_x kennen wir aber bereits *(Gl. 30.1)*, so daß wir durch Einsetzen zu dem Ergebnis $y_2 = U_y l s/(2 d_y U_a)$ gelangen. Jetzt brauchen wir lediglich noch die Gesamtablenkung y_3 zu berechnen. Es gilt:

$$y_3 = y_1 + y_2 = \frac{U_y l^2}{4 d U_a} + \frac{U_y l s}{2 d_y U_a},$$

also ergibt sich

$$y_3 = \frac{l(l/2 + s)}{2 d U_a} U_y.$$

Wir bekommen tatsächlich die beobachtete Proportionalität zwischen der Ablenkung y_3 und der Ablenkspannung U_y heraus. Damit können wir diese Braunsche Röhre als Spannungsmesser benutzen. Wir müssen lediglich noch eine Skala herstellen. Messen wir z.B. für eine Ablenkspannung $U_y = 20$ V eine Ablenkung von $y_3 = 0{,}8$ cm; dann hat dieser Spannungsmesser einen Umrechnungsfaktor von $U_y/y_3 = 25$ Vcm^{-1}.

Das von uns benutzte sogenannte **Kathodenstrahloszilloskop** gestattet es, verschiedene Meßbereiche einzustellen. Das könnte durch Veränderung der Anodenspannung geschehen, denn sie beeinflußt ja v_x *(Gl. 30.1)*. In der Praxis läßt man U_a konstant und ändert den Umrechnungsfaktor mit Hilfe eines eingebauten Verstärkers für U_y. Der jeweilige Wert, z.B. 100 mV cm^{-1} wird angezeigt.

Versuch 31: Nun legen wir an das zweite Plattenpaar eine Gleichspannung U_x. Dann bekommen wir erwartungsgemäß eine Auslenkung in horizontaler Richtung, ebenso wie in y-Richtung proportional zur Spannung.

2. Ein flinker Spannungsmesser

Wozu verwendet man das Oszilloskop?

Versuch 32: Wir legen an das Plattenpaar für die senkrechte Ablenkung eine Wechselspannung $U_y(t)$ *(Bild 33.1a)*. Auf dem Bildschirm sehen wir eine senkrechte Linie.

Offensichtlich bewegt sich der Elektronenstrahl so schnell auf und ab, daß unser Auge zu träge ist, dieser Bewegung zu folgen. Außerdem leuchtet der Bildschirm etwas nach. Betrachten wir das Oszilloskopbild in einem Drehspiegel, so erkennen wir den zeitlichen Verlauf der Wechselspannung. Der Drehspiegel legt für uns das räumlich nebeneinander, was zeitlich nacheinander geschieht.

Elektrisch besorgt das eine geeignete Ablenkspannung $U_x(t)$ für die Horizontalablenkung. Ein linearer Anstieg von $U_x(t)$ führt den Elektronenstrahl in horizontaler Richtung gleichförmig über den Bildschirm. Da der Leuchtfleck am linken Bildrand starten soll, muß U_x zunächst negativ sein und dann bis zum gleich großen positiven Wert ansteigen. Wenn wir genau eine vollständige Periode ($\frac{1}{50}$ s) der Netzspannung $U_y(t)$ auf dem Bildschirm beobachten wollen, müssen wir dann dafür sorgen, daß der Strahl in $\frac{1}{50}$ s über den Bildschirm läuft. Springt er dann in sehr kurzer Zeit zurück, so findet er den gleichen Ausgangszustand der Spannung U_y vor wie beim erstenmal und beschreibt den Weg erneut. Da sich der beschriebene Vorgang ständig wiederholt, haben wir den Eindruck eines stehenden Bildes.

Nach Bild 33.1 braucht der Strahl dagegen $\frac{1}{25}$ s; deshalb sieht man dort zwei Perioden. Wir sehen: Das lineare Ansteigen einer Sägezahnspannung $U_x(t)$ führt zu der gewünschten Darstellung der Wechselspannung in ihrem zeitlichen Verlauf. Stillschweigend haben wir bei unseren Betrachtungen vorausgesetzt, daß die horizontale und vertikale Bewegung des Elektronenstrahls unabhängig voneinander sind.

Mit dem Kathodenstrahloszilloskop läßt sich der zeitliche Verlauf schnell veränderlicher (periodischer) Spannungen darstellen.

Mit dem in das Kathodenstrahloszilloskop eingebauten Sägezahngenerator kann man verschiedene Ablenkgeschwindigkeiten einstellen. Die Angabe 5 ms cm^{-1} bedeutet: Der Strahl braucht 5 ms für 1 cm Horizontalablenkung. Ändern wir die Periode der Sägezahnspannung geringfügig, so „läuft" die Sinuskurve.

Aufgaben

1. a) *Welche Geschwindigkeit erhalten Elektronen durch 1,0 kV Spannung?* **b)** *Wie lange brauchen sie zum Durchlaufen des Ablenkkondensators von 4,0 cm Länge? Wie groß ist dort die Feldstärke bei 1,0 cm Plattenabstand und 50 V Ablenkspannung?* **c)** *Um wieviel wird das Elektron am Ende des Ablenkkondensators senkrecht zu seiner Bahn abgelenkt und welche Quergeschwindigkeit erhält es?* **d)** *Wie groß ist die Gesamtablenkung auf dem 40 cm entfernten Leuchtschirm?* **e)** *Wie groß ist die spezifische Ablenkspannung U_y/y_3 in V cm^{-1}?*

2. a) *Welche Energie in eV hat das Elektron in Aufgabe 1 am Ende des Ablenkkondensators gewonnen?* **b)** *Wie stark wäre es dort allein durch seine Gewichtskraft nach unten abgelenkt ($U_y = 0$)?*

3. *Wiederholen Sie Aufgabe 1 für Protonen! Welche Frequenz könnte man noch registrieren, wenn ein Teilchen höchstens während $\frac{1}{20}$ einer Periodendauer im Ablenkkondensator sein soll* **a)** *bei Elektronen,* **b)** *bei Protonen? ($m_{\text{Proton}} = 1,67 \cdot 10^{-27}$ kg)*

4. *Wie groß ist die Frequenz einer Wechselspannung, von der man dreieinhalb Perioden auf dem Bildschirm beobachtet, wenn die Zeitablenkung auf 20 ms cm^{-1} eingestellt ist und der Bildschirm einen Durchmesser von $d = 8$ cm hat?*

5. *Man legt an beide Ablenkplattenpaare zwei gleiche Wechselspannungen, die beide gleichzeitig durch Null gehen. Was zeigt sich am Schirm? Wie wäre das Ergebnis bei nichtsinusförmigem Verlauf?*

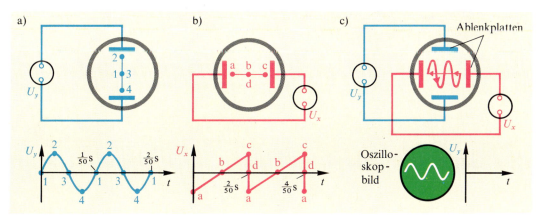

33.1 a) $U_y(t)$ lenkt nur vertikal, b) die Sägezahnspannung $U_x(t)$ nur horizontal ab. c) Beide wirken zusammen.

§12 Das Besondere am Magnetismus

1. Sind Magnetpole mit Ladungen vergleichbar?

Magnetpole scheinen sich wie elektrische Ladungen zu verhalten: Gleichnamiges stößt sich ab; Ungleichnamiges zieht sich an und kann sich sogar nach außen hin neutralisieren. Doch gibt es Unterschiede:

— Sie können positive und negative Ladungen voneinander trennen, nicht aber den Nordpol eines Magneten von seinem Südpol reißen.

— Wenn Sie Magnete zerteilen, erhalten Sie immer nur *Dipole*, also Gebilde aus Nord- und Südpol — bis hin zu den **Elementarmagneten.** Diese sind bestimmte Elektronen in *ferromagnetischen Stoffen* (Eisen, Kobalt, Nickel). Wenn man diese Stoffe magnetisiert, führt man ihnen nicht etwa eine magnetische Substanz zu (analog zur elektrischen Aufladung). Vielmehr richtet man nur die bereits vorhandenen Elementarmagnete aus *(Bild 34.1)*. Diese kommen beim Entmagnetisieren wieder in Unordnung.

— Es gibt auch keine „magnetischen Leiter", in denen Magnetpole fließen würden. Man kennt ja keine magnetischen Einzelpole, keine Mono-Pole.

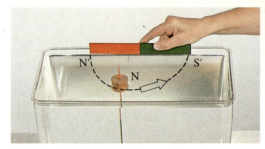

34.2 Der Nordpol N schwimmt längs einer magnetischen Feldlinie von N' nach S'.

2. Das magnetische Feld

Von Magneten dringen nur Magnetfelder nach außen. In ihnen ordnen sich Eisenfeilspäne längs Feldlinien. Was bedeuten diese?

a) Bringt man den *Nord*pol N einer langen magnetisierten Stricknadel als *Probepol* in ein schon bestehendes Magnetfeld, so wird er in Richtung der Feldlinien von N' nach S' gezogen *(Bild 34.2)*. So wurde der Richtungssinn der Feldlinien festgelegt.

b) Mit dem Feldlinienbild kann man zudem die Kräfte zwischen den das Feld erzeugenden Magneten beschreiben: Nach *Bild 34.3a* erfolgt die Anziehung zwischen Nord- und Südpol so, als ob *längs* ihrer Feldlinien ein *Zug* bestünde. Die Abstoßung gleichnamiger Pole

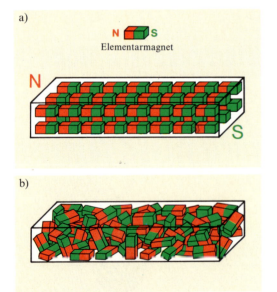

34.1 a) Elementarmagnete geordnet; b) im nicht magnetisierten Eisen ungeordnet

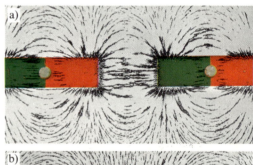
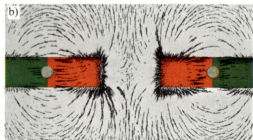

34.3 Anziehung (a) und Abstoßung (b) läßt sich als Zug und Querdruck von Feldlinien beschreiben.

deuten wir in *Bild 34.3b* als *Querdruck* zwischen *parallel* laufenden Feldlinien. Auch dies ist ein Indiz für die Feldtheorie. Nach ihr überträgt das Feld die Kräfte; sie wirken nicht unvermittelt über den Raum hinweg – nicht auf Distanz (Seite 6).

3. Geht es auch ohne Pole?

1820 zeigte *Oersted*, daß man Magnetfelder auch ohne Eisen erzeugen kann. Er fand das Magnetfeld um einen stromdurchflossenen geraden Leiter, der auch aus unmagnetischem Kupfer bestehen kann. So verknüpfte er Magnetismus und Elektrizität. Dieser Leiter wirkt aber nach *Bild 35.1* nicht etwa wie ein Magnet, zu dem die Kompaßnadel hingezogen würde. Vielmehr laufen die Feldlinien als *konzentrische Kreise* um den Leiter in Ebenen senkrecht zum Ladungsfluß. Sie haben weder Anfang noch Ende. Man nennt solche Felder **Wirbelfelder**. *Die Finger der **linken** Faust geben die Feldlinienrichtung an, wenn der Daumen in die Richtung der Elektronenbewegung weist.* Bei diesem Feld sucht man Pole vergeblich; es hat keine Pole. Elektrostatische Felder dagegen gehen stets von Ladungen aus.

Ampère wickelte nach *Bild 35.2* den Leiter zu einer *Spule*. So konnte er das an sich schwache Feld des Stroms im Spuleninnern wesentlich verstärken. Im Außenraum der Spule entspricht ihr Feld dem eines Magnet-Dipols. Daraus schloß *Ampère*, daß auch das Dipol-Feld der Elementarmagnete von bewegter Ladung in atomaren Bereichen herrührt: Der Magnet ist also ein „elektrisches Gerät", in dem atomare Ströme widerstandslos fließen. Ein Stoff ist dann ferromagnetisch, wenn sich die in allen Atomen vorhandene reibungsfreie Ladungsbewegung nach außen hin nicht ganz aufhebt. **Magnetismus ist also ein Teilbereich der Elektrizitätslehre.**

Das Spulenende, an dem die Feldlinien aus der Spule treten, verhält sich wie ein Nordpol. Es stößt den Nordpol einer außen liegenden Kompaßnadel ab. Der Nordpol der Kompaßnadel im Innern der Spule von *Bild 35.2* zeigt dagegen zum Nordpol der Spule. Im Spuleninnern dürfen wir also die Regel „Gleichnamige Pole stoßen sich ab" nicht benutzen. Der Nordpol der Nadel zeigt dort in Richtung der Feldlinien, also zum Spulennordpol. Magnetische Feldlinien beschreiben also den Magnetismus viel treffender als die bekannten Polregeln.

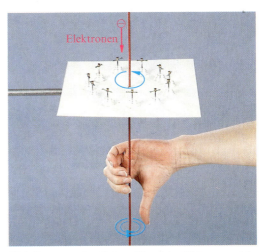

35.1 Daumen der linken Hand in Elektronenrichtung; Finger in Richtung der Linien des Wirbelfeldes

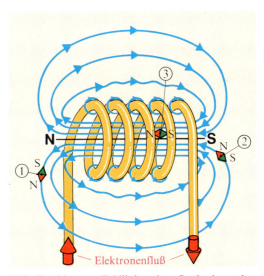

35.2 Geschlossene Feldlinien einer Spule; innen homogenes Feld. Man beachte das Verhalten der drei Magnetnadeln!

Aufgaben

1. *Warum haben magnetische Feldlinien – nicht aber elektrostatische – weder Anfang noch Ende?*

2. a) *Wenden Sie die Faustregel nach Bild 35.1 auf kleine Stücke des Spulendrahts in Bild 35.2 an!* **b)** *Was schließen Sie aus der Feldliniendichte auf die Stärke des Magnetfelds außerhalb der Spule?*

3. a) *Warum ordnen sich Eisenfeilspäne längs Feldlinien kettenförmig an?* **b)** *Warum erhält man nach Bild 34.1 beim Zerbrechen eines Magneten wieder Dipole?* **c)** *Nur an den Stirnflächen von Bild 34.1 dürfte man Pole finden. Was ist in Wirklichkeit anders?*

§13 Lorentzkraft an bewegter Ladung

> Ladungen, die sich mit einer Geschwindigkeitskomponente v_s senkrecht zu magnetischen Feldlinien bewegen, erfahren eine Lorentzkraft F_L.

1. Eine Kraft, die Elektronen nur ablenkt

Drehspulstrommesser enthalten eine drehbar gelagerte Spule im Feld eines Dauermagneten. Sie wird gedreht, wenn in ihr Elektronen fließen. Erfahren Elektronen auch dann eine Kraft, wenn sie als Strahl ein Magnetfeld in einer Braunschen Röhre durchfliegen?

Versuch 33: a) Wir nähern dem Elektronenstrahl in einer *Braunschen Röhre* einen Hufeisenmagneten *(Bild 36.1)*. Die Elektronen werden weder zu seinem Nord- noch zum Südpol gezogen; sie sind keine magnetischen Mono-Pole. Vielmehr erfahren sie eine Kraft nach unten, also *rechtwinklig zu den magnetischen Feldlinien wie auch zur Elektronengeschwindigkeit*. Diese **Lorentzkraft** F_L lenkt den Elektronenstrahl nach unten ab.

b) Wir stülpen nun von vorn eine große stromdurchflossene Spule über die Braunsche Röhre. Die Elektronen fliegen längs der Spulenachse parallel zu den magnetischen Feldlinien und werden nicht mehr abgelenkt. Sie erfahren erst dann eine Lorentzkraft F_L, wenn wir sie senkrecht oder zumindest schräg zu den magnetischen Feldlinien fliegen lassen. Dann haben sie senkrecht zu den Feldlinien eine Geschwindigkeitskomponente v_s.

Versuch 34: Vor einem Elektromagneten hängt ein negativ geladenes Kügelchen. In ihm fließt kein Strom. Es bewegt sich nicht, wenn wir das Magnetfeld ein- und ausschalten. In Magnetfeldern erfahren eben nur bewegte Elektronen eine Lorentzkraft, nicht auch ruhende.

Die Richtung der Lorentzkraft liefert die folgende **Dreifinger-Regel** *(Bild 36.2*; bestätigen Sie diese an *Bild 36.1)*: *Der Daumen der* **linken** *Hand zeige in Richtung der Geschwindigkeitskomponente v_s der Elektronen senkrecht zum Magnetfeld, der senkrecht dazu gespreizte Zeigefinger in Richtung der magnetischen Feldlinien. Dann gibt der zu beiden Fingern rechtwinklig stehende Mittelfinger die Richtung der Lorentzkraft F_L an* (H.A. Lorentz, niederländischer Physiker, Nobelpreis 1902).

2. Auch der Leiter spürt die Lorentzkraft

Versuch 35: a) Wir lassen nach *Bild 37.1* Elektronen in einem dünnen, unmagnetischen Metallband nach oben fließen. Die Feldlinien des Magneten zeigen nach hinten. Das Band wird nach rechts abgelenkt. Die Elektronen erfahren nämlich gemäß der Dreifinger-Regel eine Lorentzkraft nach rechts und übertragen diese auf den stromdurchflossenen Leiter (sie sind ja in ihn eingeschlossen).

b) Wir spannen das stromdurchflossene Metallband längs der Achse und damit längs der Feldlinien einer stromdurchflossenen Spule aus. Es erfährt genau so wenig eine Kraft wie die Elektronen, welche sich in Versuch 33 b längs magnetischer Feldlinien bewegt haben.

Eine Elektronengeschwindigkeit v_p parallel zu magnetischen Feldlinien ist also auf die Lorentzkraft ohne Einfluß.

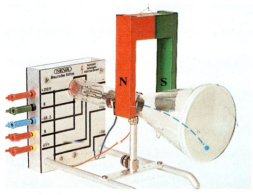

36.1 Die Elektronen erfahren die Lorentzkraft.

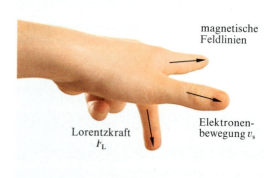

36.2 Dreifinger-Regel für die Lorentzkraft F_L

c) Während Elektronen durch das Metallband fließen, nehmen wir den Magneten weg. Der Ausschlag eines Strommessers ist anschließend genau so groß wie vorher. Die Elektronen erfahren demnach im konstanten Magnetfeld *längs ihrer Bewegungsrichtung keine Kraft*, die sie schneller oder langsamer machen würde, also ihre Energie ändern könnte. Die *Lorentzkraft wirkt stets senkrecht zum Elektronenfluß*. Sie lenkt bewegte Elektronen nur seitlich ab.

Ein stromdurchflossener Leiter, der nicht parallel zu den Feldlinien eines Magnetfelds steht, erfährt Lorentzkräfte nach der Dreifingerregel.

Die Lorentzkraft steht senkrecht auf der Bewegungsrichtung der Elektronen. Deshalb ändert sie die Richtung, nicht aber die Energie der Elektronen.

---

3. Wie kommt die Lorentzkraft zustande?

Die Richtung der Lorentzkraft erscheint Ihnen ungewohnt. Wir versuchen deshalb, sie genau so an Feldlinienbildern abzulesen wie die Kräfte zwischen Ladungen oder zwischen Magnetpolen. In *Bild 37.1* fließen die Elektronen nach oben. Von oben gesehen erzeugen sie ein Magnetfeld im Uhrzeigersinn (grün in *Bild 37.2a*). Es überlagert sich dem Feld des Hufeisenmagneten (blau). Rechts laufen die Feldlinien einander entgegen, die Felder schwächen sich; links verstärken sie sich. Ihre ursprüngliche Symmetrie ist gestört. *Bild 37.2b* zeigt das resultierende Feld. Der Zug längs der Feldlinien übt nun zusammen mit ihrem Querdruck die Lorentzkraft auf den stromdurchflossenen

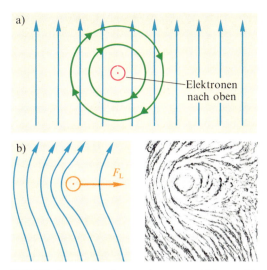

37.2 Die Lorentzkraft entsteht aus zwei Magnetfeldern: a) Einzelfelder; b) Überlagerung; c) Feilspanbild

Leiter nach rechts aus. Wir erkennen, wie Kräfte im Feld entstehen – ein weiteres Indiz für die Feldtheorie. – Wenn ein Strom dagegen parallel zu Feldlinien fließt, ist quer zu ihm keine Richtung ausgezeichnet; es gibt keine Lorentzkraft. Fertigen Sie eine Skizze!

Aufgabe

1. a) *Welche Richtung hat die Kraft, die im Magnetfeld bewegte positive Ladungen erfahren?* **b)** *Ionenkarussell: Die mit Salzlösung gefüllte Schale in Bild 37.3 steht auf einem Nordpol. Der Stab in der Mitte ist mit dem Pluspol, die äußere Ring-Elektrode mit dem Minuspol verbunden. Wie bewegen sich die positiv bzw. negativ geladenen Ionen ohne und mit Magnetfeld? Welche Wirkung hat dies auf die Flüssigkeit im Magnetfeld?*

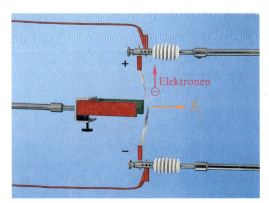

37.1 Der stromdurchflossene Leiter im Magnetfeld

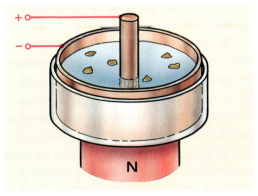

37.3 Ionenkarussel; zu Aufgabe 1 b

§14 Messung magnetischer Felder

1. Die magnetische Flußdichte B

Die Richtung der Feldlinien ist durch die Kraft auf einen Nordpol festgelegt. Doch wir können mit ihm nicht die Stärke von Magnetfeldern messen, da wir kein Maß für Polstärken haben. Vielmehr benutzen wir die Lorentzkräfte auf leicht meßbare *Probeströme*:

Versuch 36: a) Wir setzen auf einen Hufeisenmagneten zwei Eisenstücke. Sie vergrößern die Polfläche und verkleinern den Polabstand. In den schmalen Luftspalt dazwischen hängen wir nach *Bild 38.1* und *38.2* an einem Kraftmesser den unteren Teil eines Drahträhmchens. Wird das horizontale Drahtstück der Länge $s = 5$ cm vom Probestrom I durchflossen, so erfährt es die Kraft $\vec{F}$ nach unten. Wenn wir es im Luftspalt verschieben, ändert sich $\vec{F}$ nicht. Dort ist das Feld überall gleich gerichtet und gleich stark, also *homogen*. Die vertikalen Drahtstücke erfahren nur die horizontalen Kräfte $\vec{F}_1$ und $\vec{F}_2$, die sich aufheben.

b) Nun ändern wir die Stärke I des Probestroms im Rähmchen. Nach *Tabelle 38.1* ist die Kraft F zu I proportional: $F \sim I$.

c) Ein Rähmchen mit der halben horizontalen Drahtlänge $s/2$ erfährt nur die halbe Kraft $F/2$. Die Kraft F ist also auch zur Leiterlänge s proportional. Wir messen ja die Summe der Lorentzkräfte auf alle im Leiter der Länge s fließenden Elektronen. Bei halber Drahtlänge $s/2$ sind es auch nur halb so viele.

Also ist die auf den Probestrom I ausgeübte Kraft F dem Produkt $I\,s$ proportional: $F \sim I\,s$.

I in A	10	7,5	5,0	2,5	0
F in cN	3,35	2,5	1,7	0,82	0
$F/(I\,s)$ in N (A m)$^{-1}$	0,067	0,067	0,068	0,066	–

Tabelle 38.1 Zur B-Messung: Leiterlänge $s = 0,05$ m

Der Quotient $F/(I\,s)$ ist von I und von s unabhängig. Auch Leiterquerschnitt und Drahtmaterial beeinflussen ihn nicht. Er wird erst dann größer, wenn wir das Magnetfeld durch einen zweiten Magneten verstärken.

Deshalb wäre für $F/(I\,s)$ die Bezeichnung magnetische Feldstärke sinnvoll. Doch nennt man $F/(I\,s)$ **magnetische Flußdichte B**. (Dichtere Feldlinien kennzeichnen ein stärkeres Feld. Bei ihm zeichnen wir durch eine Flächeneinheit, die senkrecht zu den Feldlinien steht, mehr Linien.)

> *Definition:* **Ein vom Strom I durchflossener Leiter der Länge s stehe senkrecht zu magnetischen Feldlinien und erfahre die Kraft F. Dann ist**
>
> $$B = \frac{F}{I\,s} \qquad (38.1)$$
>
> **der Betrag der magnetischen Flußdichte des Magnetfeldes. Sie hat die Einheit**
>
> $$[B] = 1 \text{ N (A m)}^{-1} = 1 \text{ T (Tesla).} \qquad (38.2)$$

(N. Tesla, kroatisch-amerikanischer Physiker). *Tabelle 38.1* liefert $B = 0,067$ N (A m)$^{-1}$ = 0,067 Tesla. Der Strom 1 A würde in einem 1 m langen Leiter die Kraft 0,067 N erfahren. *Tabelle 39.1* zeigt, daß 1 T bereits ein starkes B-Feld ist. Wir sprechen künftig von B-Feldern und unterscheiden sie von den elektrischen E-Feldern.

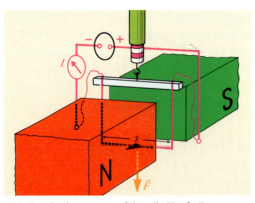

38.1 Der Probestrom I erfährt die Kraft F.

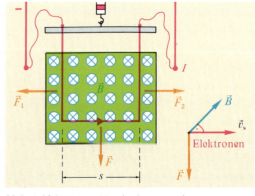

38.2 *Bild 38.1* vom Nordpol aus gesehen

2. B-Feld-Messung mit Halleffekt

Die Messung der Kraft F auf einen Probestrom ist mühsam. Der amerikanische Physiker *Hall* zeigte 1879 einen rein elektrischen Weg:

Versuch 37: a) n-Halbleiter enthalten wie Metalle freie Elektronen. Wir lassen sie nach *Bild 39.1* in einem Halbleiter-Plättchen von links nach rechts fließen. Ihm nähern wir von vorn den Nordpol eines Magneten. Seine Feldlinien durchsetzen das Plättchen nach hinten (Kreuze in *Bild 39.1*). Die Elektronen erfahren deshalb Lorentzkräfte F_L nach unten und laden den unteren Rand des Plättchens negativ auf. Vom oberen Rand werden sie weggelenkt; er wird positiv geladen. Wir messen zwischen den einander gegenüberliegenden Punkten C und D die **Hall-Spannung U_H**.

b) Für künftige Messungen der Flußdichte B eichen wir diese *Hallsonde* in Feldern, deren B wir nach Versuch 36 mit einem Probestrom gemessen haben. Dabei halten wir das Halbleiterplättchen senkrecht zu den Feldlinien.

Die Hall-Spannung U_H steigt proportional zu B.

Versuch 38: Mit dem sehr kleinen Hallplättchen messen wir Spulenfelder Punkt für Punkt aus. *Bild 39.3* zeigt, wie sich die Flußdichte B längs der Spulenachse ändert.

3. Die magnetische Flußdichte ist ein Vektor

Versuch 39: Wir halten das Hallplättchen so in den Spalt eines Elektromagneten, daß es senkrecht zu den Feldlinien steht. Das Gerät zeige 100 mT an. Dann drehen wir das Plättchen, bis die Feldlinien mit ihm den kleinsten

Magnetfeld von Kompaßnadeln	$1 \cdot 10^{-2}$ T
Magnetfeld der Erde, maximal	$7 \cdot 10^{-5}$ T
Magnetfeld von Hufeisenmagneten	$2 \cdot 10^{-1}$ T
Magnetfeld von Sonnenflecken	$4 \cdot 10^{-1}$ T
Magnetfeld in Beschleunigern	10 T
Magnetfeld von Neutronensternen	10^8 T

Tabelle 39.1 Magnetische Flußdichten

Winkel $\varphi = 45°$ bilden *(Bild 39.2)*. Das Gerät zeigt nur noch 70 mT, bei $\varphi = 30°$ nur 50 mT und bei 0° Null Tesla. Wir müssen also die magnetische Flußdichte als Vektor $\vec{B}$ in Richtung der Feldlinien auffassen und nach *Bild 39.2* in Komponenten zerlegen. Die Hallsonde mißt nur die Komponente $\vec{B}_s$, die senkrecht zu ihrer Fläche steht. So ist beim Winkel $\varphi = 30°$
$B_s = B \sin 30° = 100 \text{ mT} \cdot 0{,}5 = 50 \text{ mT}$.

> Die magnetische Flußdichte $\vec{B}$ ist ein Vektor in Richtung der Feldlinien. Die Hallsonde mißt nur seine Komponente B_s senkrecht zum Hallplättchen.

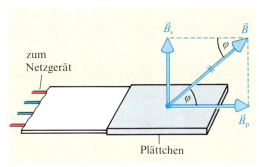

39.2 Das Hallplättchen mißt nur die Komponente $\vec{B}_s$ senkrecht zu seiner Fläche.

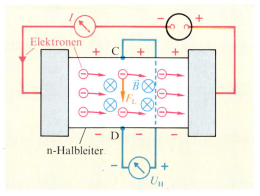

39.1 Lorentzkräfte in der Hallsonde

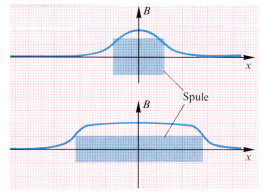

39.3 B-Feld längs der Achse von Spulen

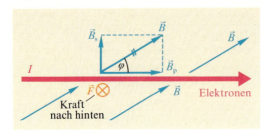

40.1 Nur $B_s = B \sin \varphi$ wirkt auf den Strom.

4. Welche Kraft erfahren Ströme im Magnetfeld?

Die Kraft F auf stromdurchflossene Leiter kommt als Summe von Lorentzkräften zustande. Sie spielt in der Elektrotechnik bei Motoren und Meßinstrumenten eine große Rolle. Wir berechnen ihren Betrag aus der Definitionsgleichung $B = F/(I\,s)$ für B zu $F = I\,B\,s$. Dabei dürfen wir nach Versuch 35b nur die Komponente $\vec{B}_s$ des $\vec{B}$-Feldes senkrecht zum Leiter benutzen (Bild 40.1). Die Komponente $\vec{B}_p$ parallel zum Leiter ist wirkungslos.

> **Den Betrag F der Kraft auf einen vom Strom I durchflossenen Leiter berechnet man mit der Komponente B_s des Magnetfeldes senkrecht zum Leiter nach**
>
> $F = I\,B_s\,s.$ (40.1)

Beispiel: Der Leiter der Länge $s = 0{,}50$ m in Bild 40.1 ist gegenüber den magnetischen Feldlinien um $\varphi = 30°$ geneigt und wird vom Strom $I = 3{,}0$ A durchflossen. Die Komponente B_s der Flußdichte $B = 1{,}0$ T senkrecht zum Leiter ist $B_s = B \sin 30° = 0{,}50$ T. Der Leiter erfährt folglich nur die Kraft $F = I\,B_s\,s = 3$ A $\cdot 0{,}50$ N $(\text{A m})^{-1} \cdot 0{,}50$ m $= 0{,}75$ N nach hinten.

5. Was ist bei Magnetfeldern anders?

Die Vektoren der magnetischen Flußdichte $\vec{B}$ wie der elektrischen Feldstärke $\vec{E}$ liegen in Richtung ihrer Feldlinien. In Richtung des $\vec{E}$-Vektors wirkt auch die elektrische Feldkraft $\vec{F} = \vec{E}\,q$. Dagegen steht die Lorentzkraft und damit die Kraft auf Ströme senkrecht zum $\vec{B}$-Vektor und senkrecht zur Stromrichtung. Hier brauchen wir die Dreifingerregel. Weiter müssen wir beachten, daß die elektrische Feldkraft auf ruhende wie auf bewegte Ladungen wirkt (in $\vec{F} = \vec{E}\,q$ kommt v nicht vor). In Magnetfeldern dagegen erfahren nur bewegte Ladungen — und deshalb auch Ströme — eine Kraft.

6. Lorentzkräfte im Lautsprecher und Fernseher

Beim *dynamischen Lautsprecher* ist die Membran an einer kleinen Spule befestigt. Sie taucht in das sehr starke radiale B-Feld eines runden *Topfmagneten* (Nordpol in der Mitte, Südpol rings außen verteilt; Bild 41.3). In der Spule fließt ein Strom I, der im Rhythmus von Sprach- und Musikschwingungen schwankt und eine ihnen proportionale Kraft erfährt. Sie bringt die große schallabstrahlende Fläche der Membran zum Schwingen.

In *Fernsehröhren* werden Elektronen nicht durch elektrische, sondern durch magnetische Felder so abgelenkt, daß sie die Bild-Zeilen schreiben. Man erzeugt die Magnetfelder in Spulen, die am Röhrenhals befestigt sind (Bild 41.2).

7. Lorentzkräfte auch zwischen Strömen

Versuch 40: Nach *Bild 40.2* fließen Elektronen im schwarz gezeichneten Leiter nach unten. Das dabei entstehende Feld ersetzt das Feld des Hufeisenmagneten in Bild 37.1. In diesem Feld fließen im roten Draht Elektronen nach oben. Sie erfahren nach der Dreifingerregel die Kraft F nach rechts. Andererseits liegt der schwarze Leiter im Bereich der Feldlinien des roten, die nach hinten zeigen. Deshalb erfährt der schwarze Leiter eine Kraft nach links. Die beiden antiparallelen Ströme stoßen einander ab. Auch hier gilt das Gesetz von actio und reactio (Aufgabe 4).

Ströme üben also durch Vermittlung ihrer Magnetfelder Kräfte aufeinander aus. Diese Kräfte treiben *Elektromotoren* an. Ihr rotierender Anker wie auch das feststehende Gehäuse enthalten Spulen. Schickt man Strom durch beide, so erfahren sie entgegengesetzt gerichtete Kräfte. Die reactio des angetriebenen Ankers auf die antreibende Gehäusespule spüren Sie, wenn Sie einen Staubsauger vom Boden abheben und dann einschalten.

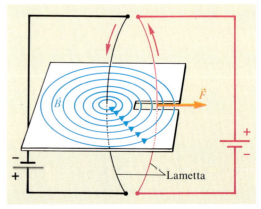

40.2 Antiparallele Ströme stoßen sich gegenseitig ab; jeder Strom fließt im Magnetfeld des anderen.

Aufgaben

1. a) *Ein Strom von 10 A, der ein 4,0 cm langes Drahtstück im Feld eines Elektromagneten durchfließt, erfährt die Kraft 20 cN. Wie groß ist die Flußdichte B, wenn der Leiter senkrecht zu ihr steht?* **b)** *Nun dreht man den Leiter, daß er Winkel von 0°, 30°, 45°, 60°, 90° mit dem $\vec{B}$-Vektor bildet. Wie groß ist dann jeweils die Kraft?*

2. *Die Spule eines dynamischen Lautsprechers hat 1,0 cm Durchmesser und 50 Windungen. Welche Kraft erfährt sie beim Strom 10 mA im Magnetfeld der Flußdichte $B = 1,0$ T? Was geschieht beim Ändern der Stromrichtung?*

3. *In Kopfhörern zieht ein Weicheisenkern mit Spule eine Weicheisenmembran an. Warum schwingt die Membran mit 800 Hz, wenn Wechselstrom von 400 Hz in der Spule fließt? Warum schafft ein Dauermagnetkern Abhilfe?*

4. *Wie sind die Kräfte gerichtet, die parallele und gleichgerichtete Ströme aufeinander ausüben? Zeichnen Sie das resultierende Feld beider Ströme! Erklären Sie an ihm diese Kräfte analog zu Bild 37.2!*

5. a) *Ein Drahtquadrat hat 10 cm Seitenlänge und ist an einer Ecke offen. Seine vier Seiten werden von 1,0 A durchflossen. Es steht senkrecht zu einem B-Feld mit 2,0 T. Welche Kraft erfährt jede Seite, welche das ganze Quadrat?* **b)** *Was geschieht, wenn die Quadratfläche parallel zum B-Feld liegt, mit zwei Seiten parallel zu den B-Linien?* **c)** *Das Draht-Quadrat ist durch einen Triangel (gleichseitiges Drahtdreieck mit 10 cm Seitenlänge) ersetzt. Welche Kraft erfährt der ganze Triangel nach (a)?*

6. *Nach Bild 41.1 mißt das Hallplättchen H im Feld des Elektromagneten allein $B_e = 0,10$ T, im Feld des Hufeisenmagneten allein $B_h = 0,040$ T. Läßt man beide Felder zusammen einwirken, so erhält man je nach Polung des Stroms im Elektromagneten $B_1 = 0,14$ T oder $B_2 = 0,060$ T. Erklären Sie dies mit dem Vektorcharakter des B-Feldes!*

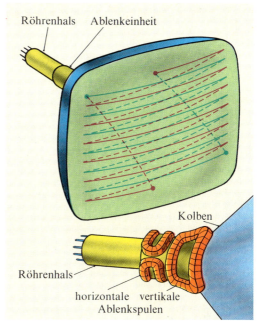

41.2 Lorentzkräfte schreiben Bildzeilen im Fernseher.

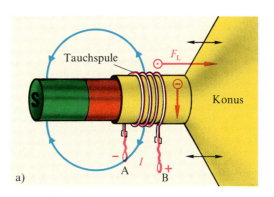

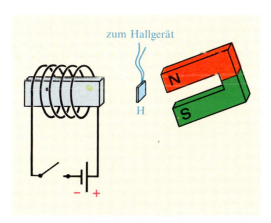

41.1 Auf das Hallplättchen wirken zwei Flußdichten. Zu Aufgabe 6.

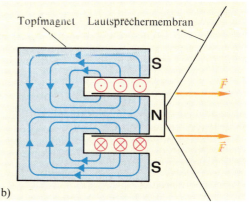

41.3 a) Tauchspule des dynamischen Lautsprechers; b) Topfmagnet mit Feldlinien

§15 Magnetfeld von Spulen; Erdfeld

1. Die Flußdichte B einer schlanken Spule

Magnetfelder werden häufig in Spulen erzeugt. Von welchen Größen hängt hier die magnetische Flußdichte B ab?

Versuch 41: a) Im homogenen Feldbereich einer schlanken (langgestreckten) Spule messen wir die magnetische Flußdichte B mit der Hallsonde und finden: B ist dem Strom I_{err}, der das Spulenfeld „erregt", proportional: $B \sim I_{err}$.

b) Wir verlängern die schlanke Spule nach beiden Seiten durch weitere Windungen, die gleich dicht liegen. Halten wir I_{err} konstant, so steigt B in der Spulenmitte kaum weiter an.

c) Wir schicken denselben Strom I_{err} auch noch durch eine zweite Windungslage, die mit gleicher Länge l auf der ersten liegt. Mit der Windungszahl n verdoppelt sich die Windungsdichte n/l (Windungszahl auf 1 m Spulenlänge). Wir finden die doppelte Flußdichte B.

Zusammengefaßt gilt also: $B \sim I_{err}\,(n/l)$.

Zum Vergleich diene die Beleuchtung einer geraden Straße. Auf einer Strecke der Länge l hängen n Lampen in gleichen Abständen. Mit der Lampendichte n/l verdoppelt sich auch die Helligkeit in der Straßenmitte. Verlängert man von dort aus die Lampenreihe nach beiden Seiten, so steigt die Helligkeit um so weniger an, je weiter die zusätzlichen Lampen entfernt sind. Die Helligkeit nähert sich asymptotisch einem Grenzwert, den sie auch bei beliebig langer Straße nie ganz erreicht.

Versuch 42: a) Wir ersetzen eine schlanke Spule durch eine andere mit größerem Querschnitt. Wenn I_{err} und n/l gleich bleiben, erhalten wir die gleiche Flußdichte B. Sie hängt auch vom Material des Spulendrahts nicht ab. Es ist gleichgültig, ob die Elektronen durch Kupfer, Messing oder Silber fließen.

b) Die Flußdichte B steigt aber erheblich an, wenn wir den Feldbereich mit Eisen oder anderen *ferromagnetischen* Stoffen füllen. Das Spulenfeld richtet nämlich die Elementarmagnete aus. Hierauf beruhen die Elektromagnete mit ihren vielfältigen Anwendungen (Klingel, Relais, Türöffner). Der Verstärkungsfaktor heißt **Permeabilitätszahl** μ_r (permeare, lat.; hindurchtreten; *Tabelle 42.1*). Für Vakuum setzt man $\mu_r = 1$. Bei Luft können wir keine Abweichung von $\mu_r = 1$ finden.

Gußeisen (2–4% C)	800
Flußstahl (unter 0,1% C)	4000
Transformatorenblech mit Silizium	8000
Permalloy (75% Ni; Rest: Fe, Cu, Mo, Cr)	300000

Tabelle 42.1 Permeabilitätszahlen (Maximalwerte)

> Die Permeabilitätszahl μ_r eines Stoffs gibt an, auf das Wievielfache sich die Flußdichte B gegenüber Vakuum erhöht, wenn man den Feldbereich ganz mit dem Stoff ausfüllt. Bei Vakuum ist $\mu_r = 1$.

2. Die magnetische Feldkonstante μ_0

Mit der Permeabilitätszahl μ_r gilt in schlanken Spulen die Proportionalität $B \sim \mu_r I_{err} n/l$. Der Proportionalitätsfaktor μ_0, **magnetische Feldkonstante** genannt, macht daraus die Gleichung $B = \mu_0 \mu_r I_{err} n/l$. Wir ermitteln μ_0:

Versuch 43: In einer Spule der Länge $l = 1{,}0$ m mit $n = 2660$ Windungen erregt der Strom $I_{err} = 2{,}0$ A die Flußdichte $B = 6{,}7 \cdot 10^{-3}$ T. Die Spule enthält nur Luft ($\mu_r \approx 1$); wir finden $\mu_0 = B\,l/(\mu_r I_{err} n) = 1{,}26 \cdot 10^{-6}$ T m A^{-1}. Erst wenn der Quotient d/l aus Durchmesser d und Länge l der Spule größer als 0,2 ist, ergeben sich Abweichungen, die größer als 2% sind.

> Der Erregerstrom I_{err} erzeugt im homogenen Feld einer schlanken Spule der Länge l mit n Windungen die Flußdichte
> $$B = \mu_0 \mu_r I_{err}\, n/l. \qquad (42.1)$$
> Dabei ist die magnetische Feldkonstante
> $\mu_0 = 1{,}257 \cdot 10^{-6}$ T m A^{-1}.

3. Definition der Stromstärkeeinheit 1 A

Hängt man ein Rähmchen nach *Bild 38.2* in das Magnetfeld einer Spule, so erfährt es die Kraft F. Sie hängt neben den Windungszahlen und den Drahtlängen nur noch von der Stromstärke in Rähmchen und Spule ab. Dies nutzte man aus, um die Einheit der Stromstärke 1 A auf die der Kraft 1 N zurückzuführen, um also 1 A im SI-Einheiten-System als *abgeleitete Einheit* zu definieren. Hierzu legte man den Zahlenwert von μ_0 zu $0{,}4\pi \cdot 10^{-6} \approx 1{,}257 \cdot 10^{-6}$ fest. Dieser Wert kam also durch Definition zustande.

4. Das magnetische Erdfeld

Eine Kompaßnadel zeigt nicht genau die geographische Nordrichtung an. Sie weicht bei uns um ca. 4°, auf dem Atlantik bis zu 20° nach West ab. Man nennt dies *Mißweisung*. Die magnetischen Feldlinien laufen auch nicht horizontal. Sie sind um den *Inklinationswinkel i* nach unten geneigt (bei uns etwa 65°, am Äquator 0°; Aufgabe 4). Nach *Bild 43.1* zeigt die Inklinationsnadel in Richtung der Feldlinien. Den zugehörigen Vektor der Flußdichte B des erdmagnetischen Feldes zerlegt man in die Horizontalkomponente B_H und die Vertikalkomponente B_V. Dabei gilt $B_H = B \cos i$.

Versuch 44: Um die Horizontalkomponente B_H zu messen, bringen wir in die waagerecht liegende Spule nach *Bild 43.2* ($l = 0{,}30$ m; $n = 40$ Windungen) eine Kompaßnadel. Da sie sich nur in der Horizontalebene drehen kann, spricht sie nur auf die Horizontalkomponente B_H an. Wir stellen die stromlose Spule mit ihrer Achse senkrecht zu dieser Nadel. Dann erhöhen wir die Stromstärke I_{err} so lange, bis die Nadel um $\varphi = 45°$ abgelenkt wird. Bei diesem Winkel hat das Spulenfeld $B = \mu_0 \, n \, I_{err}/l$ den gleichen Betrag wie die Horizontalkomponente B_H (bei uns: $B_H \approx 0{,}02$ mT).

So kann man B_H messen. Eiserne Leitungen und Stahlträger in Gebäuden verfälschen den Wert von B_H und Inklinationswinkel i erheblich.

Zugvögel haben ein *magnetisches Organ*. Damit orientieren sie sich auf dem Flug nach Süden am Inklinationswinkel. Erzeugt man um ihren Kopf mit einer batteriegespeisten Spule ein künstliches Magnetfeld, so verlieren die Vögel die Orientierung. Auch bei Walen und Insekten hat man magnetische Organe festgestellt. Der Mensch dagegen mußte erst den Kompaß erfinden.

Aufgaben

1. *Wie groß ist die Flußdichte B in einer 60 cm langen, mit Luft gefüllten schlanken Spule mit 1000 Windungen beim Erregerstrom $I_{err} = 0{,}2$ A? Wie groß wird sie, wenn man ihren Feldbereich mit Eisen ($\mu_r = 1000$) ausfüllt?*

2. a) *Die Länge einer Spule kann man wie bei einer Ziehharmonika ändern. Sie hat 40 Windungen und ist 30 cm lang. Welche Stromstärke erzeugt in ihrer Längsrichtung ein Feld mit $B = 0{,}020$ mT? Wie stellt sich eine Magnetnadel ein, wenn die Spule senkrecht zur Komponente $B_H = 0{,}020$ mT des Erdfelds liegt?* **b)** *Dann drückt man die Spule auf 20 cm Länge zusammen. Wie groß wird B? Welchen Winkel gegen die Spulenachse nimmt nun die Nadel ein? Bei welchem Strom ist jetzt $B = 0{,}02$ mT?*

3. *Eine lange Spule hat zwei Lagen von gleicher Windungsdichte mit verschiedenen Querschnitten. Sie werden vom gleichen Strom durchflossen. Dabei entsteht entweder ein Feld doppelter Stärke oder vom Betrag Null.* **a)** *Wie sind jeweils die Wicklungen geschaltet?* **b)** *Inwiefern bestätigt der Versuch die ungestörte Überlagerung der Flußdichte B und ihre Unabhängigkeit vom Spulenquerschnitt?*

4. *Skizzieren Sie das Magnetfeld der Erde! Wo ist ihr magnetischer Nord-, wo der Südpol? Erklären Sie die in Ziffer 4 angegebenen Werte des Inklinationswinkels! Wie groß ist er an den Magnetpolen der Erde?*

5. a) *In einer 100 m langen horizontalen Leitung fließt ein Strom von 1000 A von Ost nach West. Welche Kraft erfährt er im Erdfeld ($B = 0{,}050$ mT); wie ist sie gerichtet?* **b)** *Dieser Strom fließe von N nach S, bzw. vertikal von unten nach oben. Wie groß und wie gerichtet sind jetzt die Kräfte? (Inklinationswinkel 66°)*

6. a) *Wie muß man eine magnetisch nicht abgeschirmte Braunsche Röhre halten, damit ihr Strahl im Magnetfeld der Erde keine Ablenkung erfährt?* **b)** *Man markiere den Leuchtfleck in (a). In welcher Stellung der Röhre wird der nun horizontal gestellte Strahl nur horizontal abgelenkt? Kann er nur vertikal abgelenkt werden? Was gilt für ihn am Äquator?*

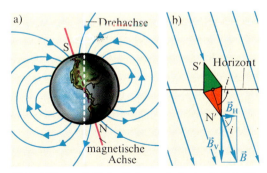

43.1 a) Magnetfeld der Erde, zu Aufgabe 4; b) Inklinationswinkel i und Zerlegung von B in B_H und B_V.

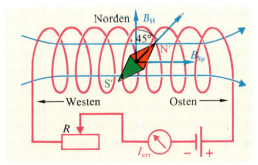

43.2 Messung der Horizontalkomponente B_H des Erdfelds in einer schlanken Spule.

§ 16 Die Größe der Lorentzkraft F_L

Senkrecht zu einem Magnetfeld mit der Flußdichte B fließt in einem Leiter der Länge s der Strom I. All seine mit der Geschwindigkeit v_s senkrecht zum B-Feld bewegten Elektronen erfahren zusammen die Kraft $F = I B s$. Die Lorentzkraft auf ein einzelnes Elektron ist so klein, daß wir sie nur berechnen können.

Hierzu drücken wir die Stromstärke $I = Q/t$ durch Größen aus, welche die Elektronen betreffen. Im Leiter der Länge s fließen nach Bild 44.1 N Elektronen mit der Ladung $Q = N e$. Diese Ladung schiebt sich mit der Elektronengeschwindigkeit v_s in der Zeit $t = s/v_s$ durch den roten Querschnitt rechts. Die Stromstärke ist $I = Q/t = N e v_s/s$, also proportional zu v_s. Setzen wir $I = N e v_s/s$ in $F = I B s$ ein, so folgt für die Kraft F auf alle N Elektronen

$$F = I B s = (N e v_s/s) B s = N e B v_s.$$

Ein einzelnes Elektron erfährt also die Lorentzkraft $F_L = F/N = e B v_s$.

> **Ein Elektron mit dem Ladungsbetrag e bewege sich mit der Geschwindigkeitskomponente v_s senkrecht zu den Feldlinien eines Magnetfelds mit der Flußdichte B. Es erfährt die Lorentzkraft vom Betrage**
>
> $$F_L = e B v_s. \qquad (44.1)$$
>
> **Die Lorentzkraft $\vec{F}_L$ steht sowohl zu $\vec{v}_s$ als auch zu $\vec{B}$ senkrecht. Sie verrichtet im Gegensatz zur elektrischen Feldkraft am Elektron keine Arbeit, sondern lenkt es nur senkrecht zu $\vec{v}_s$ und zu $\vec{B}$ ab.**

Wir ersetzen e durch die beliebige Ladung q: Im Magnetfeld wirkt auf eine bewegte Ladung q die Lorentzkraft $F_L = q B v_s$. Im elektrischen Feld erfahren dagegen ruhende wie bewegte Ladungen q die Kraft $F_{el} = q E$, unabhängig von der Geschwindigkeit. Hierin besteht ein wesentlicher Unterschied zwischen beiden Feldarten. So mißt man E-Felder mit ruhenden Überschußladungen, B-Felder dagegen mit bewegten Ladungen, die in einem Leiter sogar von ruhenden Ladungen neutralisiert sein können.

Für die *Stromstärke* fanden wir soeben $I = N e v/s$ (da wir nun vom B-Feld absehen, haben wir v_s durch v ersetzt). Die Gesamtzahl N der Elektronen im Draht (Länge s, Querschnitt A)

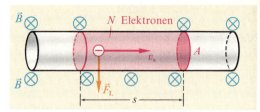

44.1 Im Leiter bewegen sich N freie Elektronen mit der vom Feld erzeugten „Driftgeschwindigkeit" v_s. Ihr ist eine starke Eigenbewegung der Elektronen überlagert, die wir hier nicht betrachten.

folgt aus ihrer Anzahldichte $n = N/V$ (Elektronenzahl je Volumeneinheit) und dem Drahtvolumen $V = A s$ zu $N = n V = n A s$. Für I gilt also allgemein

$$I = N e v/s = n A s e v/s = n A e v. \qquad (44.2)$$

Wir betrachten Silber mit der Atommasse 108 u und der Dichte $\varrho = 10{,}5$ g cm^{-3}. 1 mol Ag ($m = 108$ g) hat das Volumen $V = m/\varrho = 10{,}3$ cm^3 mit $N_A = 6{,}02 \cdot 10^{23}$ Atomen. Jedes liefert für das Elektronengas ein Elektron; die Anzahldichte oder Konzentration der Elektronen beträgt also $n = 6{,}02 \cdot 10^{23}/10{,}3$ cm$^3 = 5{,}9 \cdot 10^{28}$ m^{-3}. Bei $I = 1$ A ist in Drähten mit Querschnitt $A = 1$ mm^2 die Elektronengeschwindigkeit $v = I/(n A e) = 10^{-4}$ m s^{-1} — ein kleiner Wert! Mit ihr setzen sich alle Elektronen beim Schließen des Stromkreises sofort in Bewegung, angetrieben vom elektrischen Feld.

Aufgabe

1. *In Kupfer (Atommasse 64 u; $\varrho = 8{,}9$ g cm^{-3}) liefert jedes Atom für das Elektronengas ein freies Elektron. Welche Geschwindigkeit hat es bei der Stromstärke $I = 5{,}0$ A und dem Drahtquerschnitt 0,50 cm^2? Welche Lorentzkraft erfährt es im Magnetfeld mit $B = 0{,}50$ T?*

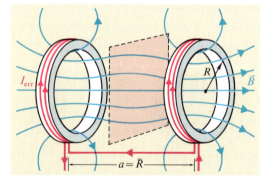

44.2 Das Helmholtz-Spulenpaar hat in der rot getönten Mittelebene ein weitgehend homogenes Magnetfeld. (Bild nicht maßstabsgetreu!)

§ 17 Die Elektronenmasse

1. Mechanik-Gesetze — auch für Elektronen?

Hinter der Anodenöffnung einer Braunschen Röhre fliegen Elektronen geradlinig weiter. Sie befolgen den Trägheitssatz, wenn sie kräftefrei sind. In einem homogenen elektrischen Feld durchlaufen sie eine Parabelbahn wie ein Wasserstrahl im homogenen Schwerefeld (Bild 19.2). Ein Blech, auf das sie schlagen, bringen sie mit ihrer Energie zum Glühen. Wenden wir also auch auf Elektronen die Gesetze der Mechanik und den Energiesatz an:

Zwischen Kathode und Anode einer Elektronenröhre liegt die Spannung U. Die Feldkräfte verrichten auf dieser Beschleunigungsstrecke an jedem Elektron die Arbeit $W = eU$ (auch im inhomogenen Feld). Im Vakuum der Röhre erhält das Elektron die kinetische Energie $W = \frac{1}{2} m v_s^2$. Für seine Geschwindigkeit v_s an der Anode gilt also

$$\tfrac{1}{2} m v_s^2 = eU. \qquad (45.1)$$

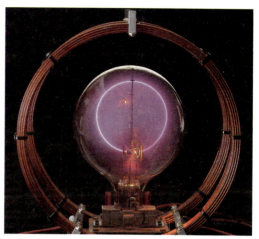

45.1 Fadenstrahlröhre zwischen zwei Helmholtz-Spulen; innen violett Bahn der Elektronen

2. Elektronen fahren im B-Feld Karussell

Gl. 45.1 enthält zwei Unbekannte: Masse m und Geschwindigkeit v_s eines Elektrons. Um beide zu bestimmen, brauchen wir eine zweite Gleichung. Hierzu unterwerfen wir Elektronen in einem homogenen Magnetfeld der Lorentzkraft $F_L = eBv_s$.

Um die Elektronenbahn gut beobachten zu können, erzeugen wir dieses Magnetfeld in einem Helmholtz-Spulenpaar (Bild 44.2, 45.1). Es besteht aus zwei großen, vom Strom I_{err} durchflossenen Ringspulen. Ihr Radius R ist gleich ihrem Abstand a.

Versuch 45: Mit einer Hallsonde untersuchen wir die Flußdichte B in der vertikalen Mittelebene (rot getönt) der Helmholtz-Spulen. Das $\vec{B}$-Feld ist dort weitgehend homogen und hat horizontale Feldlinien. Die Flußdichte B ist der Erregerstromstärke I_{err} in den Spulen proportional. Es gilt $B = C I_{err}$. Für die Spule in Bild 45.1 ist der Faktor $C = 8{,}1 \cdot 10^{-4} \text{ T A}^{-1}$.

Versuch 46: a) Wir setzen nach Bild 45.1 in einem Fadenstrahlrohr aus einer Glühkathode Elektronen frei und beschleunigen sie mit $U = 200$ V. Die Röhre enthält etwas Gas.

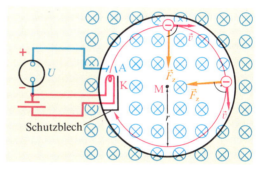

45.2 Die Lorentzkraft F_L wirkt als Zentripetalkraft F_Z und zwingt die Elektronen auf die Kreisbahn.

Wie in Glimmlampen leuchten die von Elektronen getroffenen Gasmoleküle. So machen sie in einem dünnen Fadenstrahl den Weg der Elektronen sichtbar, die bei dem geringen Gasdruck zufällig kein Molekül treffen und wie in einem perfekten Vakuum weiterfliegen.

b) Wir bringen den Fadenstrahl in die Mittelebene der Helmholtz-Spulen und schalten ihr Magnetfeld B ein. Die Elektronengeschwindigkeit v_s steht senkrecht zu den magnetischen Feldlinien; die Elektronen erfahren die Lorentzkraft $F_L = B e v_s$ (Bild 45.2). Diese steht stets senkrecht zu v_s, wirkt also als Zentripetalkraft $F_Z = m v_s^2 / r$. Daher gilt in jedem Punkt der gekrümmten Bahn $F_L = F_Z$:

$$F_L = B e v_s = F_Z = m v_s^2 / r \quad \text{oder}$$

$$B e = m v_s / r. \qquad (45.2)$$

Die Lorentzkraft F_L verrichtet an den Elektronen keine Arbeit. Also bleiben v_s und nach

$Be = mv_s/r$ im homogenen B-Feld auch der Radius r konstant. F_L zwingt die Elektronen auf einen Kreis *(Bild 45.2)* mit Radius

$$r = \frac{v_s}{Be/m}. \qquad (46.1)$$

Die Elektronen fahren im Magnetfeld Karussell! Im Kreiszentrum M steht aber weder ein Magnet noch eine anziehende Ladung. Vielmehr wirkt auf die Elektronen an ihrem jeweiligen Ort im Magnetfeld die Lorentzkraft F_L. Diese bestimmt zusammen mit v_s das Kreiszentrum M. M verschiebt sich längs der Horizontalen in *Bild 45.2* von der Anode A weg, wenn wir B verkleinern oder v_s (die Spannung U) erhöhen und so den Radius $r = v_s/(Be/m)$ vergrößern.

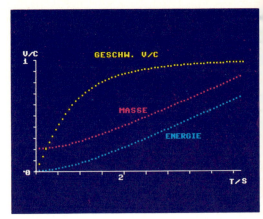

46.1 Elektron wird mit konstanter Kraft beschleunigt: v nähert sich $c = 3 \cdot 10^8$ m s^{-1}, Masse m_e und Energie W nehmen zu.

3. Welche Ladung hat 1 kg Elektronen?

Versuch 47: Wir stellen in Versuch 46 die Spannung U auf 200 V ein und messen die Flußdichte $B = 9{,}5 \cdot 10^{-4}$ T. In der Röhre leuchten phosphoreszierende Marken. An ihnen bestimmen wir den Radius der Kreisbahn zu $r = 0{,}050$ m. Mit *Gl. 45.1* und *Gl. 45.2* können wir die beiden unbekannten Größen v_s und m berechnen. Dabei finden wir m nicht für sich, sondern nur den Quotienten e/m. Man nennt e/m die **spezifische Ladung**. Sie folgt aus *Gl. 45.1, 45.2* und den Meßwerten zu

$$\frac{e}{m} = \frac{2U}{B^2 r^2} = 1{,}77 \cdot 10^{11} \text{ C kg}^{-1}. \qquad (46.2)$$

Eine Menge Elektronen der Masse 1 kg hat also die riesige Ladung $1{,}77 \cdot 10^{11}$ C. Mit der Elementarladung $e = 1{,}6 \cdot 10^{-19}$ C folgt aus e/m die winzig kleine Masse $m_e = 9 \cdot 10^{-31}$ kg des einzelnen Elektrons. Erst $1{,}1 \cdot 10^{30}$ Elektronen haben die Masse 1 kg! Literaturwerte:

Spezifische Ladung: $e/m = 1{,}759 \cdot 10^{11}$ C kg^{-1},
Masse des Elektrons: $m_e = 9{,}109 \cdot 10^{-31}$ kg.

4. Elektronen schneller als Licht?

Mit Hilfe der spezifischen Ladung e/m und *Gl. 45.1* können wir jetzt die Geschwindigkeit v ($v = v_s$) der Elektronen nach dem Durchlaufen der Beschleunigungsspannung U berechnen:

$$v = \sqrt{2Ue/m_e}. \qquad (46.3)$$

In Versuch 47 ist bei $U = 200$ V die Geschwindigkeit $v = 8400$ km s^{-1}, also 3% der Lichtgeschwindigkeit $c = 3 \cdot 10^8$ m s^{-1}. Dies können wir nicht mehr mit Geschwindigkeiten des täglichen Lebens vergleichen. Würden wir Elektronen gar mit $U = 300$ kV beschleunigen, so sollte nach *Gl. 46.3* $v > c$ werden! Wie aber *Einstein* 1905 in seiner speziellen Relativitätstheorie zeigte, können Körper, auf die ständig eine Kraft wirkt, die Lichtgeschwindigkeit c mit dem riesigen Wert $3 \cdot 10^8$ m s^{-1} nie überschreiten *(Bild 46.1)*. Die Masse m ist nämlich nur bei den uns vertrauten Geschwindigkeiten, also weit unter c, konstant und gleich der sogenannten Ruhemasse m_0. Nähert sich jedoch die Geschwindigkeit v dieser Grenzgeschwindigkeit c, so steigt m nach

$$m = m_0/\sqrt{1 - (v/c)^2} \qquad (46.4)$$

über jeden noch so großen Wert. Der Körper wird also immer träger; seine Beschleunigung geht gegen Null. Diese theoretischen Voraussagen *Einsteins* revolutionierten die klassische Physik und wurden experimentell hervorragend bestätigt. So hat man Elektronenpulks durch Spannungen nach *Tabelle 47.1* beschleunigt. Die Geschwindigkeiten v_{kl}, die sie nach *Gl. 46.3* gemäß der klassischen Theorie bei konstanter Masse $m = m_0 = 9{,}1 \cdot 10^{-31}$ kg erhalten müßten, stiegen weit über c (kursive Werte). Zur Messung der tatsächlichen Geschwindigkeit v_{ex} ließ man diese Elektronenpulks auf zwei Sonden im Abstand $\Delta s = 8{,}4$ m nacheinander einwirken. Sie erzeugten durch Influenz zwei Spannungsstöße im zeitlichen Abstand Δt. Die daraus berechnete Elektronengeschwindigkeit $v_{ex} = \Delta s/\Delta t$ stieg auch bei höchsten Spannungen nie über $3{,}00 \cdot 10^8$ m s^{-1}.

Bei der Beschleunigungsspannung $15 \cdot 10^6$ V sollte ein Elektron die kinetische Energie $W_{kin} = Uq = Ue = 15$ MeV $= 2,4 \cdot 10^{-12}$ J[8] erhalten. Dieser Wert konnte aus der Wärmeentwicklung beim Abbremsen bestätigt werden. Doch läßt sich die Beschleunigungsarbeit W_{kin} nicht nach der klassischen Gleichung $W_{kin} = \frac{1}{2} m v^2$ aus der Endgeschwindigkeit v berechnen. Vielmehr zeigte *Einstein*, daß Energie W und Masse m nach $W = m c^2$ miteinander verknüpft sind. Der Ruhmasse $m = m_0$ ist demnach die **Ruhe-Energie** $W_0 = m_0 c^2$ zugeordnet. (Wir kennen heute Prozesse, bei denen sich ruhende Elektronen ganz in Strahlung auflösen und dabei diese Ruheenergie abstrahlen). Steigt nun beim Beschleunigen eines Elektrons dessen Masse von m_0 auf $m > m_0$, dann erhält es die Gesamtenergie $W = m c^2 > m_0 c^2$. Die Zunahme von W_0 auf W ist nach *Einstein* die kinetische Energie $W_{kin} = W - W_0 = (m - m_0) c^2$.

Bei der Geschwindigkeit v ist die relativistische Masse m eines Körpers mit m_0

$$m = \frac{m_0}{\sqrt{1 - (v/c)^2}}. \qquad (47.1)$$

Die kinetische Energie eines Körpers mit m_0 ist bei der relativistischen Masse m

$$W_{kin} = (m - m_0) c^2. \qquad (47.2)$$

Energie W und Masse m sind einander äquivalent nach

$$W = m c^2. \qquad (47.3)$$

Bei der Geschwindigkeit $v = 2,97 \cdot 10^8$ m s^{-1} hat ein Elektron nach *Gl. 47.1* die Masse $m = 6,45 \cdot 10^{-30}$ kg. Seine kinetische Energie ist nach *Gl. 47.2* $W_{kin} = 1,9 \cdot 10^{-13}$ J. Diese bekam es durch die Spannung $U = W_{kin}/e = 3,1 \cdot 10^6$ V.

Spannung U in 10^6 V	v_{kl} in 10^8 m s^{-1}	Flugzeit Δt in 10^{-8} s	v_{ex} in 10^8 m s^{-1}
0,01	0,58	15,4	0,57
0,50	4,09	3,23	2,60
1,0	5,78	3,08	2,73
4,5	12,26	2,84	2,97
15	22,4	2,80	3,00

Tabelle 47.1 $c = 3 \cdot 10^8$ m s^{-1} wird nicht überschritten!

5. Das Proton — ein Schwergewicht!

Für die Elektronenmasse $m_e = 9,1 \cdot 10^{-31}$ kg haben wir im täglichen Leben kein Vergleichsmaß. Wir müssen Vergleiche in atomaren Bereichen suchen, etwa beim Proton. Dieses kann man mit starken und ausgedehnten Magnetfeldern ebenfalls auf Kreisbahnen zwingen. Solche Felder stehen uns nicht zur Verfügung. Wir wissen aber, daß 1 mol H-Atome (also 1 g) $6,02 \cdot 10^{23}$ Elektronen und gleich viele Protonen enthält. Alle Elektronen zusammen haben die gegenüber 1 g winzig kleine Masse $M_e = 6,02 \cdot 10^{23} \cdot 9,1 \cdot 10^{-31}$ kg $= 5,5 \cdot 10^{-4}$ g. Die Protonenmasse ist also $m_P \approx 1$ g$/6,02 \cdot 10^{23} = 1,67 \cdot 10^{-27}$ kg. Dies ist das 1840fache der Elektronenmasse. Die Masse der Atome sitzt also fast ganz im Kern. Die spezifische Ladung der Protonen beträgt $e/m_P = 9,58 \cdot 10^7$ C kg^{-1}. Damit haben wir wichtige Konstanten der atomaren Welt in makroskopischen Versuchen gewonnen.

Aufgaben

1. a) *Durch welche Spannung erhält ein Elektron D-Zug-Geschwindigkeit (144 km h^{-1})?* **b)** *Welche Geschwindigkeit bekommt es durch $U = 5$ V? Welche Energie hat es in beiden Fällen in eV und J?* **c)** *Welche Geschwindigkeit bekommt ein Elektron in der Fernsehröhre durch 23 kV Spannung? Wie lange braucht es mit ihr von der Anode zum Leuchtschirm in 40 cm Abstand?*

2. *Zeigen Sie: Der Impuls p eines Teilchens, das im B-Feld auf einem Kreis mit Radius r fliegt, ist $p = B e r$. Warum ist es günstig, daß man m und v nicht kennen muß?*

3. *Elektronen, die durch 150 V beschleunigt worden sind, beschreiben im Magnetfeld mit $B = 0,85$ mT einen Kreis von 48 mm Radius.* **a)** *Berechnen Sie e/m!* **b)** *Mit welcher Geschwindigkeit verlassen die Elektronen die Anodenöffnung? Wie lange brauchen sie zu einem Umlauf?* **c)** *Berechnen Sie den Elektronenimpuls, ohne Geschwindigkeit und Masse zu benutzen! Warum ist diese Impulsbestimmung bei hohen Beschleunigungsspannungen sinnvoll?*

4. a) *Wie schnell werden Elektronen, wenn sie auf einer Strecke von 1,00 cm die Spannung 2,00 kV längs der Feldlinien eines homogenen Felds durchlaufen? Wie groß ist ihre Beschleunigung, wie lange wirkt sie?* **b)** *Welche Flußdichte braucht man, um diese Elektronen dann auf einen Kreis von 10,5 cm Radius zu zwingen? Wie groß ist jetzt die Beschleunigung? Worin unterscheidet sich diese Beschleunigung von der in (a) betrachteten? Wie lange dauert ein Umlauf auf der Kreisbahn?* **c)** *Kann man in (a) Geschwindigkeit und Beschleunigungsdauer auch dann berechnen, wenn das E-Feld nicht homogen ist?*

§ 18 Elektronenbewegung in Feldern

1. Wie bremst man Elektronen ab?

a) Elektronen werden in einer Beschleunigungskanone durch $U_1 = 100$ V beschleunigt, erhalten also die Energie $W_1 = 100$ eV und die Geschwindigkeit $v_1 = 6000$ km s^{-1}. Dann fliegen sie (ständig im Vakuum) durch eine Öffnung in einen Plattenkondensator, dessen Feldlinien gegen die Flugrichtung nach links zeigen *(Bild 48.1a)*. Zwischen seinen Platten liegt die Spannung $U_2 = 70$ V. Sie erhöht die Elektronenenergie um $W_2 = 70$ eV auf $W = 170$ eV.

b) Wir drehen die Feldrichtung im Kondensator um *(Bild 48.1b)*. Nun braucht jedes Elektron die Energie $W_2 = 70$ eV, um gegen die nach links ziehende Feldkraft anzulaufen. Es verläßt das verzögernde Feld nur noch mit der Energie $W = W_1 - W_2 = 30$ eV, als ob es nur 30 V durchlaufen hätte.

Mit dem Plattenabstand $d = 0{,}10$ m kann man in (b) die Verzögerung $a_V = F/m = e\,E/m = (e/m)\,U_2/d = 1{,}23 \cdot 10^{14}$ m s^{-2} berechnen. Für die verzögerte Bewegung längs d gilt $d = v_1 t - \tfrac{1}{2} a_V t^2$ und $v = v_1 - a_V t$. Die Verzögerungszeit bis zur rechten Platte ist $t_1 = 2{,}2 \cdot 10^{-8}$ s.

48.2 Elektronenschatten des Kreuzes

c) Nun werde die Verzögerungsspannung in (b) auf $U_3 = 400$ V erhöht, den Elektronen aber nur wieder die Energie $W_1 = 100$ eV gegeben. Mit ihr können sie nur gegen ein Spannungsgefälle von 100 V, also $\tfrac{1}{4}$ der Strecke, anlaufen *(Bild 48.1c)*. Dann ist ihre kinetische Energie aufgebraucht. Die Elektronen kehren also an dieser Stelle um und werden wieder zum Ausgangspunkt hin beschleunigt. An diesem haben sie wieder die kinetische Energie $W = 100$ eV – selbstverständlich nur im Vakuum!

Versuch 48: Bei der *Schattenkreuzröhre* nach *Bild 48.2* werden Elektronen zuerst durch 4 kV beschleunigt. Dann fliegen sie auf ein Aluminiumkreuz. Am Schatten auf dem Leuchtschirm erkennt man, daß die Elektronen wie auch das von der Glühkathode ausgehende Licht geradlinig weiterfliegen. Doch gelingt dies den Elektronen nur, wenn das Kreuz mit der Anode verbunden wird. Nur dann ist der Raum zwischen Anode und Kreuz feldfrei. Bleibt das Kreuz dagegen isoliert, wird es von den ersten Elektronen negativ geladen und lenkt die folgenden nach außen ab. Auf dem Schirm entsteht ein wesentlich größerer Schatten. Wird das Kreuz gar mit der Kathode verbunden, dann können die Elektronen kaum noch gegen deren Spannung von -4 kV anlaufen; sie erreichen den Schirm nicht mehr und kehren zur Anode zurück.

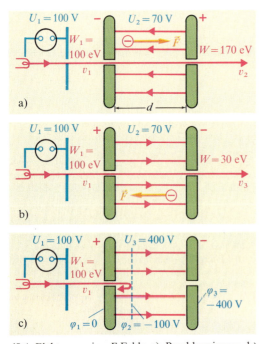

48.1 Elektronen im *E*-Feld: a) Beschleunigung, b) Verzögerung, c) Verzögerung mit Umkehr

2. *E*- und *B*-Feld zugleich — und gekreuzt

Versuch 49: Zunächst schießen wir in einer Röhre nach *Bild 19.2* Elektronen von links in ein vertikales elektrisches Feld der Stärke E. Sie erfahren die konstante elektrische Kraft $F_{el} = e\,E$ nach oben. Dann setzen wir die Röhre in ein Helmholtz-Spulenpaar. Ihre magnetischen Feldlinien zeigen nach hinten, kreuzen also die elektrischen senkrecht

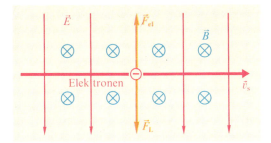

49.1 Elektronen im $\vec{E}$- und $\vec{B}$-Feld

4. Elektronen kehren im inhomogenen B-Feld um

Versuch 50: Wir betreiben die Fadenstrahlröhre ohne Helmholtz-Spulen. Der Elektronenstrahl trifft die Glaswand. Nähert man dieser Stelle den starken Nordpol eines Magneten, so windet sich der Strahl nicht nur um die Feldlinien, er kehrt sogar wieder um. Beim Annähern an den Pol wird nämlich die Flußdichte B größer, der Radius $r = v_s/(B\,e/m)$ der Schraubenbahn kleiner. Der Strahl scheint auf einen Kegel gewickelt zu sein, dessen Spitze zum Magnetpol zeigt. Warum kehren die Elektronen um? Wir zerlegen in *Bild 49.2* im Punkt P den schräg nach oben gerichteten Vektor der Flußdichte $\vec{B}$ in die vertikale Komponente $\vec{B}_p$ vom Pol weg und in die radiale Komponente $\vec{B}_r$. Um $\vec{B}_p$ winden sich die in P nach hinten fliegenden Elektronen. $\vec{B}_r$ dagegen erzeugt eine stets vom Magnetpol wegweisende Lorentzkraft $\vec{F}_L$. Sie läßt den Strahl umkehren. – Da hier nur Lorentzkräfte wirken, die keine Arbeit verrichten, behalten die Elektronen ihre Energie bei. Mit einem zweiten Magnetpol kann man den reflektierten Strahl sogar ein zweites Mal zur Umkehr zwingen.

(*Bild 49.1*). Beide Felder wirken am gleichen Ort auf die Elektronen. Wenn wir B und E geeignet wählen, fliegen die Elektronen geradlinig und unbehelligt weiter. Dann hält die nach unten gerichtete Lorentzkraft $F_L = e\,B\,v_s$ der nach oben wirkenden elektrischen Feldkraft $F_{el} = e\,E$ das Gleichgewicht. Für die Beträge dieser Kräfte gilt $F_L = F_{el}$ oder

$$e\,B\,v_s = e\,E, \text{ also } v_s = \frac{E}{B}. \qquad (49.1)$$

Zu einer bestimmten Teilchengeschwindigkeit v_s senkrecht zu beiden Feldern gehört der Quotient $E/B = v_s$. Ladung und Masse der geradlinig durch die beiden gekreuzten Felder fliegenden Teilchen spielen also keine Rolle; diese Teilchen werden ja nicht mehr gegen ihr Beharrungsvermögen abgelenkt. Mit einem solchen *Geschwindigkeitsfilter* filtert man Teilchen einer bestimmten Geschwindigkeit v_s aus, wenn man längs der geradlinigen Bahn Lochblenden anbringt. Schnellere Teilchen erfahren eine zu große Lorentzkraft und fliegen je nach Ladungsvorzeichen nach oben oder unten gegen die Blendenbleche.

Aus dem Weltraum und von der Sonne (kosmische Strahlung, Sonnenwind) fliegen ständig geladene Teilchen, Elektronen und Protonen, in das inhomogene Magnetfeld zwischen den Magnetpolen der Erde. Die Elektronen winden sich um die Feldlinien in einer Sekunde etwa 10^6mal, die Protonen 10^3mal. Sie kehren in den Polargegenden im dort stärker werdenden Feld nach Versuch 50 um. Stoßen die Teilchen auf Luftmoleküle, so erzeugen sie das Nordlicht und scheiden aus. Das Magnetfeld der Erde schließt als *magnetische Flasche* die Teilchen ein und hält so einen wulstförmigen *Strahlungsgürtel* unter Verschluß – am Äquator in 700 km bis 60000 km Höhe. Im Zentrum werden die energiereichen Teilchen (zwischen 20 keV und vielen MeV) Raumfahrern sehr gefährlich. Ohne das Magnetfeld würden diese gefährlichen Teilchen zur Erdoberfläche gelangen, die **kosmische Höhenstrahlung** verstärken und Organismen schädigen.

3. Umlaufdauer T im Elektronenkarussell

In homogenen Magnetfeldern durchlaufen Elektronen Kreisbahnen mit den Radien $r = v_s/(B\,e/m)$. Ihr Umfang $u = 2\pi r$ ist wie r zu v_s proportional. Auf ihm legen Elektronen doppelter Geschwindigkeit v_s auch den doppelten Weg zurück. Ihre Umlaufdauer

$$T = \frac{u}{v_s} = \frac{2\pi r}{v_s} = \frac{2\pi}{B\,e/m} \qquad (49.2)$$

hängt also nicht von v_s, wohl aber von B ab. Dies nutzt man in den großen **Kreisbeschleunigern** aus (Seite 51). Sollen Elektronen in kürzerer Zeit umlaufen, so hilft es nichts, sie schneller zu machen; man muß B vergrößern!

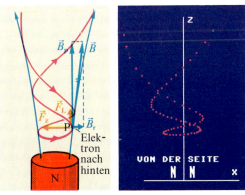

49.2 Das Elektron kehrt am Nordpol wieder um.

Um *Atomenergie* durch *Kernverschmelzung (Fusion)* zu gewinnen, läßt man Protonen und andere geladene Teilchen bei vielen Millionen Grad kurzzeitig miteinander reagieren. Da kein Stoff diese Temperaturen aushält, die Teilchen also nicht zusammenhalten kann, werden sie in sogenannten *magnetischen Flaschen* durch die Lorentzkräfte starker Magnetfelder eingeschlossen. Hier sind Felder standhafter als Stahl!

Aufgaben

1. a) *Jemand behauptet, die in Ziffer 2 betrachteten gekreuzten Felder würden sich aufheben; es sei $E = B$! Nehmen Sie Stellung!* **b)** *Elektronen wurden durch die Spannung $1,0$ kV beschleunigt, das elektrische Querfeld sei $E = 100$ V cm^{-1}. Welche Richtung und Größe muß das B-Feld haben, damit die Elektronen geradlinig weiterfliegen?* **c)** *Welche Energie in eV müßten Protonen haben, um diese gekreuzten Felder geradlinig zu durchfliegen?*

2. a) *Welche Geschwindigkeit v_1 bzw. v_2 erhält ein Elektron durch die Spannung $U_1 = 100$ V bzw. $U_2 = 70$ V, jeweils aus der Ruhe heraus? Jemand sagt, in Ziffer 1a sei die Endgeschwindigkeit $v_3 = v_1 + v_2$. Hat er recht?* **b)** *Wie lange braucht in Beispiel 1c das Elektron bis zur Umkehr ($v = 0$) und zur Rückkehr zur linken Platte beim Plattenabstand $d = 0,10$ m?* **c)** *Elektronen werden mit $W_1 = 700$ eV eingeschossen. Wann erreichen sie die rechte Platte ($d = 0,10$ m)? Wie schnell sind sie dort?*

3. *Elektronen werden mit der Energie 600 eV in Richtung der Feldlinien in ein Feld der Stärke $E = 200$ V cm^{-1} geschossen.* **a)** *Wo kehren sie um?* **b)** *Wo und wann haben sie den halben Geschwindigkeitsbetrag? (2 Lösungen)*

4. a) *Wie verhält sich ein Elektron nach Versuch 50 in der Nähe eines magnetischen Südpols?* **b)** *An einer bestimmten Stelle im Strahlungsgürtel der Erde sei $B = 1,0 \cdot 10^{-5}$ T. Mit welchen Frequenzen umlaufen dort Elektronen bzw. Protonen die B-Linien? Hängen diese vom Radius der Bahn ab?*

§ 19 Teilchen-Beschleuniger

1. Welche Masse hat ein einzelnes Ion?

Um die spezifische Ladung e/m von Elektronen zu ermitteln, lenkten wir sie in einem Magnetfeld ab. Atome oder Moleküle dagegen muß man zunächst durch Beschuß mit geladenen Teilchen aufladen. Dann tragen sie die Ladung $q = e$, $2e$ usw. Die Ionen entstehen aber nicht alle an derselben Stelle im Ionen-Strahl, der die Kathodenöffnung verläßt. Sie haben also verschiedene Spannungen durchlaufen und unterschiedliche Geschwindigkeiten. Deshalb filtert man im einfachen Gerät nach *Bild 51.1* zunächst mit einem gekreuzten *E*- und *B*-Feld nach Seite 48 Ionen der einheitlichen Geschwindigkeit $v = E/B$ aus. Diese Ionen beschreiben dann im unteren *B*-Feld eine Kreisbahn mit dem Radius $r = v/(Bq/m) = vm/(Bq)$. Auf der Fotoplatte F werden sie registriert. Man kennt v und B und berechnet aus dem Abstand $\overline{CD} = 2r$ die spezifische Ladung q/m. $\overline{CD} = 2r$ ist proportional zu m; deshalb treffen Ionen mit größerer Masse weiter rechts auf, sofern sie gleiche Ladung q haben. Auf der Platte entsteht ein *Massenspektrum*; das Gerät heißt **Massenspektrometer**. In modernen Anlagen konnten die Fehler der q/m-Messung auf 10^{-5}% reduziert werden. Die Ionenladung q selbst wird nicht gemessen; man muß anderweitig ermitteln, ob $q = e$, $2e$ ... ist.

Dabei wurden wichtige Entdeckungen gemacht. Man fand z.B., daß Chloratome keine einheitliche Masse haben. 75,8% von ihnen kommt die Masse 34,9595 u und 24,2% die Masse 36,9566 u zu. Das chemische Element Chlor ist also aus zwei Nukliden (Kernarten)

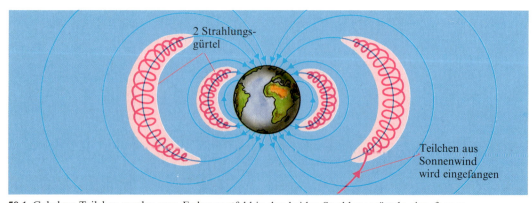

50.1 Geladene Teilchen werden vom Erdmagnetfeld in den beiden Strahlungsgürteln eingefangen.

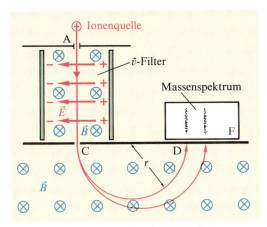

51.1 Prinzip eines einfachen Massenspektrometers

In den **Kreisbeschleunigern** zwingt die Lorentzkraft eines starken B-Feldes die Teilchen auf eine Kreisbahn mit Radius

$$r = v/(B\,q/m). \qquad (51.1)$$

Sie durchlaufen dabei die gleiche Beschleunigungsstrecke sehr oft nacheinander und gewinnen bei jedem Umlauf Energie.

A) Im älteren **Zyklotron** *(Bild 51.2)* benutzt man weiterhin die Tatsache, daß nach Seite 49 bei homogenem B-Feld und konstanter Masse m die Umlaufdauer

$$T = 2\pi/(B\,q/m) \qquad (51.2)$$

nicht von der jeweiligen Geschwindigkeit v abhängt. Zwischen Magnetpolen von 2 m Durchmesser liegen in einer Vakuumkammer zwei halbdosenförmige Metallhohlkörper D_1 und D_2. Sie grenzen mit den geraden und offenen Seiten aneinander, entsprechen also zwei Röhren eines Linearbeschleunigers. Im Schlitz dazwischen wirken aber nacheinander beide Halbschwingungen der Wechselspannung $U_\sim$ und beschleunigen die in der Quelle Io erzeugten Ionen je nach Polarität zu D_2 oder D_1 hin. In den Metallhalbdosen selbst sind in der Zwischenzeit die Teilchen vor dem E-Feld geschützt und durchlaufen im vertikalen B-Feld Halbkreise. Kommen sie dann wieder in den Schlitz, ist die Spannung umgepolt und erhöht die Energie nochmals um $\Delta W = q\,U$ usw. Die Teilchen winden sich auf Halbkreisen mit steigendem Radius r nach außen aus dem B-Feld und werden auf ein Ziel (target) geschossen *(Bild 52.2)*.

Wenn man die Polschuhe und damit den Radius r oder die Flußdichte B genügend groß macht, sollte man nach *Gl. 51.1* beliebig schnelle Teilchen erhalten. Doch ist es zu teuer, den Radius r der massiven Polschuhe auf über

zusammengesetzt. Diese zeigen zwar das gleiche chemische Verhalten und stehen im Periodensystem an der gleichen Stelle. Man nennt sie **Isotope**. Sie haben die gleiche Elektronenhülle und im Kern die gleiche Protonenzahl 17. Doch enthält der schwerere Kern zwei Neutronen mehr als der leichtere, nämlich 20 statt 18. So zeigte die *Massenspektroskopie*, daß die chemischen Elemente nicht einheitlich sind.

Durch Präzisionsmessungen an C12-Isotopen hat man die atomare Masseneinheit $1\,u = m_{C12}/12 = 1{,}6606 \cdot 10^{-24}$ g ermittelt. Mit Massenspektrometern analysiert man heute in kürzester Zeit die Zusammensetzung eines Rohöls aus leichteren und schwereren Anteilen und sucht sogar nach unerlaubten Zusätzen in Lebensmitteln.

2. Wie pumpt man viel Energie in Teilchen?

Sind die Bausteine aller Atome, nämlich Protonen, Neutronen und Elektronen unteilbar, oder kommt ihnen doch eine Struktur zu? Um diese wichtige Frage der heutigen Physik zu klären, schießt man Teilchen möglichst hoher Energie aufeinander. Stünden genügend hohe Spannungen U zur Verfügung, könnte man einem Teilchen mit der Ladung q die beliebig große Energie $W = U\,q$ in einem einzigen Beschleunigungsakt geben. Doch versagt die Isolation oberhalb von 10 MV. Zudem kann man hohe Wechselspannungen mit Trafos leichter erzeugen als Gleichspannungen. Also treibt man in riesigen **Teilchenbeschleunigern** die gleichen Teilchen immer wieder mit derselben Wechselspannung $U_\sim$ an, bis sie genügend Energie aufgenommen haben.

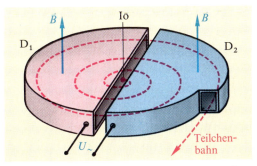

51.2 Zyklotron; seine beiden Halbdosen D_1 und D_2 liegen zwischen zwei Magnetpolen.

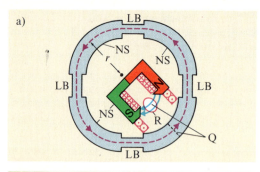

52.1 Synchrotron: a) im Innern Querschnitt Q mit Elektromagnet NS und Vakuumröhre R; LB: Linearbeschleuniger; b) Blick in den Tunnel

2 m zu erhöhen oder B auf über 2 T zu steigern. Vor allem aber wächst mit v die Masse m relativistisch. Deshalb fallen nach *Gl. 51.2* Ionen oberhalb von 50 MeV und Elektronen schon ab 20 keV mit der konstant bleibenden Wechselspannungsfrequenz außer Tritt.

B) Im modernen **Protonen-Synchrotron** verzichtet man deshalb auf massive Elektromagnete. Man läßt die Teilchen wegen des Strahlenschutzes in unterirdischen Tunneln nach *Bild 52.1* in engen Hochvakuumröhren umlaufen. Die Tunnel haben Radien r bis zu einigen km! Nur wo die Röhren gekrümmt sind, erzeugt man das ablenkende B-Feld mit vielen kleineren Elektromagneten. Da hier r konstant ist, muß jeder Teilchenpuls selbst über Sonden und Computer bei wachsender Energie die Flußdichte B und die Periodendauer T der Wechselspannung $U_\sim$ nach *Gl. 51.1* und *51.2* steuern. Dann erst wird der nächste Puls gestartet. $U_\sim$ wirkt in den geraden Linearbeschleunigern (LB). So erreicht man heute bei CERN in Genf Protonenenergien bis zu 450 GeV und strebt noch größere an. – Bei DESY in Hamburg erreicht man Elektronenenergien von über 7 GeV.

Aufgaben

1. *Positive Ionen verschiedener Masse durchlaufen ein gekreuztes E- und B-Feld geradlinig und senkrecht zu den Feldlinien ($E = 46{,}6$ kV m^{-1}; $B = 0{,}311$ T).* **a)** *Wie schnell sind sie?* **b)** *Auf der Fotoplatte F in Bild 51.1 rechts kommen die einen mit $\overline{CD} = 12$ cm, die andern mit 20 cm Abstand an. Welche Massen haben sie, wenn man $q = 1$ e bzw. 2 e annimmt (in g und in u)? Um welche Ionen kann es sich handeln?* **c)** *Zeigen Sie, daß der Massenunterschied zweier Teilchen, die in verschiedenen Punkten auftreffen, proportional zum Abstand dieser Punkte ist! Welche Masse bedeutet 1 cm auf der Platte?*

2. *Die Ionen in Aufgabe 1a haben eine Elementarladung und gelangen nach Verlassen der gekreuzten Felder in ein elektrisches Gegenfeld parallel zu dessen Feldlinien ($E = 10$ kV m^{-1}). Wo und wann kehren sie wieder um? Hängt der Umkehrpunkt von ihrer Masse ab? Wie verhalten sich in die Höhe geworfene Bälle? Wo haben die Ionen halbe Geschwindigkeit?*

3. a) *Warum arbeiten Beschleuniger nicht kontinuierlich, sondern mit aufeinanderfolgenden Teilchenpulsen? Was bestimmt deren Abstände beim Zyklotron, beim Linearbeschleuniger, beim Protonen-Synchrotron?* **b)** *Ist der Abstand der Röhren (die Schlitzbreite beim Zyklotron) von Einfluß auf den Energiegewinn?*

4. *In einem Zyklotron sollen Heliumkerne ($m = 4$ u; $q = 2$ e) mit Wechselspannung vom Maximalwert 100 kV von der Energie 200 keV auf 30 MeV beschleunigt werden. Wie viele Umläufe muß ein Teilchen ausführen? Welche Geschwindigkeit hat es dann? Wie groß muß die Flußdichte B sein, wenn der Endradius 1,2 m beträgt? Wie groß ist die Zeit für einen Umlauf?*

5. *Unter welchen Voraussetzungen können bei einem Kreisbeschleuniger Flußdichte B und Wechselspannungsfrequenz f konstant sein? Warum ist dies bei Ionen bis zu höheren Energien eher erfüllbar als bei Elektronen?*

6. *Vergleichen Sie die Beschleunigung eines Elektrons nach Bild 52.2 relativistisch und nichtrelativistisch hinsichtlich Endgeschwindigkeit, Endenergie und Zeitbedarf! Die Zeitabstände der Punkte sind gleich groß.*

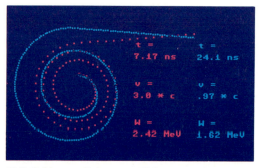

52.2 Zyklotron-Bahn von Elektronen nicht relativistisch (rot) und relativistisch (blau)

§ 20 Allgemeine Feldgesetze

1. Es gibt nicht nur Plattenkondensatoren

Das elektrische Feld untersuchten wir am Spezialfall des Plattenkondensators. Wir fanden in seinem homogenen Feld eine Beziehung zwischen der das Feld erzeugenden Ladung Q auf den Platten mit der Fläche A und der Feldstärke E zwischen den Platten: E ist der Flächendichte $\sigma = Q/A$ der Plattenladung proportional:

$$\varepsilon_0 E = \sigma = Q/A \quad \text{oder} \quad Q = \varepsilon_0 E A. \quad (53.1)$$

Diese Aussage wollen wir nun auf *beliebige Feldformen* erweitern. Wir lösen uns vom Plattenkondensator und zielen auf ein allgemeines Feldgesetz, das der Mathematiker und Physiker *C.F. Gauß* um 1830 aufgestellt hat. Da es mathematisch zu anspruchsvoll ist, benutzen wir das Feldlinienmodell. Wir stellen uns — mit *Faraday* — vor, man könne Feldlinien wie Fäden zählen. Durch eine Flächeneinheit senkrecht zum E-Vektor sollen so viele Feldlinien treten, wie die Maßzahl von E angibt. Bei doppelter Feldstärke wären dann die Feldlinien doppelt so dicht. Das Produkt $E A$ in der obigen Gleichung lieferte die Gesamtzahl der Feldlinien, die von der einen Kondensatorplatte ausgehen und an der anderen enden. Würden wir diese Veranschaulichung wörtlich nehmen, so müßten von der Ladung $Q = 1$ nC nach $E A = Q/\varepsilon_0 = 1$ nC$/\varepsilon_0$ ca. 113 Feldlinien ausgehen. Feldlinien sind aber nur symbolhafte Modelle, also nicht zählbar. Trotzdem helfen sie uns, sehr allgemeine Gesetze aufzustellen!

Um uns vom Plattenkondensator zu lösen, entfernen wir die zweite Platte und entladen sie. Die Ladung $+Q$ der ersten Platte verteilt sich auf ihrer gesamten Oberfläche. Die Feldlinien gehen also nach allen Richtungen weg. Sie enden aber irgendwo an der gleich großen entgegengesetzten Ladung $-Q$. Halten wir nun die Platte an einem Isolierstiel in einen Faradaybecher (ohne diesen zu berühren!), so wird auf seiner Innenseite die Ladung $-Q$, auf seiner Außenseite $+Q$ influenziert. Ein Meßverstärker zeigt, daß die Außenladung so groß wie die ins Innere gebrachte Ladung ist. Deshalb können wir den Zusammenhang von Ladung und Feldlinienzahl auf beliebige Feldformen übertragen, wenn wir die Feldlinien nie frei im Raum beginnen oder enden lassen. An den Enden von Feldlinien „hängt" stets Ladung!

2. Das Coulombgesetz

Nun können wir die Feldstärke im radialen Feld einer einzelstehenden Kugel mit der Ladung Q berechnen. Wir legen um ihren Mittelpunkt eine Kugelfläche mit Radius r nach *Bild 53.1* (blau). Diese Hüllfläche hat die Größe $A = 4\pi r^2$. An den dort endenden Feldlinien können wir uns Teilladungen denken, deren Summe Q ergibt. Besteht an dieser Fläche — also im Abstand r vom Kugelmittelpunkt — die Feldstärke E, so gilt nach *Gl. 53.1* $Q = \varepsilon_0 E A = \varepsilon_0 E \cdot 4\pi r^2$. Für die Feldstärke $E = F/q$ folgt $E = Q/(4\pi\varepsilon_0 r^2)$. Die Probeladung q erfährt im radialen Feld die Feldkraft $F = q E$, **Coulombkraft** genannt (*Ch. Coulomb*, um 1790):

> *Coulombgesetz:* **Die Kraft F zwischen den punktförmigen Ladungen Q und q im Abstand r beträgt**
>
> $$F = E q = \frac{1}{4\pi\varepsilon_0}\frac{Q q}{r^2}. \quad (53.2)$$

Der Faktor $1/(4\pi\varepsilon_0) = 9 \cdot 10^9$ N m^2 C^{-2} ist sehr groß. Deshalb würden sich zwei entgegengesetzte Punktladungen von je 1 C (wenn man sie herstellen könnte) im Abstand von 1 km mit der riesigen Kraft $F = 9000$ N anziehen. F ist proportional zu $1/r^2$, sinkt also im doppelten Abstand auf $\frac{1}{4}$. Ein solches Gesetz kennen wir von der Gravitationskraft im radialen Gravitationsfeld (Fundamentum, Seite 129).

Auch dieses Coulombgesetz ist allgemein anwendbar und hat große Bedeutung. Man kann nämlich mit ihm die Feldstärke um eine beliebige Ladungsverteilung berechnen, indem man die von ihren Teilladungen ausgeübten Kräfte vektoriell addiert. Wir haben also mit dem Coulombgesetz ein weiteres Grundgesetz der Elektrizitätslehre gewonnen.

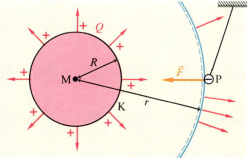

53.1 Anziehung des geladenen Pendels im radialen Feld

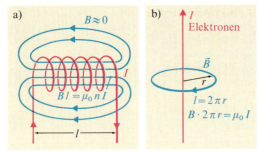

54.1 Umlauf auf Feldlinien a) bei einer Spule, b) um einen geraden Leiter

3. Magnetfelder — auch ohne Spulen

Wie stark ist das B-Feld um einen geraden, vom Strom I durchflossenen Leiter? Seine Feldlinien sind in sich geschlossen. *Ampère* verfolgte solche Feldlinien auf ihrem ganzen Umlauf. Bei Spulen umfassen sie alle n Spulendrähte, in denen jeweils der Strom I fließt, also insgesamt die Stromstärke $n I$ (*Bild 54.1a*). Im Spuleninnern gilt nun $B = \mu_0 n I/l$, außen ist $B = 0$. Deshalb erhalten wir für die Summe aus Wegelementen mal Flußdichten beim Umlauf auf einer ganzen, geschlossenen Feldlinie $B l = \mu_0 n I$. Sie ist $\mu_0$mal so groß wie die ganze „umfaßte" Stromstärke $n I$. Auch diese Aussage gilt allgemein. Wir berechnen mit ihr B in der Umgebung eines einzelnen Stromleiters. Bei ihm ist $n = 1$. Eine magnetische Feldlinie in *Bild 54.1b* mit Radius r hat den Umfang $l = 2 \pi r$. Also gilt auf ihr $B l = B \cdot 2 \pi r = \mu_0 \cdot 1 \, I$. Dies gibt

$$B = \mu_0 I/(2 \pi r) \qquad (54.1)$$

für die magnetische Flußdichte B im Abstand r von einem langen, vom Strom I durchflossenen Draht. So ist bei $I = 10$ A im Abstand $r = 0{,}01$ m vom langen, geraden Draht $B = 0{,}2$ mT. Im doppelten Abstand sinkt B nicht auf $\frac{1}{4}$ (Coulombgesetz), sondern nur auf die Hälfte. Messungen mit Hallsonden bestätigen dieses **Ampèresche Gesetz**.

Die von *Gauß* und *Ampère* aufgestellten Gesetze hat der Schotte *Maxwell* noch weiter verallgemeinert. Dabei konnte er sogar zeitlich sich ändernde Felder behandeln (Seite 59).

Aufgabe

1. a) *Welche Kraft üben zwei punktförmige Ladungen von je 1 nC im Abstand von 10 cm aufeinander aus?*
b) *Wie groß sind diese unter sich gleichen Ladungen, wenn die Kraft bei gleichem Abstand auf $\frac{1}{4}$ sinkt?*

§21 Unsere Feldstrategie

1. E-Felder beeinflussen Ladungen

Das elektrische Feld übt Kräfte auf Ladungen aus, gleichgültig, ob diese ruhen oder sich bewegen.

a) An einem Ort mit Feldstärke $\vec{E}$ erfährt die Ladung q (analog zu $\vec{G} = m \vec{g}$) die Feldkraft

$$\vec{F} = q \vec{E}. \qquad (54.2)$$

$\vec{E}$ ist die Feldstärke, die im betreffenden Punkt *vor* Einbringen der Ladung q bestand; auf sich selbst übt q keine Kraft aus.

Im *homogenen Feld* ist E überall gleich; im Plattenkondensator mit Spannung U und Abstand d gilt speziell

$$E = U/d. \qquad (54.3)$$

Im *radialen Feld* der kugelförmigen Ladung Q gilt nach *Coulomb* (analog zur Graviation) im Abstand r vom Kugelmittelpunkt

$$E = Q/(4 \pi \varepsilon_0 r^2). \qquad (54.4)$$

Dort erfährt die Ladung q die Coulombkraft

$$F = Q q/(4 \pi \varepsilon_0 r^2). \qquad (54.5)$$

Dabei ist $\varepsilon_0 = 8{,}85 \cdot 10^{-12}$ F m^{-1} die elektrische Feldkonstante.

b) Feldlinien beschreiben durch ihre Richtung die Richtung der Feldstärke $\vec{E}$ (von + nach −) und durch ihre Dichte deren Betrag. In elektrostatischen Feldern stehen sie auf Leiteroberflächen senkrecht. Bei den bisher betrachteten zeitlich konstanten Feldern beginnen sie an Plusladung und enden an Minusladung; sie sind nicht geschlossen.

c) Die Feldstärken $\vec{E}_i$ verschiedener Einzelladungen Q_i addieren sich *vektoriell*. So kann jedes Feld — wenn auch mühsam — aus den Einzelfeldern der es erzeugenden Punktladungen gewonnen werden.

d) Bei zeitlich konstanten Feldern hängt die mit dem Transport der Ladung q verknüpfte Arbeit W nur vom Anfangs- und Endpunkt des Transportwegs, nicht von dessen Verlauf ab. Die *Spannung* U zwischen zwei Feldpunkten ist für die Energieumsetzung maßgebend und wird definiert durch

$$U = W/q. \qquad (54.6)$$

e) Zwischen der *Ladungsdichte* σ auf einer Fläche und der Feldstärke E im angrenzenden Bereich mit homogenem Feld gilt im Vakuum

$$\sigma = \varepsilon_0 \, E. \qquad (55.1)$$

f) Ladung Q und Spannung U eines Kondensators beliebiger Leiteranordnung sind proportional, die Kapazität C ist von U unabhängig:

$$C = Q/U. \qquad (55.2)$$

Beim *Plattenkondensator* gilt $\quad C = \varepsilon_0 \, A/d$.

2. Teilchen und Felder

1. Ein vom Strom I durchflossener Leiter der Länge s steht senkrecht zur Komponente B_s eines B-Feldes. Er erfährt als Kraft F die Summe aller Lorentzkräfte seiner fließenden Ladungen, nämlich

$$F = I \, B_s \, s. \qquad (55.3)$$

2. a) Die Flußdichte einer schlanken Spule mit n Windungen und der Länge l ist beim Erregerstrom I_{err}

$$B = \mu_0 \, n \, I_{\text{err}}/l. \qquad (55.4)$$

Darin ist μ_0 die magnetische Feldkonstante: $\mu_0 = 1{,}256 \cdot 10^{-6}$ T m A^{-1}.

b) Im Abstand r von einem langen, geraden Leiter mit der Stromstärke I_{err} ist die magnetische Flußdichte

$$B = \mu_0 I_{\text{err}}/(2 \, \pi \, r). \qquad (55.5)$$

3. Im Magnetfeld erfahren nur bewegte Ladungen Kräfte, im elektrischen auch ruhende:

a) Durchläuft ein Teilchen mit der spezifischen Ladung q/m aus der Ruhe die Spannung U, so erlangt es die Geschwindigkeit

$$v = \sqrt{2 \, U \, q/m}. \qquad (55.6)$$

b) Im homogenen elektrischen Feld beschreibt ein Teilchen mit der anfänglichen Geschwindigkeitskomponente v_x senkrecht zu den Feldlinien die Parabelbahn

$$y = \tfrac{1}{2} \, E \, \frac{q}{m} \, \frac{x^2}{v_x^2}. \qquad (55.7)$$

c) Eine mit der Geschwindigkeitskomponente v_s senkrecht zu magnetischen Feldlinien bewegte Ladung q erfährt die Lorentzkraft (*Bild 36.2*)

$$F_{\text{L}} = q \, B \, v_s. \qquad (55.8)$$

d) Ein Teilchen mit der Ladung q und der Masse m wird im homogenen magnetischen Feld auf eine Kreis- oder Schraubenbahn mit dem Radius

$$r = v/(B \, q/m) \qquad (55.9)$$

und der Umlaufdauer

$$T = 2 \, \pi/(B \, q/m) \qquad (55.10)$$

gezwungen. T ist von v_s unabhängig.

e) Die spezifische Ladung q/m eines mit der Spannung U in Bewegung gesetzten Teilchens kann aus der Kreisbahn im homogenen Magnetfeld ermittelt werden zu

$$q/m = 2 \, U/(B^2 \, r^2). \qquad (55.11)$$

3. Im Bereich der Relativitätstheorie

a) Ein Körper mit der Ruhemasse m_0 hat bei der Geschwindigkeit v die relativistische Masse

$$m_{\text{rel}} = \frac{m_0}{\sqrt{1 - v^2/c^2}}. \qquad (55.12)$$

Die relativistische Massenänderung macht sich erst bei Annäherung an die Lichtgeschwindigkeit $c = 3 \cdot 10^8$ m s^{-1} bemerkbar.

b) Jede Masse ist äquivalent einer Energie

$$W = m_{\text{rel}} \, c^2. \qquad (55.13)$$

c) Die kinetische Energie W_{kin} eines Körpers mit Ruhemasse m_0 ist bei der relativistischen Masse m_{rel}

$$W_{\text{kin}} = (m_{\text{rel}} - m_0) \, c^2. \qquad (55.14)$$

Aufgaben

1. Der Ring nach Bild 18.3 trägt links negative, rechts positive Influenzladung. Warum fließen nicht Elektronen von links nach rechts und setzen Energie frei?

2. Im Feld der Stärke $E = 10$ kV m^{-1} befinden sich nach Bild 25.1 zwei leicht bewegliche Influenzplatten der Fläche 100 cm². a) Man zieht sie auf 1,0 cm Abstand auseinander. Welche Ladungen tragen sie dann? Welche Feldstärke und Spannung besteht zwischen ihnen? b) Nun nimmt man das äußere Feld weg. Wie groß sind jetzt Feldstärke und Spannung?

3. a) Bei welcher Geschwindigkeit ist m_{rel} doppelt so groß wie die Ruhemasse m_0? Wie groß ist dann die kinetische Energie eines Elektrons in eV bzw. eines Körpers mit $m_0 = 10$ g? Vergleichen Sie die Werte mit der Energie 10^8 MJ, der Hiroshima-Bombe! b) Wie groß wäre jeweils W_{kin} bei diesen Geschwindigkeiten, wenn man klassisch rechnete?

Zeitlich veränderliche Felder

§22 Induktion durch Lorentzkräfte

1. Einheit in der Natur — Fülle in der Technik

1820 erregte *Oersted* mit einer Flugschrift Aufsehen. Er teilte mit, der Strom bewege Magnetnadeln. Die Gelehrten Europas faszinierte diese für viele unerwartete Verbindung von Elektrizität und Magnetismus. *Faraday* wollte diesen Effekt umkehren und schrieb in sein Notizbuch: „*Convert magnetism into electricity*".

1831 gelang es ihm, mit Magneten Spannung zu „induzieren". Eine Parlamentskommission fragte ihn, wozu man das brauchen könne. Er sagte: „Das weiß ich nicht, wohl aber, daß Sie Steuern darauf nehmen werden". Wie kann man mit Magneten Spannung erzeugen?

Versuch 51: a) In einem Vorversuch nach *Bild 56.1a* liegt ein Aluminiumstab auf zwei waagerechten Schienen zwischen den Polen eines Hufeisenmagneten. Ein Akku treibt Elektronen im Stab von C nach D. Sie erfahren im Magnetfeld die Lorentzkraft F_L quer zum Stab. Diese rollt ihn — als Anker eines Minimotors — nach links.

b) Wir wandeln den Motor in einen *Generator* um, nehmen also den Akku weg *(Bild 56.1b)*. Nun soll die Lorentzkraft die Elektronen längs des Stabs von C nach D treiben und so die vordere Schiene negativ aufladen; in der hinteren entsteht dann Elektronenmangel. Zu dieser Ladungstrennung brauchen wir nur den Stab

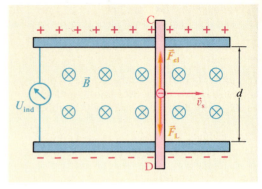

56.2 Eine Theorie mit weltweiter Wirkung

samt seinen Elektronen senkrecht zum $\vec{B}$-Feld nach rechts zu schieben. Dann entsteht zwischen den Schienen dieses Minigenerators die Induktionsspannung U_{ind}. Wie groß ist sie?

Auch nach *Bild 56.2* bewegt sich der Stab mit der Geschwindigkeit $\vec{v}_s$ senkrecht zu den magnetischen Feldlinien nach rechts. Die Lorentzkräfte können in ihm nicht alle Elektronen ganz nach unten treiben. Die getrennten Ladungen bauen nämlich im Stab der Länge d ein Feld der Stärke $E = U_{ind}/d$ auf (Aufgabe 4). In ihm erfährt jedes Elektron die elektrische Feldkraft $F_{el} = eE$ nach oben, der Lorentzkraft $F_L = Bev_s$ entgegen. Deshalb gehen nur so viele Elektronen nach unten, bis sich die Kräfte F_L und F_{el} an jeder Stelle des bewegten Leiters Gleichgewicht halten. Dann gilt

$$eU_{ind}/d = Bev_s \quad \text{oder} \quad U_{ind} = Bdv_s. \quad (56.1)$$

Versuch 52: a) Wir kehren in Versuch 51b die Richtung von $\vec{v}_s$ oder von $\vec{B}$ um. U_{ind} polt sich auch um; $\vec{F}_L$ hat die Richtung geändert.

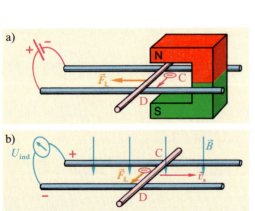

56.1 a) Minimotor; b) Minigenerator (vom Hufeisenmagneten ist nur das Feld gezeichnet)

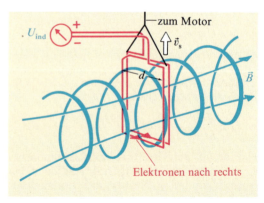

56.3 Der Drahtrahmen wird aus dem B-Feld nach oben gezogen.

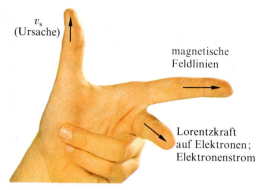

57.1 Dreifingerregel für die Induktion

Ein gerades Leiterstück der Länge d bewege sich mit der Geschwindigkeitskomponente v_s senkrecht zu einem Magnetfeld mit konstanter Flußdichte B. Lorentzkräfte erzeugen dann die Induktionsspannung

$$U_{ind} = B\, d\, v_s. \tag{57.1}$$

b) Wir stellen den Magneten so, daß seine Feldlinien waagerecht liegen. Wenn wir dann den Leiter parallel zu ihnen verschieben, sind Lorentzkraft und Spannung Null. Also ist bei der Induktion nur die Geschwindigkeitskomponente v_s des Leiters senkrecht zu den magnetischen Feldlinien wirksam.

Bei geschlossenem Kreis fließen die Elektronen über das Meßinstrument zur oberen Schiene zurück. Die Lorentzkraft sorgt jedoch für weiteren Elektronennachschub und hält so das Gleichgewicht von F_L und F_{el} aufrecht. Für die Richtung des im geschlossenen Kreis fließenden Induktionsstroms gilt die *Dreifingerregel der linken Hand*: Der Daumen zeige in Richtung der Leitergeschwindigkeit $\vec{v}_s$, der Zeigefinger in Richtung von $\vec{B}$. Dann gibt der Mittelfinger die Richtung des Elektronenstroms an (*Bild 57.1*).

Wir prüfen $U_{ind} = B\, d\, v_s$ im Versuch nach, um zu sehen, ob unsere Überlegungen richtig sind:

Versuch 53: In der waagerecht liegenden Spule (blau) nach *Bild 56.3* ist ein konstantes und homogenes Magnetfeld mit $B = 4{,}0 \cdot 10^{-3}$ T erregt. Den roten Drahtrahmen ($d = 5$ cm breit mit $n = 500$ Windungen) zieht ein Motor mit der Geschwindigkeit $v_s = 2{,}0 \cdot 10^{-3}$ m s^{-1} senkrecht zu den magnetischen Feldlinien nach oben. In jedem der unteren Leiterstücke sollte die Spannung $U_{ind} = B\, d\, v_s$ induziert werden. Für U_{ind} gilt:

$U_{ind} = 4 \cdot 10^{-3}$ T $\cdot 0{,}05$ m $\cdot 2 \cdot 10^{-3}$ m s^{-1}
$= 4 \cdot 10^{-7}$ N m (A s)$^{-1} = 4 \cdot 10^{-7}$ V.

Die Spule enthält $n = 500$ solcher Stücke. Ihre Spannungen addieren sich wegen der Hintereinanderschaltung zur Gesamtspannung $U = 2 \cdot 10^{-4}$ V. Ein empfindlicher Meßverstärker bestätigt diesen Wert und so den Satz:

2. Wir betrachten jetzt den ganzen Stromkreis

Versuch 54: a) Ein Elektromagnet erregt zwischen den großen Polschuhen ein konstantes homogenes Feld. Dorthin schieben wir nach *Bild 57.2a* die Leiterschleife ABCD senkrecht zu den Feldlinien. Die im unteren Teil AB induzierte Spannung wird so lange angezeigt, bis auch der obere Teil CD ins Feld taucht. Dabei nimmt die blaue Fläche A_s des Stromkreises, die vom B-Feld senkrecht durchsetzt wird, zu.

b) Dann bewegen wir die Schleife im homogenen Feld parallel zu sich weiter. Die Spannungsanzeige geht auf Null zurück. In CD werden zwar genau so viele Elektronen nach links verschoben wie in AB (*Bild 57.2b*). Die in AB und CD induzierten Spannungen sind aber im Kreis entgegengesetzt gepolt und kompensieren sich. A_s bleibt konstant.

c) Wenn in *Bild 57.2c* das Teilstück AB unten das Feld verläßt, besteht nur noch die in CD induzierte Spannung. Das Instrument schlägt entgegengesetzt wie in (a) aus. A_s nimmt ab.

Wir finden stets dann Spannung, wenn sich die vom Feld durchsetzte Schleifenfläche A_s ändert.

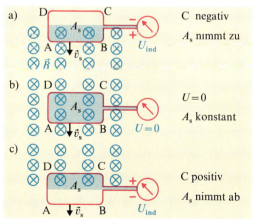

57.2 Spannung beim Ändern der felddurchsetzten Fläche A_s

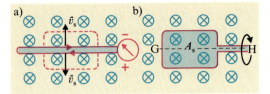

58.1 a) Beim Auseinanderziehen, b) beim Drehen der Leiterschleife ändert sich ihre vom $\vec{B}$-Feld durchsetzte Fläche A_s.

Versuch 55: **a)** Wir verändern die vom Feld durchsetzte Schleifenfläche A_s, indem wir die Schleife im Feld auseinanderziehen oder sie um ihre Achse GH drehen *(Bild 58.1)*. Auch hier induzieren Lorentzkräfte Spannungen wechselnder Polarität.

b) Wenn wir unsere Leiterschleife zu einer Spule mit n Windungen erweitert haben, ist gemäß Versuch 53 die Gesamtspannung n-fach.

3. Faraday dachte mit Feldlinienzahlen

Faraday konnte die Induktion nicht mit der Lorentzkraft erklären. Er beschrieb sie anschaulich mit Feldlinien. Diese sah er als reale Fäden an, die man im Prinzip zählen könne.

Immer dann fand er Induktionsspannung, wenn sich — nach seiner Vorstellung — die *Zahl der Feldlinien*, die den Stromkreis insgesamt durch „fließen", ändert. In *Bild 57.2a* nimmt die Feldlinienzahl (der magnetische „Fluß") zu, weil wir die Schleife ins Feld schieben. In *Bild 57.2b* bleibt diese Zahl konstant; oben verlassen ja gleich viele Feldlinien die Schleife, wie unten neu eintreten; U_{ind} ist Null. In *Bild 57.2c* nimmt dagegen die Feldlinienzahl ab; Plus und Minus sind nun vertauscht. Beim Zusammenpressen oder Drehen der Fläche ist die Änderung der Feldlinienzahl offenkundig. *Faradays Feldvorstellung* war einfach und genial! Doch können wir Feldlinien nicht zählen; wir müssen rechnen!

4. Induktionsgesetz — mathematisch formuliert

Faradays Feldlinienbetrachtungen führen uns nun zu einer umfassenden mathematischen Formulierung aller Induktionsversuche. Wir sehen die Flußdichte B als Maß dafür an, wie *dicht* Feldlinien liegen, wie viele durch eine Flächeneinheit „fließen", die senkrecht zum Feld steht. So erklärt sich historisch das Wort Flußdichte. Den gesamten magnetischen Fluß Φ (nach *Faraday* die Zahl aller Feldlinien durch die Leiterschleife) erhalten wir dann durch Multiplikation mit der Fläche A_s, welche die Leiterschleife dem Feld senkrecht darbietet: Dieser magnetische Fluß ist $\Phi = B\,A_s$.

Wir bringen diesen Fluß $\Phi = B\,A_s$ nun in die aus der Lorentzkraft gewonnene Gleichung $U_{ind} = B\,d\,v_s$ ein. Nach *Bild 58.2* bewegt sich der Leiter in der Zeit Δt um die Strecke Δs mit der Geschwindigkeit $v_s = \Delta s/\Delta t$ weiter. Im Bereich des B-Felds nimmt die vom Feld senkrecht durchsetzte Fläche A_s um $\Delta A_s = d\,\Delta s$ zu (blau); es gilt $U_{ind} = B\,d\,v_s = B\,d\,\Delta s/\Delta t = B\,\Delta A_s/\Delta t$. Weil diese felddurchsetzte Fläche um ΔA_s ansteigt, nimmt der magnetische Fluß $\Phi = B\,A_s$ um $\Delta\Phi = \Delta(B\,A_s) = B\,\Delta A_s$ zu. Da dort B konstant ist, haben wir B vor das Ände-

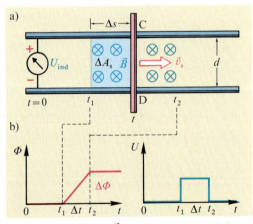

58.2 Im Bereich des $\vec{B}$-Felds steigt der Fluß um $\Delta\Phi = B\,\Delta A_s$; dies induziert die Spannung U.

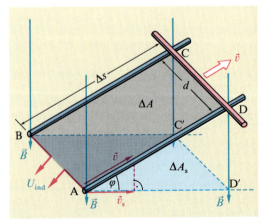

58.3 B-Linien projizieren ΔA auf $\Delta A_s = \Delta A \cos\varphi$ in die Ebene senkrecht zum $\vec{B}$-Feld; $v_s = v\cos\varphi$.

rungssymbol Δ gesetzt; es gilt $\Delta(B A_s) = B A_{s,2} - B A_{s,1} = B(A_{s,2} - A_{s,1}) = B \Delta A_s$. Für die Induktionsspannung in n Windungen folgt der n-fache Wert

$$U_{ind} = n \Delta \Phi / \Delta t = n B \Delta A_s / \Delta t. \quad (59.1)$$

Diese Gleichung beschreibt die Versuche durch das „Tempo" $\Delta \Phi / \Delta t$, mit dem sich der Fluß Φ ändert. Nach *Bild 58.3* kann die aus Schienen gebildete Fläche ΔA des Kreises sogar schräg zu den Feldlinien stehen. Dort ist die Geschwindigkeitskomponente des Leiters senkrecht zum Magnetfeld nur noch $v_s = v \cos \varphi$. v_s bestimmt die Lorentzkraft wie auch die induzierte Spannung $U_{ind} = B d v_s$. In der obigen Herleitung bedeutet also $d v_s \Delta t$ nicht mehr die Änderung der vom Stab auf den Schienen überstrichenen Fläche ΔA selbst. Vielmehr ist es die Änderung ihrer *Projektion* $\Delta A_s = \Delta A \cos \varphi$ auf eine Ebene senkrecht zu den Feldlinien. ΔA_s bildet ja mit ΔA den Winkel φ. ΔA_s ist der Querschnitt des Feldlinienbündels, das die Leiterschleife durchsetzt und bestimmt zusammen mit B die von der Schleife umfaßte Feldlinienzahl, also die Flußänderung $\Delta \Phi = B \Delta A_s$. Für $\varphi = 0°$ ist $\Delta A_s = \Delta A \cos 0° = \Delta A$, für $\varphi = 60°$ gilt $\Delta A_s = \Delta A \cos 60° = \Delta A/2$, für $\varphi = 90°$ wird $\Delta A_s = 0$.

$U_{ind} = n \Delta \Phi / \Delta t$ liefert nur die *mittlere* Induktionsspannung im Zeitintervall Δt. Die Momentanspannung erhält man als Grenzwert von $n \Delta \Phi / \Delta t$ für $\Delta t \to 0$. Man schreibt $U_{ind} = n \dot{\Phi}$ (Φ wird nach t abgeleitet; Beispiel b).

Definition: Der magnetische Fluß Φ durch eine Leiterschleife ist das Produkt aus der Flußdichte B und dem Querschnitt A_s des Feldlinienbündels durch die Schleife:

$$\Phi = B A_s. \quad (59.2)$$

$[\Phi] = \text{T m}^2 = \text{N (A m)}^{-1} \text{ m}^2$
$= \text{N m A}^{-1} = \text{J s C}^{-1} = \text{V s}.$

Satz: Die bei der Bewegung von Spulen mit n Windungen induzierte Spannung U_{ind} hängt nicht vom magnetischen Fluß Φ ab, der die Spulen durchsetzt, sondern vom „Tempo" $\Delta \Phi / \Delta t$ seiner Änderung nach

$$U_{ind} = n \Delta \Phi / \Delta t. \quad (59.3)$$

Die Momentanspannung ist der Grenzwert

$$U_{ind} = n \lim_{\Delta t \to 0} \Delta \Phi / \Delta t = n \dot{\Phi}(t). \quad (59.4)$$

Beim Einsetzen in $U_{ind} = n \Delta \Phi / \Delta t$ ist es bequem, die Einheit V s m^{-2} der Flußdichte B und nicht T $=$ N (A m)$^{-1}$ zu benutzen. Man erhält dann sofort U_{ind} in der Einheit Volt.

Beispiele: a) In *Bild 58.2* haben die Schienen den Abstand $d = 0,05$ m; der Leiter bewegt sich mit $v_s = 0,2$ m s^{-1} in der Zeit $\Delta t = 2,0$ s durch das Feld der Flußdichte $B = 0,20$ T $= 0,20$ V s m^{-2}. Er überstreicht dabei die Fläche $\Delta A_s = d v_s \Delta t = 0,02$ m^2 senkrecht zu den B-Linien. Der umfaßte Fluß nimmt um $\Delta \Phi = B \Delta A_s = 0,004$ V s zu. Also ist $U_{ind} = \Delta \Phi / \Delta t = 0,002$ V. Dies folgt auch aus $U = B d v_s$.

b) Der Stab in *Bild 58.2* werde mit der konstanten Beschleunigung a nach rechts bewegt. Wenn er bei $t = 0$ startet, gilt $s(t) = \frac{1}{2} a t^2$ und $\Phi(t) = B A_s = B d s = \frac{1}{2} B d a t^2$. Durch Ableiten der $\Phi(t)$-Funktion nach der Zeit t wird $U_{ind} = n \dot{\Phi}(t) = B d a t$. Dieses Ergebnis folgt auch aus $U_{ind} = B d v_s$, wenn wir $v_s = a t$ setzen.

5. Der magneto-hydrodynamische Generator (MHD)

Im Dampfkraftwerk erzeugen heiße Flammen Wasserdampf. Er treibt Turbinen an und in den angeschlossenen Generatoren Leiterschleifen voller Elektronen durch ein B-Feld. Welch ein Umweg! Im **MHD-Generator** reichert man die Flammengase selbst mit positiven und negativen Ionen an und schickt sie mit großer Geschwindigkeit durch ein starkes magnetisches Querfeld *(Bild 59.1)*. Wie beim Halleffekt werden in der dritten Raumrichtung die entgegengesetzten Ladungen getrennt und zwei feuerfesten Elektroden (rot) zugeführt. Zwischen ihnen entsteht Spannung. Die Flammengase treiben anschließend noch eine Gasturbine; der Gesamtwirkungsgrad erreicht 60%. Kraftwerke dieser Art sind bis 25 MW in Betrieb. Doch korrodieren die Werkstoffe schnell.

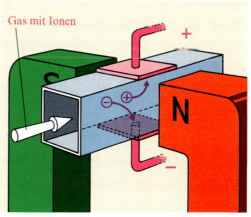

59.1 MHD-Generator

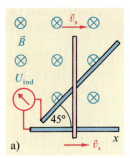
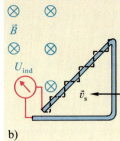

60.1 Zu Aufgabe 5

Aufgaben

1. a) *Ein Eisenbahnzug fährt mit 40 m s^{-1} über eine waagerechte Strecke. Zwischen den isolierten Schienen (Spurweite 1435 mm) liegt ein Spannungsmesser. Was zeigt er an, wenn die Vertikalkomponente des Erdmagnetfeldes $B_V = 0{,}43 \cdot 10^{-4}$ T beträgt? Benutzen Sie Gl. 57.1 und auch 59.3! Spielt die Zahl der Achsen des Zuges eine Rolle?* **b)** *Was zeigt ein mitfahrender Spannungsmesser an? Könnte man mit diesem Effekt die Wagen beleuchten?*

2. *Als ersten MHD-Generator benutzte Faraday die Themse. Sie ist 300 m breit und fließt mit 2 m s^{-1}. Welche Spannung hätte Faraday zwischen ihren Ufern messen können? Welche Komponente des Erdfeldes ist hier wirksam? ($B = 0{,}6 \cdot 10^{-4}$ T; $i = 60°$)*

3. *Ein dicker Stab wird parallel zu seiner Längsachse im Magnetfeld senkrecht zu dessen Feldlinien bewegt. Wie ist die Lorentzkraft auf seine Elektronen gerichtet? Was tragen also die vertikalen Leiterteile des Rähmchens in Versuch 53 zur Spannung bei?*

4. a) *Warum ist nach der Herleitung der Gl. 56.1 das E-Feld im Leiter homogen? Das E-Feld zwischen den ruhenden Stäben ist es sicherlich nicht.* **b)** *Vergleichen Sie die Herleitung der Hallspannung mit der von $U_{ind} = B\,d\,v_s$!* **c)** *Besteht zwischen F_L und F_{el} auch dann Gleichgewicht, wenn im Leiter mit Widerstand R Strom fließt?*

5. a) *Über die Schienen von Bild 60.1a gleitet der Stab nach dem Gesetz $x = v\,t$ mit $v = 10$ cm s^{-1} nach rechts. Wie ist der U(t)-Verlauf ($B = 1$ T)?* **b)** *Umgekehrt wird die Leiterschleife nach Bild 60.1b nach links in das gleiche Feld mit $v = 10$ cm s^{-1} geschoben. Vergleichen Sie Betrag und Polung von U_{ind} mit (a)!* **c)** *Der schräge Stab habe die gestrichelte Treppenform. Was folgt für U_{ind} bei der Bewegung nach (b)?*

6. *Im Beispiel (a) von Seite 59 sei zur Zeit $t = 0$ der nach rechts mit $v_1 = 0{,}20$ m s^{-1} gleitende Stab 0,20 m vom Spannungsmesser entfernt. Dann beginne auch die obere Schiene, sich von $d = 0{,}050$ m aus mit $v_2 = 0{,}10$ m s^{-1} nach oben zu bewegen; für den Schienenabstand gilt also $d(t) = 0{,}05$ m $+ v_2 t$. Berechnen Sie U_{ind} nach Gl. 57.1 und 59.4 mit $B = 0{,}20$ T! Stellen Sie hierzu die Funktion $\Phi(t)$ auf!*

§23 Induktion im ruhenden Leiter

1. Induktion — auch ohne Lorentzkraft?

Versuch 56: Wir ziehen den in Versuch 53 benutzten roten Drahtrahmen schnell aus dem konstanten Magnetfeld und erhalten kurzzeitig Spannung. Überraschenderweise stellt sich der *gleiche Ausschlag* auch dann ein, wenn wir den Drahtrahmen in Ruhe lassen und durch Zurückdrehen des Drehknopfs am Netzgerät das B-Feld schnell ausschalten.

Diese neue Erscheinung können wir nicht mehr mit der Lorentzkraft erklären, da sich jetzt ja kein Leiter mehr im Magnetfeld bewegt. Wir betrachten deshalb die Änderung des Flusses $\Phi = B\,A_s$. Sie tritt ein, gleichgültig ob man die Leiterschleife aus dem Feld zieht, also A_s ändert, oder das Feld ausschaltet, also B ändert. Erfaßt etwa das nach Faradays Feldliniensprache formulierte Gesetz $U_{ind} = n\,\Delta\Phi/\Delta t$ auch diesen neuen Versuch?

Wir lassen die Fläche A_s konstant und ändern dafür die Flußdichte B. Wenn wir A_s vor das Änderungssymbol Δ setzen, müßte gelten

$$U_{ind} = n\,\frac{\Delta \Phi}{\Delta t} = n\,\frac{\Delta(B\,A_s)}{\Delta t} = n\,A_s\,\frac{\Delta B}{\Delta t}. \quad (60.1)$$

Versuch 57: a) Der Erregerstrom I_{err} durchfließt nach *Bild 61.1* die rote Feldspule. Ein elektronisches Gerät erhöht I_{err} proportional mit der Zeit t. Dann ist das Anstiegstempo $\Delta B/\Delta t$ der Flußdichte B konstant. In der Induktionsspule (blau, Fläche $A = A_s$ senkrecht zu B) entsteht konstante Spannung U_{ind}.

60.2 *Faradays Entdeckergerät; er wickelte zwei Spulen auf denselben Eisenkern: dies war der erste Trafo!*

b) Wenn B konstant ist, wird $\Delta B/\Delta t = 0$ und auch $U_\text{ind} = 0$. Nimmt B wieder ab ($\Delta B/\Delta t < 0$), ändert U_ind seine Polung.

c) Wir ändern $\Delta B/\Delta t$, bis sich U_ind verdoppelt hat, und messen $\Delta B/\Delta t$. U_ind erweist sich proportional zu $\Delta B/\Delta t$ und damit zu $\Delta \Phi/\Delta t$.

d) U_ind ist auch der Windungszahl n der Induktionsspule proportional; die Spannungen in den einzelnen Windungen addieren sich.

e) U_ind ist zur Fläche A der Induktionsspule proportional. Wenn wir zudem diese Fläche gegenüber einer Ebene, die senkrecht zu B steht, um den Winkel φ geneigt haben, ist $U_\text{ind} \sim \cos \varphi$. Also kommt es auch hier nur auf die projizierte Fläche $A_s = A \cos \varphi$ an *(Bild 58.3)*.

f) Wir lassen in der Feldspule den Strom I_err in $\Delta t = 20$ s von 20 mA auf 70 mA, also um $\Delta I = 50$ mA gleichmäßig ansteigen. Da sie $n_F = 16\,000$ Windungen auf $l = 0{,}48$ m Länge hat, ist nach *Gl. 42.1* $\Delta B = \mu_0\, n_F\, \Delta I_\text{err}/l = 2{,}1 \cdot 10^{-3}$ T. Die Induktionsspule steht mit ihrer Fläche $A = A_s = 28 \cdot 10^{-4}$ m^2 senkrecht zum Magnetfeld. In ihr ändert sich der Fluß um $\Delta \Phi = A_s\, \Delta B = 5{,}87 \cdot 10^{-6}$ V s. Wir erwarten die Spannung $U_\text{ind} = n\, \Delta \Phi/\Delta t = 2000 \cdot 5{,}87 \cdot 10^{-6}$ V s/20 s = 0,59 mV in ihren $n = 2000$ Windungen. Dies bestätigt der Spannungsmesser. Also gilt auch hier $U_\text{ind} = n\, \Delta \Phi/\Delta t$ oder $U_\text{ind} = n\, \dot{\Phi}$.

> **Für alle Induktionsvorgänge gilt**
> $U_\text{ind} = n\, \dot{\Phi}$. (61.1)

2. Welche Richtung hat der Induktionsstrom?

Bewegen wir in *Bild 58.2a* den roten Leiter nach rechts, so fließen in ihm die Elektronen des Induktionsstroms gemäß der *Dreifingerregel* nach unten. Dies ist für Kraftwerksbetreiber unangenehm. Dieser Strom erfährt nämlich im Magnetfeld, dem er seine Existenz verdankt, eine Kraft $F = I\, s\, B$ nach links, der Bewegung entgegen. Sie bremst die Bewegung, und zwar um so mehr, je größer die Stromstärke I ist. Wenn Strom fließt und Energie entnommen wird, muß man den Leiter unter Arbeitsaufwand weiterschieben. Je mehr *elektrische* Energie die Verbraucher anfordern, desto mehr *mechanische* Energie wird benötigt.

Würde der Induktionsstrom nach oben fließen, so erführe er eine Kraft in Bewegungsrichtung und würde die Bewegung, also seine Ursache, unterstützen. Die Geschwindigkeit des Leiters und damit Spannung, Strom, Kraft und wieder die Geschwindigkeit würden größer — man hätte ein *perpetuum mobile*. Die Elektrizitätswerke würden Energie aus nichts gewinnen! Also hatte *Lenz* recht, als er 1834 sagte:

> *Lenzsches Gesetz:* **Der Induktionsstrom ist stets so gerichtet, daß er seiner Ursache entgegen wirkt.**

Aufgaben

1. Wie würden Sie mit der Anordnung Faradays nach *Bild 60.2* die Induktion entdecken?

2. In einer 53,5 cm *langen Spule mit 5000 Windungen steigt in 10 s die Stromstärke gleichmäßig von 1,0 A auf 6,0 A an. Wie groß ist* $\Delta B/\Delta t$? *In dieser Feldspule liegt eine Induktionsspule mit 100 Windungen und 20 cm^2 Fläche. Welche Spannung wird induziert, wenn die Achsen beider Spulen* **a)** *parallel sind,* **b)** *den Winkel 30°, 45°, 90° bilden?* **c)** *Welche Spannung wird in einer genau gleichen Spule induziert, die auf der Feldspule liegt, wenn beide 34 cm^2 Fläche haben?*

3. *Nach Bild 58.2 legt der Leiter in der Zeit* Δt *die Strecke* $\overline{AC} = \Delta s$ *zurück. Wie groß ist* U_ind, *wenn ein Hufeisenmagnet die Flußdichte B erzeugt hat? Man hätte den das Feld erzeugenden Magneten auch in der gleichen Zeit von links um* Δs *nach rechts über den ruhenden Leiter schieben können. Wie groß wäre* U_ind?

4. a) *Eine Leiterschleife der Fläche 50 cm^2 steht senkrecht zu einem Feld mit $B = 0{,}20$ T. Sie wird in 0,10 s auf 5,0 cm^2 zusammengedrückt. Wie groß ist die mittlere induzierte Spannung?* **b)** *Um welchen Winkel hätte man sie in dieser Zeit drehen müssen, um das gleiche Ergebnis zu erzielen?* **c)** *Wie groß ist die Spannung, wenn in (a) gleichzeitig B auf 0,10 T sinkt?*

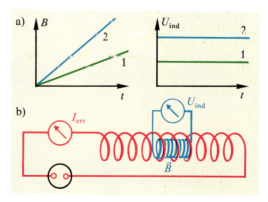

61.1 Faradays Induktionsexperiment nach Bild 60.2 auf modern; a) *Verlauf von B und von* U_ind: (1) *B-Anstieg langsam;* (2) *schnell;* b) *Anordnung*

§24 Elektrische Wirbelfelder

1. Induktion durch Wirbelfelder — etwas Neues

Hinter der Induktion beim Ändern der Flußdichte B muß etwas Neues stecken. Hier ruhen die Leiterschleife und ihre Elektronen. Also gibt es keine Lorentzkraft. Ruhende Elektronen erfahren nur in elektrischen Feldern eine Kraft $(F = e\, E)$. Entsteht vielleicht beim Ändern eines Magnetfelds ein elektrisches Feld?

Versuch 58: a) Wir speisen eine Spule aus wenigen Windungen mit Wechselstrom sehr hoher Frequenz. Das sich sehr schnell ändernde Magnetfeld ($\dot{B}$ sehr groß) weisen wir mit einer Induktionsschleife am Oszilloskop nach. Es zeigt die induzierte Wechselspannung.

b) In die Spule setzen wir eine Glaskugel, die mit Gas von geringem Druck gefüllt ist *(Bild 62.1)*. Es leuchtet auf einem geschlossenen Kreisring hell auf. Er liegt in der Ebene senkrecht zum Spulenfeld, in der A_s und die induzierte Spannung am größten sind.

Im Gas fließt ein Strom, obwohl von außen keine Spannung elektrostatisch — etwa durch Ladungen auf eingeschmolzenen Elektroden — angelegt worden ist. Ein solcher Strom setzt in Gasen erst bei großen elektrischen Feldstärken ein. Also hat sich ein elektrisches Feld mit geschlossenen Feldlinien gebildet. Sie umgeben und durchsetzen das sich rasch ändernde $\vec{B}$-Feld ($\dot{B}$ groß), verlaufen also nicht zwischen Ladungen, sondern ungefähr kreisförmig. Wir haben ein **elektrisches Wirbelfeld** gefunden.

> **Induktion durch Wirbelfelder:** Ein sich änderndes magnetisches Feld ($\dot{B}$) wird von Feldlinien eines elektrischen Wirbelfeldes durchsetzt und umgeben. Diese Feldlinien haben weder Anfang noch Ende.

2. Was alles im Trafo vorgeht!

Sie kennen bereits das magnetische Wirbelfeld, das *Oersted* um stromdurchflossene Leiter fand. Nach *Bild 62.2* durchsetzt es den Eisenkern eines *Transformators*. Der Wechselstrom in der linken Primärspule erzeugt nämlich einen magnetischen Fluß, der fast ganz auf den Eisenkern beschränkt bleibt und sich ständig ändert. Dieses Magnetfeld selbst ist außerhalb vom Eisen kaum nachweisbar. Es wird aber von einem starken elektrischen Wirbelfeld umgeben. Dieses setzt in der rechten Sekundärspule die Elektronen in Bewegung und erzeugt die Sekundärspannung.

Also sind elektrische Wirbelfelder genau so alltäglich wie die magnetischen um Ströme. Haben Sie es schon bemerkt? Die Anordnung von *Faraday* nach *Bild 60.2* war der erste Trafo! Er bestand aus 2 Spulen auf einem Eisenkern.

Für *Faradays* Feldvorstellung sind die elektrischen Wirbelfelder ein sehr starkes Indiz. Sie werden im Vakuum allein von magnetischen Feldern erzeugt. *Felder können andere Felder erzeugen*, sind also mehr als eine Fiktion! Wir müssen auch dem leeren Raum physikalische Eigenschaften zusprechen, haben wir doch schon gesehen, daß er elektrische Energie speichert.

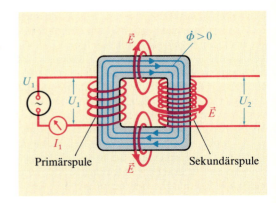

62.1 a) Elektrodenlose Ringentladung zu Versuch 104; die rote Gasentladung zeigt ein elektrisches Wirbelfeld. **b)** $\vec{E}$-Wirbel, wenn B wächst ($\dot{B} > 0$).

62.2 Elektrische Wirbelfelder umgeben den ganzen Eisenkern beim Trafo. In der Sekundärspule setzen sie Elektronen in Bewegung.

§25 Sinusförmige Wechselspannung

1. Wie kommt dieser Sinus ins Netz?

Beim Rotieren einer Leiterschleife in einem Magnetfeld wechselt die induzierte Spannung die Richtung. Wie ist ihr zeitlicher Verlauf?

Versuch 59: Nach *Bild 63.1* rotiert eine rechteckige Spule gleichförmig um eine ihrer Flächenachsen M, die senkrecht zu den Feldlinien eines homogenen Magnetfelds steht. Die induzierte Spannung U_{ind} wird zwei mitrotierenden Schleifringen zugeführt. Zwei feststehende weiche Graphitstäbe nehmen sie ab. Man nennt diese Stäbe Bürsten, da man früher Metalldrahtborsten benutzte. Ein Oszilloskop zeigt, daß U_{ind} sinusförmig ist.

In *Bild 63.2* steht die Drehachse M senkrecht zur Zeichenebene. Zwei kleine Kreise deuten die für die Induktion wichtigen Drähte parallel zur Drehachse an. Sie bewegen sich gleichförmig auf dem gedachten Zylinder mit Radius r gegen den Uhrzeigersinn. Zu der dabei in jedem Draht der Länge d induzierten Spannung $U = B d v_s$ trägt aber nur die Geschwindigkeitskomponente $v_s = v \sin \alpha$ von $\vec{v}$ senkrecht zum $\vec{B}$-Feld bei. Von ihr rührt der Sinus! Die Komponente v_p parallel zu den B-Linien liefert keine Spannung. α ist der sogenannte **Phasenwinkel**, den die Windung in der Zeit t aus der vertikalen Stellung heraus überstreicht. Zu einer vollen Umdrehung ($\alpha = 2\pi \triangleq 360°$) ist die Umlaufdauer T nötig. α steigt proportional zu t an nach

$$\frac{t}{T} = \frac{\alpha}{2\pi} \quad \text{oder} \quad \alpha = \frac{2\pi}{T} t. \tag{63.1}$$

Während einer Periodendauer $\Delta t = T$ steigt α von Null auf 2π, also um $\Delta \alpha = 2\pi$; die Winkelgeschwindigkeit ist $\omega = \Delta \alpha / \Delta t = 2\pi/T$. Die Drehfrequenz $f = 1/T$ hat die Einheit s^{-1} = Hz und beträgt bei technischem Wechselstrom 50 Hz. Bei ihm ist $\omega = 2\pi/T = 2\pi f = 314$ s^{-1}. ω heißt auch **Kreisfrequenz**. Damit wir sie nicht mit der Drehfrequenz f verwechseln, geben wir ω die Einheit s^{-1} (oder rad s^{-1}), nicht aber Hz. Nach *Gl. 63.1* gilt

$$\alpha = (2\pi/T) t = 2\pi f t = \omega t. \tag{63.2}$$

In einem Drahtstück der Länge d wird die Spannung $U = B d v_s = B d v \sin \alpha = B d v \sin \omega t$ induziert. Um U zu vergrößern,

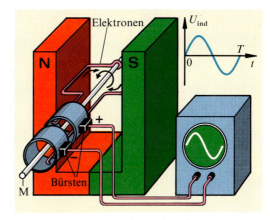

63.1 Rotation einer Spulenwindung im B-Feld

gibt man der Spule n Windungen. Jede Windung hat zwei Drähte der Länge d. Ihre Spannungen sind hintereinander geschaltet und addieren sich. Die Gesamtspannung der rotierenden Ankerspule mit n Windungen ist eine Sinus-Funktion der Zeit:

$$U(t) = 2 n B d v \sin \omega t. \tag{63.3}$$

Die Sinusfunktion $\sin \omega t$ hat den Maximalwert 1. Der größte Wert, den die induzierte Wechselspannung $U(t)$ annehmen kann, ist die **Scheitelspannung** $\hat{U} = 2 n B d v$ (*Bild 64.1*).

Sie wird dann erreicht, wenn sich in *Bild 63.2* die Spulendrähte beim Phasenwinkel $\alpha = 90°$ senkrecht zu den B-Linien bewegen, wenn also $v_s = v$ ist. Bei $\alpha = 270°$ ist $U = -\hat{U}$. Bei $\alpha = 0°$ und 180° gleiten die Drähte parallel zu den Feldlinien; v_s und $U(t)$ sind in diesem Augenblick Null und wechseln ihr Vorzeichen. Jetzt steht die Fläche der Leiterschleife senkrecht zu den Feldlinien.

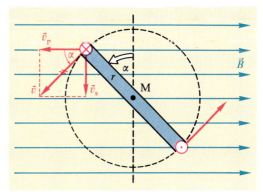

63.2 Nur die Geschwindigkeitskomponente v_s induziert Spannung; v_p bleibt wirkungslos.

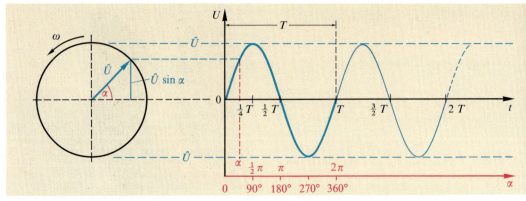

64.1 Bei Rotation des Zeigers $\hat{U}$ erhält man die Sinuslinie durch Projektion auf eine Vertikale.

2. Und bei beliebiger Spulenform?

Die Spule und ihre Windungen seien nicht mehr rechteckig. Für eine beliebige Form berechnen wir die Spannung nach $U(t) = n\dot{\Phi}$. Dabei ist nach *Bild 64.2* der Fluß Φ

$$\Phi(t) = B\,A_s(t) = B\,A\cos\alpha = B\,A\cos\omega t.$$

Die Induktionsspannung $U(t)$ folgt durch Ableiten der Cosinusfunktion nach der Zeit t zu

$$U(t) = |n\dot{\Phi}| = n\,B\,A\,\omega\,\sin\omega t.$$

Die Scheitelspannung ist hier $\hat{U} = n\,B\,A\,\omega$.

Rotiert eine Spule mit der Querschnittsfläche A und n Windungen in einem homogenen B-Feld, dann entsteht die sinusförmige Wechselspannung

$$U(t) = \hat{U}\sin\omega t \qquad (64.1)$$

mit der Kreisfrequenz $\omega = 2\pi/T = 2\pi f$ und der Scheitelspannung $\hat{U} = n\,B\,A\,\omega$.

Die Spannung $U(t)$ geht unter Polaritätswechsel durch Null, wenn die Leiterschleife senkrecht zu den B-Linien steht.

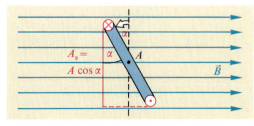

64.2 Die Leiterschleife umfaßt ein Feldlinienbündel mit Querschnittsfläche $A_s = A\cos\alpha$.

3. Zeigerdiagramm ersetzt Sinuslinie!

Wechselstrom hat viele technische Vorteile. Doch sind Berechnungen und Überlegungen komplizierter als bei Gleichstrom. Physiker und Ingenieure suchen nach Vereinfachungen. So kann man Sinuswerte mit dem Maximalwert 1 leicht als Hochwerte am „Einheitskreis" ablesen. Hat die sinusförmige Spannung den Scheitelwert $\hat{U}$, dann zeichnet man einen Kreis mit Radius $\hat{U}$ *(Bild 64.1)*. In ihm soll ein Zeiger der Länge $\hat{U}$ gegen den Uhrzeigersinn mit der Frequenz f, also mit $\omega = 2\pi f$ rotieren. Seine Projektionen auf die vertikale U-Achse werden zu den entsprechenden Zeitwerten in das sich rechts anschließende $U(t)$-System übertragen. Im *Zeigerbild* erkennt man den Phasenwinkel α zwischen dem Zeiger und der Horizontalen. In *Bild 64.2* ist dagegen α der Winkel der rotierenden Schleife mit der Vertikalen, da die B-Linien waagerecht laufen.

Beispiel: Eine Wechselspannung der Frequenz $f = 50$ Hz hat die Kreisfrequenz $\omega = 2\pi f = 314\ \text{s}^{-1}$. Ihre Scheitelspannung sei $\hat{U} = 300$ V. Wie groß ist die Spannung $U(t)$ im Zeitpunkt $t = 1/400\ \text{s} = T/8$?
Der zugehörige Phasenwinkel ist im Bogenmaß $\alpha = \omega t = 314\ \text{s}^{-1} \cdot 1/400\ \text{s} = 0{,}78$ (rad), im Gradmaß $\alpha = 0{,}78 \cdot 180°/\pi = 45°$; er gibt die Richtung des Zeigers in *Bild 64.1* an. Die Momentanspannung ist $U(t) = \hat{U}\sin\omega t = 300\ \text{V}\cdot\sin\ (314\ \text{s}^{-1}\cdot 1/400\ \text{s}) = 300\ \text{V}\cdot\sin 45° = 212$ V.

Bild 63.1 zeigt das Prinzip der **Außenpolmaschine**. Zwischen den ruhenden Magnetpolen rotiert die Leiterschleife. Bei **Innenpolmaschinen** dagegen (z.B. beim Fahrraddynamo) ruhen außen die Spulen; innen rotiert ein starker Elektromagnet. Er erzeugt in den Induktionsspulen einen veränderlichen Fluß Φ. Dies erzeugt nach Ziffer 2 ebenfalls eine Sinusspannung.

4. Auch der Tonabnehmer ist ein Generator

Bei der Schallplattenproduktion ritzt man in zunächst weiches Plattenmaterial eine Tonspur. Diese ist bei der heute benutzten „Seitenschrift" seitlich im Rhythmus der Schallschwingungen gewellt. Der Erfinder der Schallplatte, *Edison*, benutzte dagegen eine Tiefenschrift, bei der die Schallschwingungen als Tiefe der Tonspur konserviert worden sind.

Versuch 60: Eine Nähnadel ist an einer Karte befestigt. Wir stecken ihre Spitze in die Tonspur einer ausgebrauchten rotierenden Schallplatte. Die Nadel überträgt die ihr aufgezwungenen winzigen Schwingungen auf die Karte, die sie als Schall abstrahlt. Moderne Tonabnehmer wandeln die Nadelschwingungen in Spannungsschwankungen um, die man verstärkt und Lautsprechern zuführt.

a) Beim *dynamischen Tonabnehmer* ist an der Nadel eine Spule winziger Masse aus wenigen Windungen befestigt. Sie schwingt mit den Schallfrequenzen im Magnetfeld eines kleinen Dauermagneten. In ihr werden nach $U = Blv_s$ Spannungen induziert, die der Geschwindigkeit v_s der Nadelschwingungen proportional sind. Diese Anordnung entspricht also einem Außenpol-Generator, bei dem sich eine Spule zwischen ruhenden Magneten dreht. Die Übertragungsqualität ist hervorragend, die Anordnung mechanisch gesehen jedoch sehr empfindlich; auch sind die Spannungen klein. Man benutzt dieses System deshalb in Heimgeräten selten.

Versuch 61: Wir schieben eine Spule über einen Stabmagneten und bewegen sie schnell hin und her. Ein Oszilloskop zeigt die induzierten Spannungsschwankungen.

b) Bewegen wir in Versuch 61 den Magneten, nicht die Spule, so demonstrieren wir den *magnetischen Tonabnehmer*. Bei diesem sind gegenüber (a) Magnet und Spule vertauscht. Die Abtastnadel trägt einen kleinen Dauermagneten, der vor oder in einer Spule schwingt und in ihr Spannung induziert. Dieses Prinzip entspricht einem Innenpol-Generator; es liefert höhere Spannungen und wird viel benutzt.

c) In *Tonabnehmern mit bewegtem Eisen* bringt die Nadel einen Weicheisenstift zum Schwingen (in *Bild 65.1* rot). Dabei ändern sich die Luftspalte zwischen Dauermagnet und Stift im Rhythmus der Tonfrequenz. B-Feld und magnetischer Fluß Φ wechseln deshalb im Stift und damit in der Spule ständig die Richtung. In *Bild 65.1* zeigen sie gerade nach links. Diese starken Flußänderungen induzieren nach $U = \Delta\Phi/\Delta t$ in der Spule Wechselspannungen mit der Tonfrequenz. Dieses Gerät findet man sehr häufig.

Versuch 62: Wir stülpen eine kleine Spule über einen Eisenanker. Diesen bewegen wir vor den Polen eines Hufeisenmagneten. Je näher er den Polen kommt, je kleiner also der Luftspalt zwischen beiden ist, um so größer wird die magnetische Anziehungskraft; dabei steigt der magnetische Fluß im Eisen (*Faraday* würde sagen, die Zahl der Feldlinien). Die Flußänderungen $\Delta\Phi$ im Eisenanker induzieren Spannungen in der Spule.

d) *Kristalltonabnehmer* benutzen nicht die elektromagnetische Induktion. Vielmehr verbiegen die Nadelschwingungen Kriställchen aus Seignettesalz oder besonderen Keramikstoffen. Diese enthalten (wie Kochsalzkristalle) positive und negative Ionen, die bei mechanischen Verformungen gegeneinander verschoben werden. Dabei treten an den Oberflächen in rascher Folge positive und negative Ladungen hervor, die man mit Metallplättchen (als Kondensatorplatten) durch ihre Influenzwirkung registriert und dann verstärkt. Diese Tonabnehmer erzeugen höhere Spannungen als die auf Induktion beruhenden. Man benutzt sie deshalb sehr häufig. Das Prinzip findet sich auch im Piezo-Feuerzeug, das Spannungen von über 1 kV liefert.

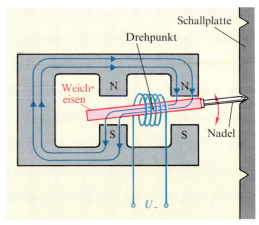

65.1 Tonabnehmer mit bewegtem Eisen. Wenn der Eisenanker auf und ab schwingt, ändert sich in ihm die Richtung der Feldlinien und damit der Fluß Φ.

§26 Effektivwerte bei Wechselstrom

1. Wie folgsam sind Elektronen?

Legt man Wechselspannung an einen Widerstand, so fragt sich, ob die Elektronen der sich schnell ändernden Spannung folgen.

Versuch 63: An Wechselspannung niedriger Frequenz $f \approx 0{,}1$ Hz liegt ein Lämpchen (4 V; 0,07 A). Ein Oszilloskop zeigt den Momentanwert $U(t) = \hat{U} \sin \omega t$ der Spannung und ein Strommesser geringer mechanischer Trägheit die momentane Stromstärke $I(t)$ an. Spannung und Stromstärke gehen gleichzeitig durch Null. Auch erreichen beide gleichzeitig ihre Scheitelwerte $\hat{U}$ und $\hat{I}$. Man sagt, sie sind „**in Phase**".

Zur Begründung betrachten wir Elektronen bei Gleichstrom. Sie passen ihre Geschwindigkeit ohne merkliche Verzögerung der jeweiligen Spannung und damit dem elektrischen Feld im Leiter an. Nehmen beide ab, so behalten die Elektronen nicht etwa aus Trägheit ihre kinetische Energie bei. Vielmehr geben sie diese fast momentan (in 10^{-12} s) durch Stöße an die Atome weiter. Liegt also die Wechselspannung $U(t) = \hat{U} \sin \omega t$ am Widerstand R, so folgt ihr auch bei hohen Frequenzen (wenn nur die Eigeninduktivität $L \approx 0$ ist) der Strom nach

$$I(t) = \frac{U(t)}{R} = \frac{\hat{U}}{R} \sin \omega t = \hat{I} \sin \omega t.$$

$\hat{I} = \hat{U}/R$ ist der **Scheitelwert** der ebenfalls sinusförmigen Stromstärke. Wir stellen ihn im Zeigerbild 66.1 neben dem Spannungszeiger $\hat{U}$ durch einen Zeiger der Länge $\hat{I}$ dar. Da U und I in Phase sind, liegt der $\hat{I}$-Zeiger auf dem $\hat{U}$-Zeiger und rotiert mit diesem. So geben beide die Momentanwerte $U(t)$ und $I(t)$ an.

2. Wie wärmt Wechselstrom?

Die Wärmeentwicklung hängt nicht von der Stromrichtung ab. Deshalb leuchtet in Versuch 63 das Lämpchen in jeder Periode zweimal hell auf, nämlich dann, wenn die Beträge von U und I maximal sind. Dazwischen ist es dunkel. Das Lämpchen leuchtet also mit der doppelten Wechselstromfrequenz.

Versuch 64: Wir vergrößern in Versuch 63 die Frequenz f, belassen aber $\hat{U}$. Das elektrische Wechselfeld schüttelt die Elektronen immer häufiger je Sekunde hin und her; das Lämpchen flackert immer schneller. Schließlich leuchtet es wegen seiner thermischen Trägheit für unser Auge gleichmäßig — aber nicht mehr so hell wie in den Maxima von Versuch 63. — Wir stellen nun neben das Wechselstromlämpchen ein gleiches Lämpchen und betreiben es mit einer solchen Gleichspannung U_{eff}, daß beide gleich hell leuchten. U_{eff} liefert also im gleichen Widerstand R die gleiche Leistung (den gleichen Wärmeeffekt) wie die Wechselspannung mit dem Scheitelwert $\hat{U}$ im Mittel. Man nennt U_{eff} ihren Effektivwert.

> **Definition:** Der Effektivwert U_{eff} einer Wechselspannung $U(t)$ gibt die Gleichspannung an, die im selben ohmschen Widerstand die gleiche Leistung hervorbringt wie die Wechselspannung im Mittel.

Bei Heizgeräten beachtet man Spannung und Leistung, nicht jedoch, ob sie mit Wechsel- oder Gleichspannung betrieben werden. Die Wechselspannung 220 V an der Steckdose gibt deshalb nicht den Scheitel-, sondern den Effektivwert an. Wie groß ist dann der Scheitelwert $\hat{U}$ der Netzspannung?

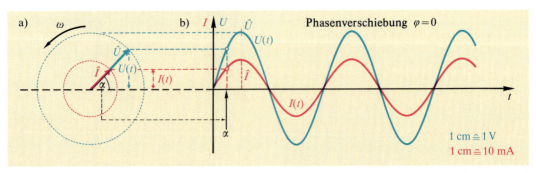

66.1 a) Zeigerbild für Spannung und Strom in einem Widerstand. Die beiden Zeiger liegen aufeinander und rotieren gemeinsam, sind also in Phase. b) $U(t)$- und $I(t)$-Diagramm

3. Wie effektiv ist Wechselspannung?

Lämpchen und Hitzdrahtstrommesser sprechen auf die Wärmeleistung $P = UI$ an. Bei Wechselstrom ändert sie sich ständig. Wir erhalten die **momentane Leistung $P(t)$**, wenn wir $I(t)$ in $P(t) = U(t) I(t)$ durch $U(t)/R$ ersetzen:

$$P(t) = U(t) I(t) = \frac{U^2(t)}{R} = \frac{\hat{U}^2}{R} \sin^2 \omega t.$$

$P(t)$ wird als quadrierte Funktion nie negativ. Da Heizgeräte thermisch träge sind, bilden wir von $P(t)$ den Mittelwert. Hierbei hilft die Beziehung $\sin^2 \alpha = \frac{1}{2}(1 - \cos 2\alpha)$ mit $\alpha = \omega t$:

$$P(t) = \frac{\hat{U}^2}{2R}(1 - \cos 2\omega t) = \frac{\hat{U}^2}{2R} - \frac{\hat{U}^2}{2R} \cos 2\omega t.$$

Bild 67.1 zeigt $U(t)$ und darunter die Momentanleistung $P(t)$ mit der doppelten Kreisfrequenz 2ω. Ihr folgt das Lämpchen in Versuch 63 nur bei niedrigen Frequenzen. Bei höheren entsprach seine gleichmäßige Helligkeit der **mittleren, zeitunabhängigen Leistung $\bar{P}$**. Diese ist in obiger Gleichung der konstante Wert $\bar{P} = \hat{U}^2/(2R)$ (strichpunktiert). Ihm überlagert sich der mit der doppelten Kreisfrequenz 2ω pulsierende Term $\hat{U}^2/(2R) \cos 2\omega t$. Am Mittelwert ändert er nichts, da er – wie jede Cosinusfunktion – gleich viel an positiven Anteilen (horizontal gestrichelt) wie an negativen (vertikal gestrichelt) enthält. $\bar{P} = \hat{U}^2/(2R)$ ist also die mittlere Leistung im Widerstand R, erzeugt von der sinusförmigen Spannung mit dem Scheitelwert $\hat{U}$, wenn sie im Widerstand R Stromfluß bewirkt.

Nun läßt sich der Effektivwert U_{eff} dieser Wechselspannung angeben. Als Gleichspannung erbringt U_{eff} im selben Widerstand R die konstante Leistung $P = U_{\text{eff}}^2/R$. Wir setzen sie mit der mittleren Leistung $\bar{P} = \hat{U}^2/(2R)$ der Wechselspannung gleich:

$U_{\text{eff}}^2/R = \hat{U}^2/(2R)$ oder $U_{\text{eff}} = \hat{U}/\sqrt{2} = 0{,}707\, \hat{U}$.

> **Der Effektivwert U_{eff} einer sinusförmigen Wechselspannung mit dem Scheitelwert $\hat{U}$ ist**
> $$U_{\text{eff}} = \hat{U}/\sqrt{2} = 0{,}707\, \hat{U}. \qquad (67.1)$$

Die Angabe 220 V an der Steckdose bedeutet $U_{\text{eff}} = 220$ V. Der Scheitelwert beträgt also bei sinusförmiger Wechselspannung $\hat{U} = \sqrt{2}\, U_{\text{eff}} = 311$ V. Die Momentanspannung $U(t)$ schwankt folglich zwischen $+311$ V und -311 V sinusförmig.

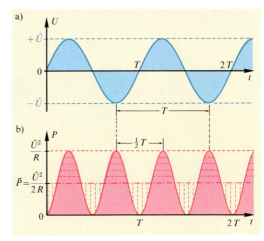

67.1 a) Spannung $U(t)$; b) ihre Momentanleistung $P(t)$ mit doppelter Frequenz; $\bar{P} = \hat{U}^2/(2R)$

Versuch 65: a) Um die Gleichung $U_{\text{eff}} = 0{,}707\, \hat{U}$ nachzuprüfen, legen wir zunächst eine sinusförmige Wechselspannung in der Schalterstellung 1 nach Bild 67.2 an den dünnen Widerstandsdraht R eines Hitzdrahtinstruments. Das ihm parallel gelegte Oszilloskop gibt den Spannungsverlauf $U(t)$ an. Sein Strahl wird im Maximum $\hat{U}$ um $\hat{s} = 5{,}0$ cm ausgelenkt. In der Schalterstellung 2 benutzt man Gleichspannung und ändert sie so lange, bis das Hitzdrahtinstrument den gleichen Ausschlag zeigt, also die gleiche Wärmeleistung erbringt. Die Auslenkung am Oszilloskop ist konstant und beträgt nur $s_{\text{eff}} = 3{,}5$ cm. Durch Vergleich mit $\hat{s}$ folgt

$U_{\text{eff}}/\hat{U} = s_{\text{eff}}/\hat{s} = 3{,}5 \text{ cm}/5{,}0 \text{ cm} = 0{,}70$.

b) Wir messen beide Spannungen mit dem Drehspulinstrument ①, das wir auf Gleich- bzw. auf Wechselspannung stellen. Beide Anzeigen stimmen überein; es liefert bei Wechselspannung wegen seiner Eichung den Effektiv und nicht den Scheitelwert.

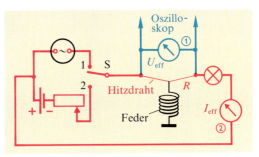

67.2 Zu Versuch 65; Vergleich von U_{eff} und $\hat{U}$

4. Wie effektiv sind Wechselströme?

Die bisherigen Überlegungen und Versuche lassen sich auf die Stromstärke übertragen. Dies überprüfen wir nach *Bild 67.2* am Strommesser ②.

> *Definition:* Der Effektivwert I_{eff} eines Wechselstroms ist die konstante Stromstärke, die im selben Widerstand die gleiche mittlere Leistung erbringt wie der Wechselstrom.

Nach dem Ohmschen Gesetz ist $I_{eff} = U_{eff}/R = \hat{U}/(\sqrt{2}\,R) = \hat{I}/\sqrt{2}$. Der Umrechnungsfaktor $1/\sqrt{2}$ ist der gleiche wie bei sinusförmigen Spannungen. Hitzdrahtinstrumente geben nach der Definition den Effektivwert an, unabhängig von der Kurvenform. Sie arbeiten ja mit der Wärmeleistung $P = I^2 R$; ihr Ausschlag wird nicht durch die Stromstärke I selbst, sondern durch die im Draht umgesetzte mittlere Leistung $\bar{P}$ bestimmt. Man eicht mit Gleichstrom. Dann wird bei Wechselstrom von selbst der Effektivwert angegeben.

> Der Effektivwert I_{eff} eines sinusförmigen Wechselstroms mit Scheitelwert $\hat{I}$ ist
> $$I_{eff} = \hat{I}/\sqrt{2} = 0{,}707\,\hat{I}. \qquad (68.1)$$

5. Jeder Kurvenform ihren Effektivwert!

Nach *Bild 68.1* springt die Rechteck-Spannung zwischen $\hat{U} = +2\,\text{V}$ und $\hat{U} = -2\,\text{V}$. Da die Wärmeentwicklung von der Polarität der Spannung nicht abhängt, ist ihr Effektivwert U_{eff} auch 2 V. Der Quotient $U_{eff}/\hat{U}$ wird hier gleich 1; er hängt also stark von der Kurvenform ab.

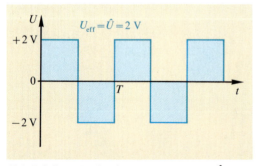

68.1 Bei dieser Rechteckspannung ist $U_{eff} = \hat{U}$.

Aufgaben

1. a) *Meßgeräte liefern — auf Wechselstrom geschaltet — die Effektivwerte. Wie groß ist bei $U_{eff} = 4{,}0\,\text{V}$ der Scheitelwert einer sinusförmigen Spannung? Hängt er von der Frequenz ab?* **b)** *Kann der Effektivwert größer als der Scheitelwert sein?*

2. *Bei einer pulsierenden Gleichspannung entfallen die negativen Anteile in Bild 68.1. Zur Hälfte der Zeit ist $U = 2{,}0\,\text{V}$, zur Hälfte ist $U = 0\,\text{V}$. Wie groß ist die Effektivspannung? (Benutzen Sie die Definition des Effektivwerts und vergleichen Sie die Wärmeabgabe bei dieser pulsierenden Spannung mit der einer konstanten!)*

3. *Beim Trafo in Bild 62.2 liegt längs der roten elektrischen Feldlinie eine Windung der Sekundärspule eines Trafos. In welcher Richtung fließen in ihr die Elektronen gemäß dem Lenzschen Gesetz, wenn das Magnetfeld anwächst (Bild 62.1)? Warum könnte man bei entgegengesetztem Elektronenfluß ein perpetuum mobile bauen? Was geschieht, wenn B konstant ist bzw. abnimmt?*

4. *Jemand behauptet, man könne einen Trafo mit pulsierendem Gleichstrom betreiben. Hat er recht? Welche Art von Spannung liefert die Sekundärspule?*

5. *Wie ändert sich in Versuch 59 die Sinuslinie auf dem Oszilloskopschirm, wenn man* **a)** *die Flußdichte B,* **b)** *die Drehfrequenz f verdoppelt?* **c)** *Zeigen Sie, daß der Scheitelwert $\hat{U} = 2\,n\,B\,d\,v$ für Rechteckschleifen ein Sonderfall von $U = n\,B\,A\,\omega$ ist!* **d)** *Warum tragen die Leiterteile, die in Bild 63.2 parallel zur Zeichenebene liegen, nichts zur Spannung bei?*

6. *Wie groß ist die Kreisfrequenz ω in den USA bei $f = 60\,\text{Hz}$? Welche Drehfrequenz gehört zur Kreisfrequenz $\omega = 1000\,\text{s}^{-1}$?*

7. *Zur Zeit $t = 0$ geht die Spannung $U(t)$ mit dem Scheitelwert $\hat{U} = 10\,\text{V}$ von negativen zu positiven Werten durch Null.* **a)** *Wie groß ist bei $f = 50\,\text{Hz}$ die Spannung nach $\frac{1}{600}\,\text{s}$, nach $\frac{1}{200}\,\text{s}$, $\frac{1}{4}\,\text{s}$, nach $2\,\text{s}$?* **b)** *Geben Sie die ersten beiden Zeitpunkte an, zu denen $U = +8\,\text{V}$ und $-8\,\text{V}$ ist!* **c)** *Bei $t = 0{,}10\,\text{s}$ ist $U(t)$ zum ersten Mal $-3\,\text{V}$. Wie groß ist die Drehfrequenz?*

8. a) *Eine rechteckige Leiterschleife (20 cm und 10 cm Seitenlänge) hat 100 Windungen und rotiert um ihre längere Flächenachse 15mal je Sekunde. Die Drehachse steht senkrecht zu den Feldlinien eines homogenen Feldes mit $B = 0{,}20\,\text{T}$. Wie groß sind Kreisfrequenz und Scheitelwert der Spannung? Schreiben Sie die Gleichung für $U(t)$ an!* **b)** *Bei welchen Phasenwinkeln hat die Spannung den Betrag $5{,}0\,\text{V}$, wenn beim Winkel Null $U = 0$ ist? Geben Sie die ersten beiden Zeitpunkte hierfür an!* **c)** *Was ändert sich, wenn die Schleife um ihre kürzere Flächenachse rotiert?*

9. a) *Wenn $U = 0$ ist, hat der Fluß Φ durch die Spule sein Maximum. Verträgt sich beides miteinander?* **b)** *Am Oszilloskop sieht man bisweilen Abweichungen von der Sinusform. Woher können sie rühren?*

10. *Leiten Sie Gl. 68.1 für den Effektivwert sinusförmigen Wechselstroms nach Ziffer 3 ab!*

§27 Die Selbstinduktion

1. Der verspätete Strom

Versuch 66: Wir legen zwei gleiche Lämpchen L_1 und L_2 (4 V; 0,1 A) mit dem Schalter S an die gleiche Spannung U_1 *(Bild 69.1)*. Vor L_2 liegen zwei Spulen mit je 1000 Windungen auf demselben geschlossenen Eisenkern. Damit beide Lämpchen gleich hell leuchten, machen wir den Widerstand R vor L_1 so groß wie den Spulenwiderstand. Dann schalten wir aus. Beim Wiedereinschalten leuchtet L_2 überraschenderweise erst mit einiger Verspätung. Diese wird noch größer, wenn wir den Versuch wiederholen, aber vorher die Spulenanschlüsse umpolen. Warum ist das so?

Beim Einschalten baut der Strom in den Spulen ein Magnetfeld auf. Es durchsetzt alle ihre Windungen. So induziert der Strom in ihnen, also im eigenen Kreis, eine Spannung U_{ind}. Man nennt sie **Selbstinduktionsspannung** *(Bild 69.2)*. Nach *Lenz* wirkt sie ihrer Ursache, nämlich der Strom*änderung* entgegen: U_{ind} zögert so den Stromanstieg hinaus, wirkt also gegen die angelegte Spannung U_1. Der Vorgang heißt **Selbstinduktion**.

Nach dem Umpolen der Spulen ist die im Stromkreis vorübergehend eingenistete Selbstinduktionsspannung besonders groß. Hier wird zunächst der Restmagnetismus im Eisen beseitigt; dies vergrößert die Flußänderung $\Delta\Phi$. Dabei erweckt das verspätete Leuchten des Lämpchens den Eindruck, die Spulen verhindern für kurze Zeit den Strom überhaupt. Was zeigt ein flinkes Meßgerät, etwa ein automatischer T-Y-Schreiber?

Versuch 67: Wir legen eine große Spule mit geschlossenem Eisenkern und dem Widerstand $R = 8,3\ k\Omega$ an die konstante Gleichspannung $U_1 = 2,5$ V. Ein T-Y-Schreiber ohne merkliche Trägheit registriert beim Einschalten im ersten Augenblick einen von $I = 0$ ausgehenden, schnellen Anstieg der Stromstärke $I(t)$ nach *Bild 70.1*. Dieser Anstieg verlangsamt sich dann zusehends. Schließlich nähert sich der Spulenstrom $I(t)$ dem erwarteten konstanten Endwert $I_1 = U_1/R = 0,3$ mA immer besser an und kann von ihm bald nicht mehr unterschieden werden.

2. Selbstinduktion in Formeln gefaßt

Wir berechnen nun die induzierte Spannung mit dem allgemeinen Induktionsgesetz $U_{ind} = n\dot{\Phi}$: In einer schlanken Spule erzeugt der Strom I die Flußdichte $B = \mu_0 \mu_r n I/l$ und den Fluß $\Phi = BA = \mu_0 \mu_r n A I/l$. Bleibt die Permeabilitätszahl μ_r konstant, so ändert sich nur I und erzeugt die Spannung

$$U_{ind} = |n\dot{\Phi}| = |(\mu_0 \mu_r n^2 A/l)\dot{I}| = |L\dot{I}|.$$

Dabei haben wir die konstanten Spulendaten n (Windungszahl), A (Querschnitt) und l (Länge) mit μ_0 und μ_r zu einer Spulengröße, der **Eigeninduktivität** $L = \mu_0 \mu_r n^2 A/l$, zusammengefaßt. Sie wird mit der Änderungsgeschwindigkeit $\dot{I}(t) = \lim\limits_{\Delta t \to 0} \Delta I/\Delta t$ der Stromstärke $I(t)$ multipliziert. $\dot{I}$ bedeutet die Tangentensteigung der $I(t)$-Kurve in *Bild 70.1*. Dort sinkt $\dot{I}$, wenn I steigt; man darf nie I (in A) und $\dot{I}$ (in A s^{-1}) verwechseln! Die Gleichung $U_{ind} = |L\dot{I}|$ gilt auch bei anderen Leiterformen, z.B. kurzen, dicken Spulen. Doch kann man die mit ihr definierte Eigeninduktivität L nicht aus Spulendaten berechnen.

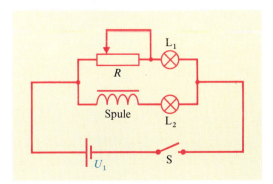

69.1 Warum leuchtet Lämpchen L_2 verzögert auf, wenn der Schalter S geschlossen wird?

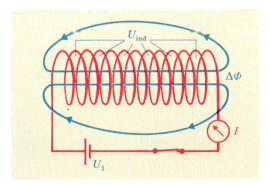

69.2 Über die ganze Spule verteilt entsteht U_{ind} und erzeugt in Reihe mit U_1 den Stromverlauf $I(t)$.

Wenn sich ein Strom ändert, induziert er im eigenen Leiterkreis eine Selbstinduktionsspannung. Sie wirkt ihrer Ursache, der Stromstärkeänderung, entgegen. Die Selbstinduktionsspannung U_{ind} ist der Änderungsgeschwindigkeit $\dot{I}$ der Stromstärke I proportional (μ_r = konstant):

$U_{ind} = |L \dot{I}|$. (70.1)

Definition: Der Proportionalitätsfaktor L zwischen U_{ind} und $\dot{I}$ heißt Eigeninduktivität:

$[L] = 1$ V s A^{-1} = 1 H (Henry).

Satz: Die Eigeninduktivität L schlanker Spulen ist $L = \mu_0 \mu_r n^2 A/l$. (70.2)

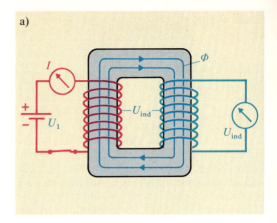

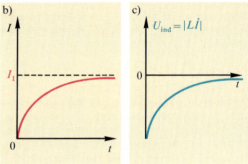

J. Henry war amerikanischer Physiker (1797–1878). Die Eigeninduktivität 1 V s A^{-1} = 1 H weist eine Spule dann auf, wenn in ihr 1 V induziert wird, falls sich der Spulenstrom in 1 s um 1 A gleichmäßig ändert.

3. U_{ind} von U_1 isoliert beobachtet

Die Selbstinduktionsspannung U_{ind} wird in den einzelnen Spulenwindungen erzeugt. Man kann sie aber nicht unmittelbar im Stromkreis messen, da dort auch noch die angelegte Spannung U_1 wirkt. Wir isolieren U_{ind} von U_1:

Versuch 68: Hierzu setzen wir auf den Eisenkern der Selbstinduktionsspule eine zweite genau gleiche Meßspule. Beide werden vom selben Fluß Φ durchsetzt, der in ihnen auch die gleiche Spannung U_{ind} induziert. Dann können wir U_{ind} in der zweiten Spule für sich beobachten, ungestört von U_1. Nach *Bild 70.2c* hat U_{ind} beim Einschalten einen großen negativen

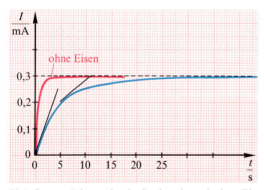

70.1 Stromstärkeanstieg in Spule mit und ohne Eisenkern

70.2 Im rechten Kreis ist U_{ind} von U_1 getrennt.

Wert, weil der Strom I und der von ihm erzeugte Fluß Φ schnell anwachsen. Wenn sich schließlich $\dot{I}$ Null nähert, so auch $U_{ind} = |L \dot{I}|$. Dann erst kann $I(t)$ seinen Endwert I_1 erreichen — aber nur asymptotisch.

Versuch 69: Mit Hilfe von U_{ind} können wir sogar die Eigeninduktivität L ermitteln. Wir erzwingen in einer schlanken Spule mit dem schon aus Versuch 57 bekannten Gerät einen Strom, der in $\Delta t = 15$ s gleichmäßig von 20 mA auf 70 mA um $\Delta I = 50$ mA steigt *(Bild 61.1)*. Sein konstantes Anstiegstempo beträgt $\dot{I} = 50$ mA/15 s = 0,0033 A s^{-1}. In der darüberliegenden, praktisch gleichen Meßspule erfolgt die gleiche Flußänderung $\dot{\Phi}$. Dort messen wir die Spannung $|U_{ind}| = 2,5$ mV. Nach $|U_{ind}| = L \dot{I}$ gilt in der schlanken Spule

$$L = \frac{|U_{ind}|}{\dot{I}} = \frac{2{,}5 \text{ mV}}{0{,}0033 \text{ A s}^{-1}} = 0{,}76 \frac{\text{V s}}{\text{A}} = 0{,}76 \text{ H}.$$

Wir können die Eigeninduktivität L dieser eisenfreien Spule mit $n = 8000$ Windungen der Länge $l = 0{,}48$ m und der Querschnittsfläche $A = 48$ cm^2 nach *Gl. 70.2* berechnen: $L = 0{,}80$ H.

4. Ein Strom, der sein Ziel nie erreicht

Nach *Bild 70.1* steigt die Stromstärke I zunächst schnell an. Warum? Solange I noch klein ist, wirkt eine große Gegenspannung U_{ind} der Batteriespannung U_1 entgegen. Beim Einschalten ist sogar $I = 0$ A, da U_1 von U_{ind} völlig kompensiert wird. Legt man $U_1 = 4$ V an, so ist für einen Augenblick auch $|U_{ind}| = 4$ V. Bei diesem großen Wert von $|U_{ind}| = L\dot{I}$ ist auch $\dot{I}$ groß, d.h. I steigt schnell.

Der Strom I steigt über $I = 0$ A, wenn die Gegenspannung $|U_{ind}| = L\dot{I}$ unter $U_1 = 4$ V sinkt. Dies bedeutet aber, daß auch $\dot{I} = |U_{ind}|/L$ abnimmt. Die $I(t)$-Kurve wird mit steigender Stromstärke I immer flacher. Sie nähert sich asymptotisch dem Wert $I = U_1/R$ an, den man ohne Selbstinduktion erwartet. Je näher dabei I diesem Wert kommt, um so kleiner ist die zu $\dot{I}$ proportionale Gegenspannung $|U_{ind}| = L\dot{I}$ und damit auch die Geschwindigkeit $\dot{I}$, mit der I weiter steigt. Der Strom I erreicht sein „Ziel" U_1/R theoretisch nie.

5. Ein Strom, der nicht aufhören will

Was machen Strom und Magnetfeld in einer Spule, wenn man den Schalter S in *Bild 71.1* öffnet und so die angelegte Spannung U_1 wegnimmt? Hier gibt es zwei Möglichkeiten:

Versuch 70: Zunächst geben wir dem Strom noch eine Chance und fügen den Überbrückungswiderstand R_2 ein *(Bild 71.1 a)*. Er bildet nach dem Öffnen von S mit der Spule (Widerstand R_1) und dem Strommesser I einen geschlossenen Kreis. Der Spulenstrom nutzt diese Chance. Obwohl U_1 weggenommen ist, fließt er weiter. Doch sinkt er nach *Bild 71.2* zuerst schnell, dann immer langsamer auf Null. Warum?

Nach *Lenz* stützt den Spulenstrom sein eigenes Magnetfeld, weil dieses zusammenbricht. Es induziert die Selbstinduktionsspannung $U_{ind} = |L\dot{I}|$ in der Spule. So schafft sich der Strom für seinen Abgang seine eigene Spannung. Da $I(t)$ abnimmt, ist jetzt — im Gegensatz zum Einschalten — die induzierte Spannung der nun entfernten Batteriespannung U_1 gleichgerichtet. Der Strom $I(t)$ fließt in der Spule in der von U_1 festgelegten Richtung weiter — als ob er ein Gedächtnis habe — und ist zunächst noch groß. Deshalb ist $U = L|\dot{I}|$ auch groß; d.h. der Strom fällt zunächst rasch ab. Wenn $I(t) = U/R$ auf einen kleinen Wert abgefallen ist, so gilt dies auch für den Betrag $|\dot{I}|$ seines Abnahmetempos. Beide nähern sich asymptotisch dem Wert Null: Der Strom hört theoretisch gesehen nie ganz auf!

Nach *Lenz* ist die induzierte Spannung beim Sinken des Stroms so gerichtet, daß sie dem Sinken — also ihrer Ursache — entgegenwirkt und es erfolgreich hinauszögert.

Versuch 71: a) Wir betrachten den Verlauf des Stroms $I(t)$ in der Spule von *Bild 71.1* (1000 Windungen) genauer. Hierzu ersetzen wir dort den Strommesser durch den Widerstand $R_3 = 10\,\Omega$. An ihm tritt die zu $I(t)$ proportionale Teilspannung $U(t) = I(t)R_3$ auf. An einem Oszilloskop gibt sie den Stromverlauf $I(t)$ in *Bild 72.1* oben an. Wenn ein Relais den Schalter S 50mal je Sekunde öffnet und schließt, wird das Bild 50mal je Sekunde geschrieben und als stehendes Bild gesehen. U_1 und Relais können auch durch einen Rechteck-Generator ersetzt werden.

b) Auch hier läßt sich die induzierte Spannung von U_1 abtrennen. Wir legen den zweiten Kanal des Oszilloskops an eine zweite Spule, die vom Fluß Φ der ersten durchsetzt wird. Der untere Teil von *Bild 72.1* zeigt U_{ind}. Sie ist beim

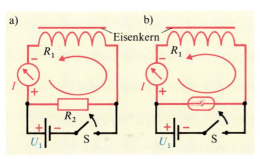

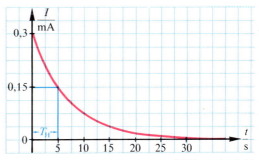

71.1 Selbstinduktion beim Ausschalten mit Elektronenfluß: a) zu Versuch 70; b) zu Versuch 71

71.2 $I(t)$-Diagramm beim Stromabfall nach *Bild 71.1a*

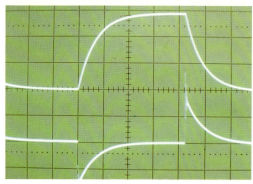

72.1 Zu Versuch 71: oben $I(t)$, unten $U_{ind}(t)$

Einschalten des Stroms negativ (U_1 entgegen), beim Ausschalten dagegen positiv. Beidemal nähert sich U_{ind} asymptotisch dem Wert Null.

> Die Selbstinduktionsspannung $U_{ind} = |L\,\dot I|$ verzögert nach *Lenz* sowohl den Anstieg des Stromes wie auch seine Abnahme, und zwar um so nachhaltiger, je größer die Eigeninduktivität L ist.

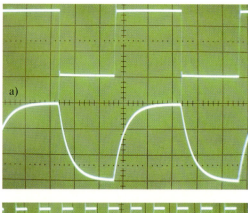

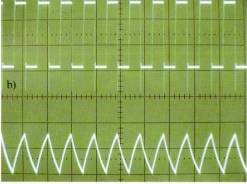

72.2 Der Spulenstrom I (jeweils unten) folgt der angelegten Rechteckspannung U_0 mit Verzögerung.

Versuch 72: Nun wollen wir dem Strom I beim Abschalten von U_1 seinen Weg verbauen, indem wir den Überbrückungswiderstand R_2 in *Bild 71.1a* wegnehmen. I müßte jetzt in sehr kurzer Zeit – eigentlich momentan – vom Wert $I_1 = U_1/R$ auf Null absinken. Dabei bekommt $\dot I$ hohe negative, $U_{ind} = |L\,\dot I|$ hohe positive Werte. Sie ermöglichen es dem Strom, uns ein Schnippchen zu schlagen: Die hohe Spannung U_{ind} macht an der Unterbrechungsstelle die Luft leitend. Der Strom schafft sich jetzt seine Bahn selbst – allerdings nur für ganz kurze Zeit durch einen Funken. Eine Glimmlampe, die wir anstelle von R_2 parallel zur Spule gelegt haben *(Bild 71.1b)*, leuchtet kurz auf, obwohl ihre Zündspannung 80 V viel größer als die Batteriespannung $U_1 = 2$ V ist (Aufgabe 3).

Diese hohen Spannungsstöße können beim Ausschalten von *Motoren* und *Elektromagneten* mit großer Eigeninduktivität L gefährlich werden – auch in Rechnern, die über Trafos, also Spulen, vom Netz gespeist werden. Große Funken beim *Schalten hoher Leistung* bläst man durch einen kurzen Preßluftstrahl aus. Er reißt die entstandenen Luftionen fort.

Auch an den Spulen einer elektrischen *Klingel* treten solche Funken bei jeder Unterbrechung auf und lassen die Kontakte allmählich verschmoren. Beim Berühren der Unterbrechungsstelle erhält man leichte elektrische Schläge. Sie halten Mensch und Tier vom *elektrischen Weidezaun* fern und zünden im Automotor die Zündkerzen.

6. Rechtecks„impulse" an der Spule

In Versuch 71 wollten wir den Strom in der Spule periodisch ein- und ausschalten. Hierzu legten wir eine Spannung U_0 mit Rechteckverlauf an, also kurze periodische Spannungsimpulse gemäß *Bild 72.2a*. Der Strom I folgte ihnen aber nicht getreu, sondern *verzögerte* sich wegen der in der Spule induzierten Spannung. So sprang er nicht sofort auf seinen Endwert U_1/R. Diesen erreichte er nur dann einigermaßen, wenn die Spannung genügend lange anlag. Sind dagegen nach *Bild 72.2b* die Einschaltzeiten der Spannung U_0 zu kurz, bleibt der Strom weit unter seinem asymptotischen Wert U_1/R. Dies ist besonders dann der Fall, wenn wir durch Eisen in der Spule die Eigeninduktivität erheblich vergrößert haben.

Beim Ausschalten hört der Strom nicht sofort auf, sondern nähert sich allmählich dem Wert Null. Der Rechtecksverlauf der an eine Spule gelegten Spannungsimpulse überträgt sich nicht auf den Spulenstrom.

7. Wechselspannung an Spulen

Etwas „weicher" erfolgen das Ein- und Ausschalten des Spulenstroms, wenn wir statt der Rechteckspannung eine sinusförmige Wechselspannung an die Spule legen. Dabei finden wir einiges, was wir schon bei den Rechteckimpulsen gesehen haben:

Versuch 73: Wir legen an eine Spule mit 1000 Windungen die Wechselspannung eines Tonfrequenzgenerators und messen neben der Spannung U_{eff} auch die Stärke I_{eff} des Spulenstroms. Dabei finden wir:

a) Die Stromstärke I_{eff} steigt, wenn wir die Spannung U_{eff} erhöhen. I_{eff} ist U_{eff} proportional. Man kann folglich einen Widerstand $Z = U_{eff}/I_{eff}$ der Spule für Wechselstrom einführen. Er hängt nicht von der Höhe der Spannung ab.

b) Der Strom I_{eff} sinkt erheblich, wenn wir durch einen Eisenkern die Eigeninduktivität L der Spule vergrößern, aber U_{eff} belassen. Die Spule stellt dann für Wechselstrom einen größeren Widerstand $Z = U_{eff}/I_{eff}$ dar. Dieser Widerstand rührt von der in der Spule induzierten Gegenspannung U_{ind} her, also nicht von Stößen der Elektronen auf Atome. Deshalb trägt er nicht zur Wärmeentwicklung bei.

c) I_{eff} sinkt auch dann, wenn wir die Frequenz der Wechselspannung erhöhen. Der Strom kann den Änderungen der Wechselspannung um so weniger folgen, je schneller diese aufeinanderfolgen. Der Wechselstromwiderstand der Spule steigt also erheblich mit der Frequenz. Damit kann man Radioklänge „dumpf" machen:

Versuch 74: Wir schalten die Wechselspannungen von zwei Generatoren mit verschiedenen Frequenzen hintereinander (Erdung beachten). Dabei überlagern sich 16 Spannungsperioden der höheren Frequenz einer Periode der niedrigeren. Dieses Frequenzgemisch legen wir als Spannung an eine Spule mit Eisenkern. *Bild 73.1* zeigt oben den beschriebenen Spannungsverlauf. Darunter ist der Verlauf des Spulenstroms dargestellt. (Man erhält ihn gemäß Versuch 71.) Die Periodendauer des Stroms ist in der Spule genau so groß wie die der angelegten Spannung. Doch tritt der Stromanteil mit der niedrigeren Frequenz viel stärker hervor; die höhere Frequenz ist nämlich stark „gedrosselt". Man spricht von einer *Drosselspule*. Sie glättet den Spannungsverlauf recht gut.

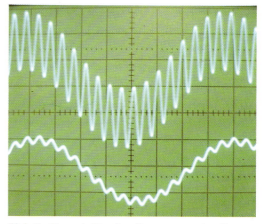

73.1 Zu Versuch 73; oben Spannung, unten Strom

8. Selbstinduktion beim Transformator

Die Primärspule eines Trafos besteht aus verhältnismäßig dickem Draht. Wir verstehen jetzt, warum trotzdem nur ein schwacher Primärstrom I_1 fließt, wenn man sie an die Wechselspannung 220 V legt. Dieser Strom magnetisiert den Eisenkern ständig um (der Trofo brummt); die vom Wechselfluß Φ in den n_1 Windungen der Primärspule induzierte Gegenspannung U_{ind} beträgt auch fast 220 V und kompensiert so die angelegte Wechselspannung U_1 fast ganz. Der Wechselstromwiderstand der Primärwicklung ist viel größer als ihr Gleichstromwiderstand. Durchsetzt dieser Fluß die Sekundärspule mit ebenfalls n_1 Windungen, so wird in ihnen praktisch die gleiche Spannung $U_2 = U_1$ induziert. Hat die Sekundärspule dagegen die $ü$fache Windungszahl, so erhalten wir in ihr nach $U_{ind} = n_2 \Delta\Phi/\Delta t$ auch die $ü$fache Spannung $U_2 = n_2/n_1 \cdot U_1$. Das **Übersetzungsverhältnis** ist $ü = U_2/U_1 = n_2/n_1$.

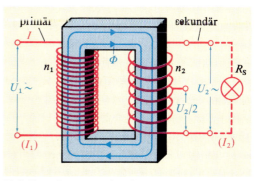

73.2 Transformator mit Primär- und Sekundärwicklung

9. Automatische Verkehrsüberwachung

Vor Ampelanlagen und Radargeräten sind häufig große Rechtecke in den Straßenasphalt geschnitten. Dort wurden Sensoren (Fühler) eingelassen, um Fahrzeuge — etwa nach Überfahren von „Rot" — zu registrieren. Was hätten Sie auf Grund Ihrer physikalischen Kenntnisse eingebaut?

a) Am einfachsten zu verstehen wären *mechanische Tretkontakte*, die als Schalter Stromkreise schließen, wenn sich ein Fahrzeug darüber befindet. Bei Fußgängern oder bei starkem Schneefall könnten sie aber auch ansprechen. Oft spannt man mit Luft gefüllte Schläuche quer über die Bahn. Die vom Fahrzeugreifen zusammengedrückte Luft löst — etwa an Tankstellen — ein Signal aus.

b) In die ausgefrästen Rechtecke auf der Straße sind in Wirklichkeit große Drahtschleifen, also Spulen, eingelassen. Die Eisenmassen des darüber fahrenden Autos verändern das magnetische Erdfeld nach Betrag und Richtung. Die damit verbundene Kraftflußänderung induziert in dieser **Induktionsschleife** eine Spannung. Sie ist allerdings sehr klein, selbst wenn die Fahrzeuge schon vom Erdfeld vormagnetisiert worden sind.

Versuch 75: Halten Sie einen großen Eisenstab in Richtung der magnetischen Erdfeldlinien und schlagen Sie kräftig auf sein Ende in Längsrichtung. Die Elementarmagnete des Eisens werden beim Erschüttern vom Erdfeld teilweise ausgerichtet. Wenn Sie dann den Stab in eine Spule stecken, schlägt ein empfindlicher Spannungsmesser aus.

c) Die induzierte Spannung würde größer, wenn Gleichstrom in einer ersten „Feldschleife" ein konstantes Magnetfeld erzeugte, das größer als das Erdfeld ist. In der zweiten „Induktionsschleife" würde dann Spannung induziert, wenn ein Auto beim Heranfahren und mit seinem Eisen zunächst den Fluß verstärkt und beim Wegfahren wieder abschwächt. Steht das Auto über beiden Schleifen, so ist Φ konstant, $\Delta\Phi$ und U sind Null.

d) Man erhält — auch bei stehendem Auto — eine Induktionsspannung, wenn man die „Feldschleife" als Primärspule eines Trafos ständig mit Wechselstrom speist. Sie induziert dann in der „Induktionsschleife" (Sekundärspule) eine Wechselspannung. Diese ist ohne Auto, also ohne Eisen zwischen beiden Spulen, sehr klein (es handelt sich dann um einen Lufttrafo). Durch die Eisenmassen des Fahrzeuges wird dieser Lufttrafo zu einem Eisentrafo. Die induzierte Spannung wird viel größer als bei (c), da jetzt die Änderungsgeschwindigkeit $\Delta\Phi/\Delta t$ des Flusses Φ nicht durch die Fahrzeuggeschwindigkeit, sondern durch die Wechselstromfrequenz bedingt ist. Schnee gibt hier keinen Fehlalarm. Hölzerne Pferdedroschken entgehen jedoch dieser Art, den Verkehr zu überwachen und werden nicht registriert. Durch weitere Maßnahmen kann die Empfindlichkeit jedoch noch erheblich gesteigert werden (Seite 83).

Versuch 76: Stellen Sie zwei Spulen nebeneinander und schicken Sie durch die eine Wechselstrom. An der Sekundärspule dieses Lufttrafos registriert ein Oszilloskop eine geringe Wechselspannung. Sie wird wesentlich größer, wenn man über beide Spulen einen Eisenkern legt. Besonders groß ist sie bei geschlossenem Eisenkern.

Aufgaben

1. a) *Warum wird in Versuch 66 der Stromanstieg stark gehemmt, wenn man beide Spulen, warum fast nicht, wenn man nur eine umpolt?* **b)** *Jemand behauptet, die ganze Theorie zur Selbstinduktion sei unnötig; man könne die Stromverzögerung einfach durch die Trägheit der Elektronen erklären. Was sagen Sie dazu? Welche Experimente widersprechen dem?*

2. a) *Wann wird U_{ind} beim Ausschalten viel größer als die angelegte Spannung U_1?* **b)** *Was ist der Größtwert von U_{ind} beim Einschalten?* **c)** *Erhält man an einer Klingel einen Schlag beim Anlegen der Batteriespannung oder bei ihrer Wegnahme?*

3. *Jemand sagt, es sei undenkbar, daß ein Strom beim Ausschalten seine Richtung ändern könne. Betrachten Sie daraufhin die Stromrichtung in R_2 nach Bild 71.1a! Wo ist die ihr zugehörige Spannung lokalisiert? Welche Elektrode der Glimmlampe leuchtet in Bild 71.1b auf?*

4. *Entnehmen Sie Bild 70.1 die Werte von $\dot{I}$ für $I=0$ und $I=0{,}15$ mA und den Widerstand des Kreises! Berechnen Sie die Eigeninduktivität der Spule, wenn die angelegte Spannung $U_1 = 2{,}5$ V war!*

5. a) *Auf einen 160 cm langen ringförmigen Eisenkern ($\mu_r = 10^4$; $A = 10$ cm^2) ist rundum eine Spule mit 1000 Windungen gewickelt. Berechnen Sie die Eigeninduktivität! (Rechnen Sie wie bei einer geraden, langen Spule!) Die Spule wird an $U_1 = 4{,}0$ V Spannung gelegt. Welches ist die Endstromstärke, wenn der Widerstand des Kreises 10 Ω beträgt? Wie groß ist im ersten Augenblick das Anstiegstempo $\dot{I}$ der Stromstärke?*

§28 Umladungen von Kondensatoren

1. Wie schnell sind Kondensatoren entladen?

Versuch 77: a) Wir laden einen Kondensator ($C = 100\,\mu\text{F}$) auf $U_0 = 100\,\text{V}$. Über ein dickes, isoliert gehaltenes Kabel entlädt er sich mit einem Knall, also praktisch momentan. Der geladene Kondensator ist selbst eine Spannungsquelle. Aus der Gleichung $C = Q/U$ für seine Kapazität folgt nämlich $Q = CU$ und $U = Q/C$. Je mehr Ladung er trägt, um so größer ist seine Spannung. **Also Vorsicht mit geladenen Kondensatoren!**

b) Dann legen wir den Kondensator an einen Spannungsmesser mit $R_i = 300\,\text{k}\Omega$ Widerstand. Nun läßt sich der Entladevorgang mit einer Stoppuhr in Ruhe verfolgen. Nach 20 s ist die Spannung U von $U_0 = 100\,\text{V}$ und mit ihr die Ladung $Q = CU$ auf die Hälfte gesunken. Bild 75.1 zeigt diesen kriechenden Entladevorgang am T-Y-Schreiber. Nach weiteren 20 s finden wir nicht etwa völlige Entladung ($U = 0$), sondern 25 V, also die Hälfte des letzten Werts, nach nochmals 20 s wieder die Hälfte (12,5 V) usw. Theoretisch wird der Kondensator nie ganz entladen. Man gibt deshalb keine Entladezeit, sondern die **Halbwertszeit** $T_H = 20\,\text{s}$ an, nach der Spannung und Ladung jeweils auf die Hälfte gesunken sind.

Warum entlädt sich der Kondensator nicht gleichmäßig? Mit der Spannung U sinkt auch die Stromstärke $I = \Delta Q/\Delta t = U/R$ im angeschlossenen Widerstand R. Die Ladung hat es um so weniger eilig abzufließen, je kleiner sie und damit die Spannung U geworden sind. Nach einer Halbwertszeit, also für $t = T_H$, ist die Anfangsladung $Q_0 = CU_0$ auf $Q_1 = \tfrac{1}{2} Q_0$, nach $t = 2T_H$ auf $Q_2 = \tfrac{1}{2} \cdot \tfrac{1}{2} Q_0 = (\tfrac{1}{2})^2 Q_0 = Q_0 \cdot 2^{-2}$ gesunken. Nach n Halbwertszeiten, also für $t = n\,T_H$, bleibt

$$Q_n = Q_0 \left(\tfrac{1}{2}\right)^n = Q_0 \cdot 2^{-n} \quad (n = 1, 2, 3, \ldots). \quad (75.1)$$

Gilt dieses Gesetz auch für beliebige Zeiten t? Nach $t = 35\,\text{s}$ sind $n = t/T_H = 1{,}75$ Halbwertszeiten verstrichen. Der Taschenrechner liefert $Q = Q_0 \cdot 2^{-1{,}75} = Q_0 \cdot 0{,}297$. Die Ladung ist in Übereinstimmung mit Bild 75.1 auf 29,7% ihres Ausgangswerts gesunken (nach $2\,T_H$ wären es 25%). Wegen $n = t/T_H$ gilt

$$Q(t) = Q_0 \cdot 2^{-n} = Q_0 \cdot 2^{-t/T_H}. \quad (75.2)$$

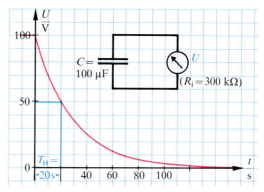

75.1 Entladekurve eines Kondensators

2. Man soll auch langsam aufladen!

Versuch 78: Wir legen den entladenen Kondensator über ein Lämpchen an eine Quelle genügend großer Spannung. Die Stromstärke ist im ersten Augenblick so hoch, daß der Glühfaden durchschmilzt. Wir müssen den Aufladestrom durch einen Schutzwiderstand R begrenzen.

Wie groß muß dieser Widerstand sein, daß die Aufladestromstärke 10 mA nicht übersteigt? Der ungeladene Kondensator ($Q = 0$) hat nach $U = Q/C$ im ersten Augenblick die Spannung $U = 0$. Die ganze Spannung $U_0 = 100\,\text{V}$ des Netzgeräts liegt also am Widerstand R. Damit dort der Strom nicht den Wert $I = 10\,\text{mA}$ übersteigt, darf R nicht unter $U/I = 100\,\text{V}/0{,}01\,\text{A} = 10\,\text{k}\Omega$ liegen. Das Lämpchen hatte nur 100 Ω.

Wenn Ladung zugeflossen ist, steigt auch die Spannung am Kondensator. Sie ist der angelegten Spannung entgegengesetzt gerichtet; der Kondensator möchte sich ja mit entgegengesetzter Stromrichtung wieder entladen. Ist z.B. die Kondensatorspannung auf $U = 75\,\text{V}$ angewachsen, so liegt am Schutzwiderstand R nur noch die Differenzspannung $U_0 - U = 25\,\text{V}$ und läßt in ihm den Strom $I = 25\,\text{V}/10\,\text{k}\Omega = 2{,}5\,\text{mA}$ fließen. Diese Rechnung macht deutlich, warum an einem solchen aus R und C bestehenden **RC-Glied** auch das Aufladen zunächst schnell und dann immer langsamer erfolgt. U nähert sich asymptotisch dem Endwert U_0.

Versuch 79: Wir legen eine Rechteckspannung U_0 an einen Kondensator mit Vorwiderstand R. Ein Oszilloskop zeigt den Spannungsverlauf am Kondensator *(Bild 76.1)*. Er entspricht dem Stromverlauf in Spulen, also bei **RL-Gliedern**. Dort ist die induzierte Spannung $|U_{ind}| = L\dot{I}$. Etwas ähnliches gilt für Kondensato-

75

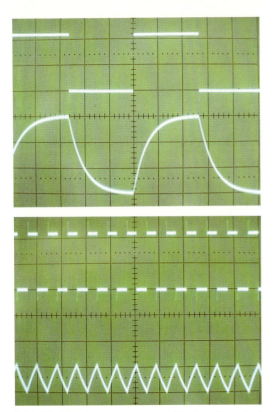

76.1 Die Kondensatorspannung U_C (jeweils unten) folgt der angelegten Rechteckspannung U_0 (jeweils oben) mit Verzögerung.

ren. Ihr Ladestrom $I = \lim\limits_{\Delta t \to 0} \Delta Q/\Delta t$ ist die zeitliche Ableitung $\dot{Q}(t)$ der Ladungsfunktion $Q(t)$ (Seite 9). Da für die Ladung eines Kondensators in jedem Augenblick $Q(t) = C\,U(t)$ gilt, ist

$$I = \dot{Q} = C\,\dot{U}(t).$$

Dies entspricht bei der Spule der Gleichung $U_{\text{ind}} = L\,\dot{I}$, wenn wir U und I vertauschen. Dann zeigten ja die Versuche ein analoges Verhalten beider Größen.

Versuch 80: Wir legen an das RC-Glied sinusförmige Wechselspannungen und beobachten den Umladestrom I des Kondensators:

a) Die Stärke des Umladestroms I_{eff} ist der Wechselspannung U_{eff} proportional. Eine größere Spannung gibt ja dem Kondensator auch eine größere Ladung. Der Wechselstromwiderstand $Z = U_{\text{eff}}/I_{\text{eff}}$ ist auch bei Kondensatoren von U_{eff} unabhängig.

b) Wenn wir die Kapazität C vergrößern, so steigt mit der Ladung $Q = C\,U$ der Umladestrom I_{eff} an. Der Wechselstromwiderstand $Z = U_{\text{eff}}/I_{\text{eff}}$ sinkt mit wachsender Kapazität. Bei Spulen wächst er dagegen mit steigender Induktivität L.

c) Bei einer größeren Wechselstromfrequenz wird der Kondensator öfter in 1 s auf- und entladen. Dies läßt die Stromstärke anwachsen. Kondensatoren setzen also höheren Frequenzen einen kleineren Widerstand entgegen als niedrigeren — auch umgekehrt wie bei Spulen.

Kondensatoren sind wegen diesem Verhalten gegenüber Wechselspannungen häufige Bauelemente in Radios, Verstärkern und Fernsehern:

Versuch 81: a) Wir schalten wieder zwei Wechselstromgeneratoren mit verschiedenen Frequenzen hintereinander und legen die Spannung mit diesem Frequenzgemisch an einen Kondensator *(Bild 76.2 oben)*. Unten sehen wir den Auf- und Entladestrom. Die höhere Frequenz tritt beim Stromverlauf viel stärker hervor. Sie passiert diesen **Hochpaß** viel besser, als es die niedrigere Frequenz vermag. In der HIFI-Technik senkt man mit einem solchen Hochpaß „Tiefen" (Bässe) ab, hebt also die „Höhen" relativ dazu an.

b) Wir ersetzen die eine Wechselspannung durch Gleichspannung. Diese tritt in der Stromkurve überhaupt nicht mehr auf. Der Kondensator blockt Gleichströme völlig ab.

c) Wir ersetzen den Kondensator durch einen großen ohmschen Widerstand ohne Eigeninduktivität. Er bevorzugt keine Frequenz, also weder die Höhen wie der Kondensator, noch die Tiefen wie die Spule.

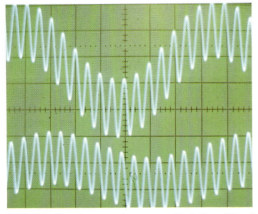

76.2 Der Kondensator bevorzugt die hohen Töne! Oben Spannung, unten Strom

§29 In Feldern sitzt Energie

1. Kondensator statt Benzin im Auto?

Geladene Kondensatoren werden mit lautem Knall entladen und liefern die Energie zum Elektronenblitz des Fotografen. Ließen sich auch Elektroautos mit Kondensatoren antreiben? Wieviel Energie können diese speichern?

Wäre die Spannung U beim Aufladen eines Kondensators konstant, so könnten wir die zum Transport der Ladung Q nötige Energie mit $W = U Q$ berechnen. Ihr entspräche die Fläche des Rechtecks in *Bild 77.1a* (Grundseite: geflossene Ladung Q; Höhe: konstante Spannung U). Nun ist aber $U = Q/C$ nach *Bild 77.1b* proportional zur aufgenommenen Ladung Q. In dem schmalen, rot getönten Streifen sei ΔQ so klein, daß U praktisch konstant bleibt. Seine Fläche gibt den Energiebeitrag $\Delta W = U \Delta Q$ an. Aus solchen Streifen kann für $\Delta Q \to 0$ die Dreiecksfläche zusammengesetzt werden. Sie liefert die gesamte Energie $W = \frac{1}{2} Q U = \frac{1}{2} C U^2$, die man braucht, um dem Kondensator der Kapazität C die Ladung $Q = C U$ zuzuführen. Beim Entladen wird diese Energie wieder frei, da sich der Vorgang umkehrt. Sie war im Kondensator gespeichert.

> **Die Energie eines geladenen Kondensators ist**
> $$W = \tfrac{1}{2} C U^2. \qquad (77.1)$$

Ein Kondensator der Kapazität $C = 100\ \mu F$ speichert im *Elektronenblitz* bei der Spannung $U = 1\ kV$ die Energie $W = \frac{1}{2} \cdot 10^{-4}\ F \cdot 10^6\ V^2 = 50\ C\ V = 50\ J$. Dies ist gegenüber der Energie $46 \cdot 10^6\ J$ von einem Liter Benzin sehr wenig. Im Elektronenblitz wird die elektrisch gespeicherte Energie W jedoch in $t = 1\ ms$ frei, so lange blendet die Leistung $P = W/t = 50\ kW$!

2. Wo und wie dicht sitzt elektrische Energie?

Kann man sagen, wo die Energie gespeichert wird? Etwa in den Ladungsfilmen auf den Kondensatorplatten? Wenn wir die Platten nach Versuch 14 auseinanderziehen, steigt zwar die Energie, nicht aber die Ladung! Doch vergrößern wir dabei den Raum, der mit Feld erfüllt ist. Sitzt die Energie also im Feldbereich vom Volumen $V = A d$? Um dies an den Gleichungen zu prüfen, setzen wir $E = U/d$ und $C = \varepsilon_0 A/d$ in $W = \frac{1}{2} C U^2$ ein:

$$W = \tfrac{1}{2} C U^2 = \tfrac{1}{2} \varepsilon_0 \frac{A}{d} E^2 d^2 = \tfrac{1}{2} \varepsilon_0 E^2 V.$$

Die Energie ist also dem felderfüllten Volumen $V = A d$ und dem Quadrat E^2 der Feldstärke proportional; sie hängt nur von Feldgrößen ab. Die Ladung tritt nicht auf. Dies werten wir als starkes Indiz dafür, daß die Energie nach *Faradays Feldvorstellung* im Feld sitzt. Wir können sogar die räumliche Dichte $\varrho_{el} = W/V$ der Energie (Energie je cm³) berechnen zu $\varrho_{el} = W/V = \tfrac{1}{2} \varepsilon_0 E^2$.

> **Das elektrische Feld ist Sitz von Energie. Die räumliche Energiedichte beträgt**
> $$\varrho_{el} = \frac{W}{V} = \tfrac{1}{2} \varepsilon_0 E^2. \qquad (77.2)$$

Wird diese aufsehenerregende Aussage bestätigt? Einfachste Radiogeräte brauchen weder Netzanschluß noch Batterie. Sie geben Energie als Schall ab. Diese entnehmen sie mit der Antenne dem *Feld*, das der Sender abstrahlt (*Tabelle 21.1*). Alle Energie, die wir zum Leben brauchen, wie auch die in Kohle- und Erdöllagern gespeicherte Energie, kam von der Sonne durch weite, materiefreie Räume zu uns. *Feldenergie gibt es also auch im Vakuum.*

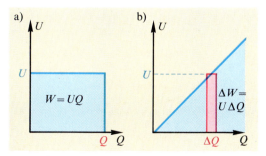

77.1 Arbeit beim Ladungstransport als Fläche im $U(Q)$-Diagramm

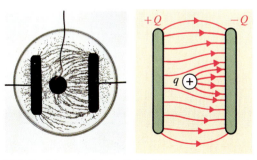

77.2 Rechts von q ist das Feld stärker und energiereicher als links.

3. Woher nehmen die Öffnungsfunken Energie?

Spulenströme können nach Wegnahme der Spannungsquelle weiterfließen und in Widerständen oder als Öffnungsfunken Wärme erzeugen. Woher nehmen sie ihre Energie?

Versuch 82: a) Wir ersetzen in *Bild 70.1a* den Überbrückungswiderstand R_2 durch einen Spielzeugmotor M *(Bild 78.1a)*. Die vor ihm liegende Diode D verhindert, daß er von der Quelle U_1 Strom bekommt. Erst wenn wir die Quelle durch Öffnen des Schalters S wegnehmen, springt der Motor kurz an. Er hebt ein Wägestück um so höher, je stärker wir das Magnetfeld durch Eisen gemacht haben. Enthält es also Energie — wie ein elektrisches Feld?

b) Um mit der Energie des *E*-Feldes zu vergleichen, ersetzen wir den Motor durch einen Kondensator mit einem dazu parallelgelegten hochohmigen Spannungsmesser (Meßverstärker; *Bild 78.1b*). Nach Öffnen des Schalters S wird der Kondensator auf die Spannung U geladen, bekommt also die Feldenergie $W_{el} = \frac{1}{2} C U^2$.

U erweist sich dem Strom I, der vor dem Ausschalten das Magnetfeld B erregt hatte, proportional. Wegen $U \sim I$ und $W_{el} \sim U^2$ ist die Energie W_{mag} des zusammengebrochenen Magnetfeldes dem Quadrat I^2 des Erregerstroms I proportional. Analog zu $W_{el} = \frac{1}{2} C U$ finden wir folglich für die magnetische Feldenergie W_{mag}:

> Fließt durch eine Spule mit der Eigeninduktivität L der Strom I, dann besitzt ihr Magnetfeld die Energie
>
> $$W_{mag} = \frac{1}{2} L I^2. \qquad (78.1)$$

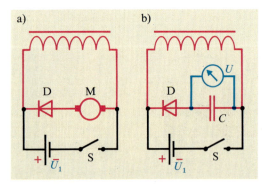

78.1 Erst beim Ausschalten von U_1 läuft der Motor M; der Kondensator C wird geladen.

4. Sitzt die Energie wirklich im Magnetfeld?

Diese Frage können wir — wie beim *E*-Feld — bejahen, wenn die Energie W_{mag} dem Volumen V des homogenen Spulenfeldes proportional ist. Nach *Gl. 78.1, 42.1 und 70.2* hat W_{mag} im Feld einer schlanken Spule mit dem Volumen $V = A l$ den Wert

$$W_{mag} = \frac{1}{2} L I^2 = \frac{1}{2} \mu_0 n^2 \frac{A}{l} I^2$$

$$= \frac{1}{2 \mu_0} \left(\mu_0 \frac{n I}{l} \right)^2 A l = \frac{1}{2 \mu_0} B^2 V.$$

Die Energie hängt also nur von Feldgrößen (μ_0, B, V) ab. Dies werten wir als weiteres Indiz für die Feldhypothese *Faradays*.

Wir berechnen die **magnetische Energiedichte**

$$\varrho_{mag} = \frac{W_{mag}}{V} = \frac{1}{2 \mu_0} B^2. \qquad (78.2)$$

Aufgaben

1. *Welche Energie hat ein Kondensator von 10 cm Radius und 2 cm Plattenabstand bei der Spannung 5 kV? Wie groß ist in ihm die Energiedichte? (In Benzin 50000 MJ m^{-3})*

2. *Man zieht ein Weicheisenstück von einem Hufeisenmagneten weg. Dazu braucht man Energie. Wie bekommt man sie wieder? Wo ist sie solange gespeichert? Kennen Sie einen analogen elektrischen Versuch?*

3. *Jemand sagt, die Energie einer stromdurchflossenen Spule sei nichts weiter als kinetische Energie der Elektronen. Welcher Versuch widerlegt ihn?*

4. a) *Die Flußdichte B einer Spule ist ihrer Windungszahl n proportional. Warum tritt dann in Gl. 70.2 n^2 auf?* **b)** *Wie erkennt man an $W = I^2 R t$ und $W = \frac{1}{2} L I^2$, daß W nicht von der Stromrichtung abhängt? Übertragen Sie diese Überlegung auf Energie und Energiedichte im Kondensator!*

5. *Welche magnetische Energie hat das Magnetfeld einer Spule von 4,0 H bei I = 3,0 A? Wieviel Energie wird frei, wenn die Stromstärke* **a)** *auf die Hälfte,* **b)** *auf Null absinkt? Wie hoch kann mit ihr ein 50 g-Stück höchstens gehoben werden?* **c)** *Wie oft müßte man das Feld abbauen, um mit der Energie 1,0 kg Wasser um 1,0 K zu erwärmen?*

6. a) *Wie groß ist die Eigeninduktivität L einer 1,0 m langen, eisenfreien Spule, die 1000 Windungen und 50 cm^2 Querschnitt aufweist? Welche magnetische Energie ist in ihr bei 10 A gespeichert?* **b)** *Mit dieser Energie lädt man nach Bild 78.1 einen Kondensator der Kapazität 0,1 µF auf. Welche Spannung bekommt er?* **c)** *Wie groß ist im homogenen Spulen-Feld die Energiedichte?*

§30 Zeitlich veränderliche Felder

1. Erzeugung von Induktionsspannung U_{ind}

a) Ein Leiter der Länge d bewegte sich mit der Geschwindigkeitskomponente v_s senkrecht zu magnetischen Feldlinien. Die Induktionsspannung ist (wegen der Lorentzkraft)

$$U_{\text{ind}} = B\,d\,v_s. \qquad (79.1)$$

b) Die Flußdichte B und der Fluß $\Phi = B\,A_s$ durch die senkrecht zu den Feldlinien stehende Fläche A_s ändern sich. Die Spannung

$$U_{\text{ind}} = |n\dot\Phi| \qquad (79.2)$$

wird über elektrische Wirbelfelder induziert. Diese beginnen und enden im Gegensatz zu elektrostatischen Feldern nicht an Ladungen. Das sich ändernde B-Feld erzeugt ein E-Feld.

c) Lenzsches Gesetz: Ein von der Induktionsspannung erzeugter Induktionsstrom ist so gerichtet, daß er seine Ursache hemmt.

d) Bei der Änderungsgeschwindigkeit $\dot I \approx \Delta I/\Delta t$ der Stromstärke I eines Kreises wird in diesem die *Selbstinduktionsspannung* U_{ind} induziert:

$$U_{\text{ind}} = |L\,\dot I|. \qquad (79.3)$$

L ist die Eigeninduktivität; $[L] = \text{V}\,\text{s}\,\text{A}^{-1} = \text{H(enry)}$.

e) Die Eigeninduktivität L einer schlanken Spule mit Länge l und Querschnittsfläche A ist

$$L = \mu_0\,\mu_r\,n^2\,A/l. \qquad (79.4)$$

f) In Kreisen mit Eigeninduktivität L und ohmschem Widerstand R ist beim Anlegen der Spannung $U(t)$ die Stromstärke stets

$$I(t) = (U(t) - L\,\dot I)/R. \qquad (79.5)$$

g) *Effektivwerte* sinusförmiger Größen sind

$$U_{\text{eff}} = \hat U/\sqrt{2} \quad \text{und} \quad I_{\text{eff}} = \hat I/\sqrt{2}. \qquad (79.6)$$

Es sind die Gleichstromwerte, die im gleichen Widerstand die gleiche Wärme erzeugen.

h) *Wechselstromwiderstände* sind die Quotienten $U_{\text{eff}}/I_{\text{eff}}$. Bei Spulen steigen sie mit der Eigeninduktivität L und der Frequenz f; bei Kondensatoren sinken sie, wenn C und f steigen.

2. In Feldern sitzt Energie

a) Die *Energie* eines Kondensators mit der Kapazität C ist bei der Spannung U

$$W = \tfrac{1}{2}C\,U^2. \qquad (79.7)$$

b) Die elektrische Energie zwischen Ladungen wird ihrem Feld zugeschrieben. Dessen *Energiedichte* ϱ_{el} hängt nur von Feldgrößen ab:

$$\varrho_{\text{el}} = \tfrac{1}{2}\varepsilon_0\,E^2. \qquad (79.8)$$

c) Die *Energie des Magnetfeldes* beträgt in einem Kreis mit der Eigeninduktivität L bei der Stromstärke I

$$W_{\text{mag}} = \tfrac{1}{2}L\,I^2. \qquad (79.9)$$

d) Die *Energiedichte im Magnetfeld* ist

$$\varrho_{\text{mag}} = B^2/(2\mu_0). \qquad (79.10)$$

e) Die Lorentzkraft $F_L = q\,B\,v_s$ verrichtet keine Arbeit, da sie senkrecht zu v_s steht.

Aufgaben

1. a) *In einer 50 cm langen Spule mit $n = 10^4$ Windungen und $I_{\text{err}} = 2$ A rotiert ein Drahtrahmen mit 10^3 Windungen und 10 cm auf 10 cm Seitenlänge 20mal in 1 s um eine Flächenachse. Stellen Sie die Gleichung $U(t)$ der induzierten Spannung auf!* **b)** *Der Rahmen ruht senkrecht zu den B-Linien; I_{err} steigt nach $I_{\text{err}} = (0{,}1\,\text{A}\,\text{s}^{-1})\,t$ an. Wie lautet jetzt $U(t)$?* **c)** *Wie lautet $U(t)$, wenn Rotation (a) und Felderhöhung (b) zugleich stattfinden und bei $t = 0$ der Rahmen senkrecht zum Feld steht?* **d)** *Der Drahtrahmen setze sich mit der Frequenz $f = 0{,}10\,\text{s}^{-2}\cdot t$ aus der Ruhe in Bewegung und wird immer schneller. Wie groß ist $U(t)$, wenn $I_{\text{err}} = 2{,}0$ A konstant bleibt?*

2. *Warum kann man in Aufgabe 1b die induzierte Spannung nicht mit der Lorentzkraft erklären? Welche Kraft setzt die Elektronen im Draht in Bewegung?*

3. a) *Jemand zeichnet den Stromanstieg $I(t)$ beim Anlegen einer Gleichspannung U an eine Spule nicht nur asymptotisch zu $I = U/R$, sondern auch mit senkrechter Tangente bei $t = 0$. Ist das richtig?* **b)** *Zeigen Sie, daß die Anstiegsgeschwindigkeit $\dot I$ auf halber Höhe (bei $I = U/2R$) halb so groß ist wie bei $I = 0$!*

4. *Alte Telefonhörer enthalten eine Eisenmembran vor einer Spule, die in einem Dauermagneten sitzt. Fließt Sprechstrom der Frequenz 400 Hz durch die Spule, so schwingt die Membran auch mit 400 Hz.* **a)** *Warum schwingt sie mit 800 Hz, wenn der Dauermagnet seine Kraft verloren hat?* **b)** *Warum wirkt die Anordnung mit Dauermagnet als Mikrofon? Welche Frequenz hat der Mikrofonstrom, wenn die Membran mit 400 Hz schwingt?*

80.1 Ein Schwingkreis besteht aus einem Kondensator als elektrischem und einer Spule als magnetischem Energiespeicher.

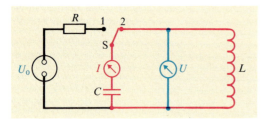

80.2 *Schalterstellung 1:* Der Kondensator wird über den Schutzwiderstand R geladen; *Schalterstellung 2:* Geladener Kondensator und Spule werden zu einem Schwingkreis zusammengeschaltet.

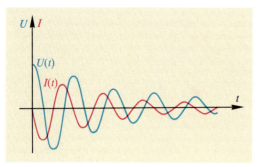

80.3 Gedämpfte Schwingungen der Spannung U und der Stromstärke I im Schwingkreis

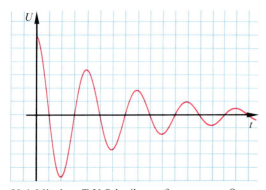

80.4 Mit dem T-Y-Schreiber aufgenommene Spannungs-Zeit-Funktion eines gedämpften Schwingkreises ($C = 200\ \mu\text{F}$, $L = 600\ \text{H}$, $R = 300\ \Omega$)

Schwingungen und Wellen

§31 Der Schwingkreis

Bei freien mechanischen Schwingungen wandeln sich Elongationsenergie und Bewegungsenergie periodisch ineinander um. Solche *Energiependelungen* kommen auch bei elektrischen und magnetischen Feldern vor. Entlädt man z.B. einen Kondensator, so verschwindet sein elektrisches Feld und die darin gespeicherte Energie; dafür fließt aber ein Strom, der ein Magnetfeld mit magnetischer Feldenergie aufbaut. Verschwindet andererseits ein Magnetfeld, so entsteht eine Induktionsspannung und damit auch ein elektrisches Feld. Verbinden wir also einmal einen Speicher für elektrische Feldenergie – einen Kondensator – und einen Speicher für magnetische Feldenergie – eine Spule – miteinander!

Versuch 83: a) Zunächst trennen wir nach *Bild 80.2* Kondensator und Spule voneinander, indem wir den Schalter S in die Stellung 1 bringen. Dabei wird der Kondensator ($C = 200\ \mu\text{F}$) über den Schutzwiderstand R auf die Spannung U_0 geladen.

b) Nun legen wir den Schalter S in die Stellung 2 um. Dann ist der geladene Kondensator mit einer Spule hoher Induktivität ($L \approx 600\ \text{H}$) verbunden. Was dabei passiert, können Sie an einem Strommesser (I) und einem Spannungsmesser (U) verfolgen: Die Zeiger beider Instrumente schwingen – in der Phase ungefähr 90° gegeneinander versetzt – mit einer Periodendauer von etwa 2 Sekunden hin und her. Der Strommesser zeigt einen Wechselstrom an, der durch die Kondensatorzuleitungen und die Spule fließt, der Spannungsmesser eine in der Phase verschobene Wechselspannung, die am Kondensator und an der dazu parallel geschalteten Spule liegt. Wir haben also ein schwingungsfähiges Gebilde, einen **elektromagnetischen Schwingkreis** hergestellt.

Allerdings nehmen die Ausschläge der Meßinstrumente ziemlich rasch ab: Die Strom- und Spannungsschwingungen sind nach *Bild 80.3* gedämpft. Der Schwingkreisstrom erzeugt nämlich in der Spule nicht nur magnetische Felder, sondern auch *Wärme*, die dem schwingenden System verlorengeht.

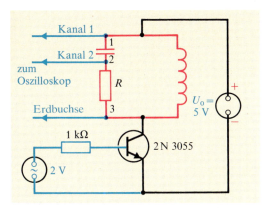

81.1 Schwingkreis mit elektronischem Schalter

Versuch 84: Nun soll die gedämpfte Schwingung eines Schwingkreises auf dem Bildschirm eines Oszilloskops als stehendes Bild sichtbar gemacht werden. Dazu brauchen wir Schwingungen größerer Frequenz, die wir durch Verkleinern der Kapazität C des Kondensators und der Induktivität L der Spule erhalten.

Damit das Oszillogramm ständig der Kippfrequenz angepaßt wird, muß der Schwingkreis regelmäßig im richtigen Takt immer wieder neu „angestoßen" werden. Dies erreichen wir durch einen elektronischen Schalter, den wir nach *Bild 81.1* mit Hilfe eines Transistors herstellen.

Die zwischen Basis und Emitter gelegte Wechselspannung $U_{\text{eff}} = 2\,\text{V}$ (bei $f = 50\,\text{Hz}$) macht den Transistor während eines Teils ihrer positiven Halbperiode leitend, so daß der Schwingkreiskondensator etwas kürzer als $\frac{1}{100}$ Sekunde an der Gleichspannung $U_0 = 5\,\text{V}$ liegt und damit wie in der Schalterstellung 1 des Versuchs 83 *geladen* wird. In der negativen Halbperiode sperrt der Transistor und trennt den Schwingkreis von der Gleichspannung U_0. Wie in der Schalterstellung 2 des Versuchs 83 ist sich der Schwingkreis jetzt selbst überlassen und kann mit hoher Frequenz frei ausschwingen. In der nun folgenden positiven Halbperiode der 50 Hz-Wechselspannung wird der Kondensator wieder mit der Spannung U_0 geladen, und das Spiel beginnt von neuem.

Mit einem Zweikanal-Oszilloskop können wir Spannungs- und Stromstärkeverlauf gleichzeitig sichtbar machen *(Bild 81.2).* Dazu legen wir die Erdbuchse des Oszilloskops nach *Bild 81.1* an Punkt 3 des Schwingkreises. Punkt 1 wird mit Kanal 1 des Oszilloskops verbunden, so daß dieser den Spannungsverlauf $U(t)$ zeigt. Der Schwingkreisstrom I erzeugt am Widerstand $R = 10\,\Omega$ eine zu I proportionale Teilspannung $U = R\,I$. Sie wird in Punkt 2 an den Kanal 2 gelegt, der dann den Verlauf des Schwingkreisstroms $I(t)$ wiedergibt.

Die *Phasenverschiebung* zwischen Spannung und Stromstärke im Schwingkreis ist leicht einzusehen: Wenn die gesamte Energie im elektrischen Feld steckt, liegt maximale Spannung am Kondensator; die Stromstärke ist in diesem Augenblick Null. Befindet sich dagegen die gesamte Energie im Magnetfeld, so fließt durch die Spule ein Strom maximaler Stärke, wobei gleichzeitig die Spannung am Kondensator Null wird.

Während bei der *mechanischen* Schwingung ein Körper sichtbar hin und her pendelt, verläuft die *elektromagnetische* Schwingung wesentlich unanschaulicher. Bei genauer Betrachtung zeigt sich jedoch, daß beide sehr viel Ähnlichkeit miteinander haben. So wird beim Federpendel zu Beginn eine *Feder* gespannt, deren Energie sich anschließend in kinetische Energie des *Pendelkörpers* umwandelt – beim Schwingkreis wird zuerst ein *Kondensator* geladen, dessen elektrische Feldenergie dann in magnetische Feldenergie der *Spule* übergeht.

Vergleichen wir also einmal die verschiedenen Schwingungsphasen eines Federpendels mit denen eines Schwingkreises! Dabei wollen wir vom Idealfall einer *ungedämpften* Schwingung ausgehen; beim Federpendel sei also keinerlei Reibung vorhanden, Spule und Zuleitungen im Schwingkreis sollen den ohmschen Widerstand Null haben.

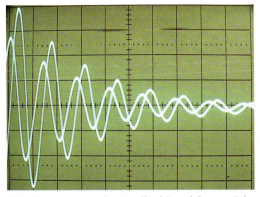

81.2 Spannung (große Amplitude) und Stromstärke (kleine Amplitude) am gedämpften Schwingkreis (nach Versuch 84)

Federpendel

a) Der ausgelenkte Körper werde losgelassen. Er wird durch die Kraft der Federn beschleunigt; seine Geschwindigkeit steigt aber infolge der Trägheit nur langsam an. Die Federkraft $F = -Ds$ ist nach der Newtonschen Grundgleichung der Mechanik in jedem Augenblick der Bewegung gleich Masse mal Beschleunigung des Körpers. Die ansteigende Geschwindigkeit ist mit einer Zunahme der kinetischen Energie verbunden; die Spannungsenergie der Feder nimmt dabei entsprechend ab.

b) Schließlich sind die Federn entspannt. In diesem Augenblick ist nur Bewegungsenergie vorhanden; die Geschwindigkeit des Körpers hat jetzt ihr Maximum erreicht. Könnten wir in diesem Augenblick die Federn wegnehmen, so würde der Körper wegen seiner Trägheit mit konstanter Geschwindigkeit weiterfliegen.

c) Die Federn bleiben aber am Körper. Er bewegt sich wegen seiner Trägheit weiter und spannt dabei die Federn entgegengesetzt zu a). Die dazu nötige Kraft $F = ma = -Ds$ wird von der Abnahme seiner Geschwindigkeit geliefert. Diese muß ja abnehmen, da sich die Federn dem Körper entgegenstellen. So geht die kinetische Energie ganz in Federenergie über.

d) Die Federn entspannen sich nun wieder; der Körper wird so beschleunigt, daß die Federkraft $F = -Ds$ in jedem Augenblick gleich Masse mal Beschleunigung ist, und das Spiel setzt sich fort.

Elektromagnetischer Schwingkreis

a) Der geladene Kondensator werde mit der Spule verbunden. Diese wird dann vom Entladestrom durchflossen, dessen Stärke I nach dem Lenzschen Gesetz nur langsam ansteigt. Dabei ist die Spannung U_C am Kondensator in jedem Augenblick gleich der in der parallel liegenden Spule induzierten Spannung U_{ind}. Der ansteigende Entladestrom erzeugt in der Spule ein Magnetfeld, dessen Energie zunimmt, während die Energie, die sich im elektrischen Feld des Kondensators befindet, abnimmt.

b) Schließlich ist der Kondensator entladen. Da keine Energie verlorengeht, muß in diesem Augenblick die gesamte Energie im Magnetfeld stekken; die Stromstärke I hat jetzt ihr Maximum erreicht. Überbrücken wir in diesem Augenblick den Kondensator ($R = 0\,\Omega$), so würde der Strom mit konstanter Stärke weiterfließen.

c) Der Kondensator bleibt aber an der Spule. Ihr weiterfließender Strom lädt ihn entgegengesetzt zu a) auf. Die dazu nötige Spannung U_{ind} wird von der Abnahme des Stroms geliefert. Dieser muß ja abnehmen, da sich ihm die wachsende Ladung des Kondensators entgegenstellt. So geht die magnetische Energie ganz in elektrische des Kondensators über.

d) Der Kondensator entlädt sich nun wieder so, daß seine Spannung U_C in jedem Augenblick gleich der in der Spule induzierten Spannung U_{ind} ist, und das Spiel setzt sich fort.

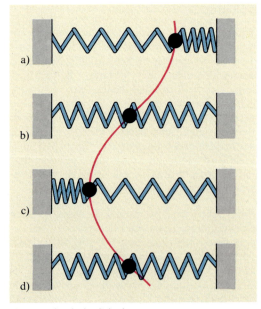

82.1 Mechanische Schwingungen

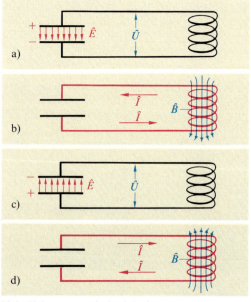

82.2 Elektromagnetische Schwingungen

Zum Schluß unserer Betrachtungen wollen wir uns noch überlegen, *wie lange* der eben beschriebene Schwingungsvorgang jeweils bis zu seiner Wiederholung braucht, d.h. wir fragen nach der **Periodendauer T** des ungedämpften Schwingkreises.

Wenn Sie die Oszillogramme in *Bild 80.4* und *81.2* betrachten, erkennen Sie, daß die Wechselspannung am Schwingkreis sinusförmig ist. Im Gegensatz zu den dort dargestellten *gedämpften* Schwingungen bleibt beim *ungedämpften* Schwingkreis die Amplitude der Wechselspannung konstant.

Nun ist es zweckmäßig, die Zeit $t=0$ für den Augenblick festzulegen, in dem der Kondensator mit der maximalen Spannung $\hat{U}$ geladen ist. Deshalb setzen wir für den zeitlichen Verlauf der Spannung $U(t) = \hat{U} \cos \omega t$ an; dabei steckt in der Konstante $\omega = 2\pi/T$ die Periodendauer T.

Die ebenfalls wechselnde Stromstärke $I(t)$ entsteht dadurch, daß sich die Ladung des Kondensators dauernd ändert. Hat dieser die Kapazität C, so beträgt seine momentane Ladung $Q(t) = C\hat{U} \cos \omega t$. Daraus folgt die Stromstärke $I(t) = \dot{Q}(t) = -\omega C \hat{U} \sin \omega t$ oder

$$I(t) = -\hat{I} \sin \omega t \quad \text{mit} \quad \hat{I} = \omega C \hat{U}. \tag{83.1}$$

Da wir eine *ungedämpfte* Schwingung ohne Energieverluste voraussetzen, muß der Energiesatz erfüllt sein, d.h. in jedem Augenblick der Schwingung muß die Summe aus der elektrischen und der magnetischen Energie konstant bleiben. Dabei ist die Konstante gleich der bei der anfänglichen Ladung des Kondensators in den Schwingkreis gesteckten Energie $\frac{1}{2} C \hat{U}^2$. Demnach gilt in jedem Augenblick t

$$\tfrac{1}{2} C U^2(t) + \tfrac{1}{2} L I^2(t) = \tfrac{1}{2} C \hat{U}^2 = \text{konstant}$$

oder

$$\tfrac{1}{2} C \hat{U}^2 \cos^2 \omega t + \tfrac{1}{2} L \omega^2 C^2 \hat{U}^2 \sin^2 \omega t = \tfrac{1}{2} C \hat{U}^2.$$

Division durch $\tfrac{1}{2} C \hat{U}^2$ ergibt

$$\cos^2 \omega t + \omega^2 C L \sin^2 \omega t = 1.$$

Mit $\cos^2 \omega t = 1 - \sin^2 \omega t$ folgt

$$-\sin^2 \omega t + \omega^2 C L \sin^2 \omega t = 0 \quad \text{und daraus}$$

$$\omega = 1/\sqrt{CL} \quad \text{oder} \quad 2\pi/T = 1/\sqrt{CL}.$$

Damit erhalten wir die Periodendauer

$$T = 2\pi \sqrt{CL}. \tag{83.2}$$

Man nennt diese Formel auch die **Thomsonsche Schwingungsgleichung**.

In einem Schwingkreis wandeln sich elektrische und magnetische Energie periodisch ineinander um.

Die Induktivität sei L; ist der ohmsche Widerstand $R = 0$ und wird der Kondensator der Kapazität C zu Beginn auf die Spannung $\hat{U}$ geladen, so entsteht eine ungedämpfte Schwingung mit der Wechselspannung $U = \hat{U} \cos \omega t$ und dem Wechselstrom $I = -\hat{I} \sin \omega t$ mit

$$\omega = \frac{1}{\sqrt{CL}} \quad \text{und} \quad \hat{I} = \omega C \hat{U}. \tag{83.3}$$

Die Periodendauer einer Schwingung ist

$$T = 2\pi \sqrt{CL}. \tag{83.4}$$

Aufgaben

1. *Eine 0,60 m lange Spule mit 1500 Windungen und 42 cm² Querschnittsfläche ohne Eisenkern wird mit einem Kondensator von $C = 0,5$ µF zu einem Schwingkreis zusammengeschaltet. Berechnen Sie seine Periodendauer und seine Frequenz! Wie groß ist die Frequenz bei 3000 Windungen?*

2. a) *Der Kondensator eines Schwingkreises hat die Kapazität $C = 0,5$ µF, die Spule eine Induktivität von $L = 2,0$ H. Der ohmsche Widerstand kann vernachlässigt werden. Berechnen Sie die Periodendauer und die Frequenz der Schwingung!* **b)** *Zeigen Sie, daß die gesamte Energie im ungedämpften Schwingkreis stets $W = \tfrac{1}{2} L \hat{I}^2$ ist!* **c)** *Der Kondensator wird zur Zeit $t = 0$ s mit der Spannung 400 V geladen. Berechnen Sie die maximale und die effektive Stromstärke des im Schwingkreis fließenden Wechselstroms! Wie groß sind Spannung und Stromstärke zur Zeit $t = T/6$? Wie ist die Energie in diesem Augenblick auf das elektrische und das magnetische Feld verteilt?*

3. *Mit einem Kondensator der Kapazität 80 µF soll ein Schwingkreis der Frequenz 40 Hz gebildet werden.* **a)** *Wie groß muß die Induktivität L sein?* **b)** *Der Kondensator wird zu Beginn der Schwingung ($t = 0$ s) mit 100 V geladen. Wie groß ist dann die Stromstärke in dem Augenblick, in dem die Spannung am Kondensator 50 V beträgt?* **c)** *Wie lange dauert es, bis die Spannung von 100 V auf 50 V abgesunken ist?* **d)** *Zu welchen Zeiten innerhalb einer Periodendauer des Schwingkreises sind die elektrische und die magnetische Energie gerade gleich?*

4. *Eine ungedämpfte elektromagnetische Schwingung hat eine Frequenz von 460 Hz. In den Zuleitungen zum Kondensator mißt man $I_{\text{eff}} = 52$ mA, zwischen den Platten $U_{\text{eff}} = 12$ V. Berechnen Sie daraus den induktiven und den kapazitiven Widerstand! Wie groß sind demnach L und C?*

§ 32 Ungedämpfte elmag. Schwingungen

1. Die Meißner-Schaltung

Bisher konnten wir nur gedämpfte elektromagnetische Schwingungen erzeugen. Ungedämpfte Schwingungen erhalten wir so:

Versuch 85: a) Ein Schwingkreis ($C = 100\ \mu\text{F}$; $L = 600$ H) ist nach *Bild 84.1* mit einem Oszilloskop verbunden, dessen Horizontalablenkung ausgeschaltet wurde. Die Anschlüsse der Vertikalablenkung sind so gepolt, daß der Elektronenstrahl nach *oben* abgelenkt wird, wenn der Punkt 1 der Schaltung *positiv* ist. Drücken Sie nun kurz die Taste, so wird der Kondensator geladen, und es entsteht eine elektromagnetische Schwingung: Der Leuchtpunkt des Oszilloskops schaukelt auf und ab.

Wenn Sie den Schwingkreis sich selbst überlassen, klingt die Schwingung rasch wieder ab, denn die Spule hat einen ziemlich hohen ohmschen Widerstand.

b) Versuchen Sie nun, die Taste periodisch so zu drücken, daß eine *ungedämpfte* Schwingung mit möglichst großer Amplitude entsteht! Nach einigem Probieren werden Sie finden, daß Sie dazu die Taste *genau während der Halbperiode gedrückt halten müssen, in welcher der Punkt 1 des Schwingkreises positiv geladen ist*.

Warum gerade so? Nun – so lange die Taste gedrückt ist, soll ja die Batterie dem Schwingkreis Energie liefern, um die Dämpfungsverluste wieder auszugleichen. Das kann sie aber nur tun, wenn der Anschlußpunkt 1 des Schwingkreises gleich gepolt ist wie die Batterie. Nur dann ist es dieser nämlich möglich, dem Kreis eine zusätzliche Energiespritze zu liefern. Bei der umgekehrten Polung würde der Kreis nach außen Energie abgeben; das wäre dann sogar noch eine zusätzliche Dämpfung. Deshalb muß die Taste während der Halbperiode, in der Punkt 1 *negativ* ist, losgelassen werden. Denken Sie zum Vergleich an das Laden eines Akkus: Er erhält nur dann Energie, wenn sein Pluspol an den Pluspol und sein Minuspol an den Minuspol des Ladegerätes angeschlossen ist. Der umgekehrte Fall wäre für den Akku so schlimm wie ein Kurzschluß: Er würde sich rasch entladen.

Immer wieder eine Taste drücken zu müssen, ist recht lästig. Deshalb wollen wir nun die periodische Energiezufuhr für den Schwingkreis von der handbetriebenen **Rückkopplung** auf eine automatische Schaltung umstellen.

Versuch 86: Als Schalter bauen wir nach *Bild 84.2* einen *Transistor* in die Zuleitung zwischen Batterie und Schwingkreis ein. Die Schwingkreisspule ($L = 600$ H) hat eine zusätzliche Wicklung, die sich als Induktionsspule verwenden läßt. Ihre Enden werden einerseits mit der Basis des Transistors, andererseits mit dem Abgriff eines Spannungsteilers verbunden. Wir stellen ihn so ein, daß der Transistor gerade noch nicht leitet. Dies ist der Fall, wenn die Spannung zwischen Basis und Emitter $U_{BE} \approx 0{,}6$ V beträgt. Wird nun beim Betrieb des Schwingkreises der obere Anschluß 1 gerade *positiv*, so ist die Polarität der Induktionsspannung in der Zusatzspule in Punkt 3 *positiv*, in Punkt 4 *negativ* (bei gleichem Windungssinn). U_{ind} addiert sich also zu der am Spannungsteiler eingestellten Spannung von 0,6 V auf $U_{BE} >$ 0,6 V: Der Transistor leitet, die Batterie pumpt

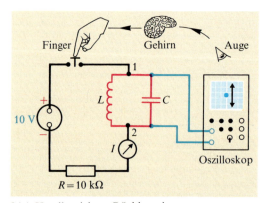

84.1 Handbetriebene Rückkopplung

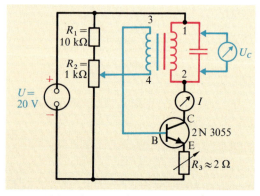

84.2 Rückkopplungsschaltung nach *Meißner*

Energie in den Schwingkreis. — Wird der obere Anschlußpunkt 1 dagegen negativ, so erhält die Induktionsspannung in 3 negative und in 4 positive Polarität. Jetzt *subtrahiert* sich U_{ind} von 0,6 V auf $U_{BE} < 0{,}6$ V: Der Transistor sperrt und trennt so den Schwingkreis von einer weiteren Energiezufuhr durch die Batterie ab.

Der Transistor wird also vom Schwingkreis selbst über die Induktionsspule — man nennt sie auch *Rückkopplungsspule* — so gesteuert, daß er sich genau so verhält wie der von Hand betriebene Schalter in Versuch 85. Dabei wird dem Schwingkreis stets im richtigen Zeitabschnitt eine Energiespritze verpaßt: Die anfangs nur zaghafte elektromagnetische Schwingung schaukelt sich immer weiter auf, bis die während einer Periode entstehenden Dämpfungsverluste durch die in derselben Zeit von der Batterie gelieferten Energiezufuhren gerade ausgeglichen sind.

Die Periodendauer der Schwingung beträgt ungefähr 1,5 s. An einem in die Zuleitung geschalteten Strommesser und einem zwischen die Punkte 1 und 2 geschalteten Spannungsmesser kann man den wechselnden Verlauf der Stromstärke I und der Spannung U_C gut verfolgen. I und U_C sind in der Phase um 90° gegeneinander verschoben. Der Spannungsmesser muß einen hohen Widerstand haben, damit er dem System wenig Energie entzieht; sehr geeignet ist ein T-Y-Schreiber.

Ist die Induktionsspannung zwischen den Punkten 3 und 4 der Rückkopplungsspule zu hoch, so wird der Transistor übersteuert. Der Strom I und die Spannung U_C zeigen dann starke Abweichungen von der Sinusform. Abhilfe schafft der Emitterwiderstand R_3: Er bewirkt eine **Gegenkopplung** und damit eine Schwächung. Seine Einstellung ist kritisch: Ist er zu klein, so erhält man Verzerrungen; ist er zu groß, so brechen die Schwingungen ab.

Die erste Rückkopplungsschaltung wurde von *A. Meißner* im Jahr 1913 entwickelt. Als Schalter benutzte er eine Triode; der Transistor war damals noch nicht erfunden.

> In der Rückkopplungsschaltung steuert sich der Schwingkreis selbst über eine Induktionsspule so, daß der Transistor stets im richtigen Zeitabschnitt leitet und dabei dem Schwingkreis Energie zuführt. Die Schwingung schaukelt sich auf, bis die Dämpfungsverluste durch diese periodische Energiezufuhr gerade ausgeglichen sind.

2. Rückkopplung und Regelkreis

Die Rückkopplung kommt nicht nur bei der Meißnerschaltung vor. Sie spielt auch in vielen anderen Vorgängen eine Rolle.

a) Als erstes Beispiel sei das **Antiblockiersystem (ABS)** genannt: Wird das Ventil für die Druckluftbremse eines Lastkraftwagens betätigt, so greifen die Bremsen, die Bewegung der Räder wird verzögert. Dadurch kommt es nun aber zu einem *Schlupf*, d.h. zu einer Relativgeschwindigkeit zwischen Reifenumfang und Straße; er ist besonders groß, wenn die Räder *blockieren*. Nur bei einem ganz bestimmten (relativ kleinen) Schlupf sind Bremskraft und Lenkbarkeit des Fahrzeugs optimal.

Um diese besonders günstigen Verhältnisse herzustellen, wird sowohl die Geschwindigkeit als auch die Verzögerung der Räder mit speziellen *Sensoren* ermittelt. Die Werte werden einem *Mikroprozessor* zugeführt, der daraus den Schlupf berechnet. Und nun kommt die *Rückkopplung* ins Spiel! Der Mikroprozessor meldet sein Ergebnis an das Bremsventil zurück: Bei zu großem Schlupf wird schwächer, bei zu kleinem stärker gebremst.

Allgemein läßt sich das Antiblockiersystem folgendermaßen charakterisieren: Ein *Eingang* (Bremsventil) beeinflußt einen *Ausgang* (Rad), der nun wiederum auf den Eingang zurückwirkt. Ein solches rückgekoppeltes System nennt man auch einen **Regelkreis.**

b) Ein biologisches Beispiel für einen Regelkreis ist die **Pupillenreaktion** beim Auge: Licht gelangt durch einen Eingang — die Pupille — zu einem Ausgang — der Netzhaut. Diese ist mit dem Eingang rückgekoppelt, so daß sich die Pupille bei starkem Lichteinfall verengt, bei schwachem erweitert. Damit wird automatisch für eine gleichmäßige Beleuchtungsstärke auf der Netzhaut gesorgt. — Die **Körpertemperatur** wird ebenfalls durch einen biologischen Regelkreis konstant gehalten.

c) Auch das **marktwirtschaftliche Prinzip** von *Angebot* und *Nachfrage* ist ein solches geregeltes System: Die Nachfrage nach einer Ware beeinflußt deren Preis (Angebot) und dieser wirkt nun wieder auf die Nachfrage zurück. Bei starker Nachfrage steigt der Preis; dadurch wird die Nachfrage geringer. Das hat nun aber wieder ein Sinken des Preises und eine steigende Nachfrage zur Folge usw.

3. Erzwungene Schwingungen

In der Meißner-Rückkopplungsschaltung bestimmt der Schwingkreis selbst den Takt des Energienachschubs, mit dem die Dämpfung aufgehoben wird. Wie wird er sich wohl verhalten, wenn ihm von außen Energie in einem Rhythmus mit *beliebiger Frequenz* aufgezwungen wird? Macht er mit — oder ist er ein „Eigenbrötler", der nur mit seiner Eigenfrequenz schwingen kann?

Wir wollen diese Frage nach dem Verhalten bei erzwungenen Schwingungen zuerst an einem anschaulichen mechanischen Analogon klären.

Versuch 87: Als Schwinger benutzen wir ein Feder-Schwere-Pendel. Es besteht aus einem Kraftmesser (1 N), an den ein Stabmagnet der Masse $m = 63$ g gehängt ist *(Bild 86.1)*. Der Kraftmesser ist damit in der Gleichgewichtslage etwa zur Hälfte ausgelenkt. Eine Kraft von 0,1 N verlängert die Feder im Kraftmesser um 1 cm; die Federhärte ist also $D = 10$ N m^{-1}. Die Periodendauer dieses Feder-Schwere-Pendels beträgt

$$T_0 = 2\pi\sqrt{\frac{m}{D}} = 2\pi\sqrt{\frac{0{,}063}{10}}\text{ s} = 0{,}50\text{ s};$$

seine *Eigenfrequenz* $f_0 = 1/T_0 = 2{,}0$ Hz (Hertz).

Ein Pol des Stabmagneten taucht nach *Bild 86.1* in eine Spule mit 500 Windungen ein. Sie wird von einem *Sinusgenerator* mit niederen Frequenzen gespeist; dadurch erfährt der in das Spuleninnere tauchende Stabmagnet *Kräfte*, die sich nach einem Sinusgesetz periodisch ändern und dabei am Magneten abwechselnd nach unten und oben ziehen. Damit wir den zeitlichen Verlauf dieser Kräfte verfolgen können, verbinden wir den Ausgang des Sinusgenerators mit einem *Oszilloskop*. Wir wählen die Anschlüsse (durch Probieren) so, daß die Ablenkung des auf dem Bildschirm erscheinenden Leuchtpunkts gleich gerichtet ist wie die entsprechende Kraft auf den Stabmagneten (die Sägezahnspannung zur x-Ablenkung wird abgeschaltet). Zur Messung der Erregerfrequenz f ist der Sinusgenerator außerdem noch mit einem elektronischen Zähler verbunden (in *Bild 86.1* links oben eingebaut).

Wir wollen wissen, ob das Feder-Schwere-Pendel nur mit seiner Eigenfrequenz $f_0 = 2{,}0$ Hz schwingen kann oder ob es sich auch zu Schwingungen mit anderen Frequenzen „überreden" läßt. Stellen wir also die Erregerfrequenz f so ein, daß sie deutlich von f_0 verschieden ist, z.B. auf $f = 0{,}5$ Hz! Dabei wird das Pendel zunächst einmal angestoßen — und dann wird's spannend: Das Feder-Schwere-Pendel versucht's zuerst ein bißchen mit seiner Eigenfrequenz! Diese klingt jedoch bald ab — und jetzt läßt sich das Pendel herumkriegen: Es schwingt ungedämpft nur noch mit der ihm aufgezwungenen Frequenz $f = 0{,}5$ Hz. An der Skala des Federkraftmessers können Sie die Amplitude $\hat{s}$ ablesen; sie ist verhältnismäßig klein.

Der auf und ab tanzende Leuchtpunkt auf dem Bildschirm des Oszilloskops zeigt an, daß die Elongation des Schwingers und die von außen auf ihn wirkende Kraft ungefähr im Gleichtakt (man sagt dazu auch „in Phase") sind.

Nun wiederholen wir den Versuch mit höheren Erregerfrequenzen. Dabei läßt sich das Feder-Schwere-Pendel jedesmal nach einer kurzen Einschwingzeit zu einer ungedämpften Schwingung mit derselben Frequenz wie der Erreger hinreißen.

Je näher die Zwangsfrequenz f an die Eigenfrequenz f_0 des Feder-Schwere-Pendels heranrückt, desto größer wird die Amplitude der erzwungenen Schwingung. Der tanzende Leuchtpunkt auf dem Bildschirm des Oszilloskops zeigt an, daß sich dabei die Phasenwinkel der Kraft und der Elongation immer mehr gegeneinander verschieben.

Liegt f schließlich ganz dicht bei f_0, so fühlt sich das Feder-Schwere-Pendel offenbar besonders stark angesprochen: Es schwingt mit maximaler Amplitude auf und ab. Dieser Zustand wird mit **Resonanz** bezeichnet. Am Oszilloskop sehen Sie, daß jetzt die auf den Schwinger von

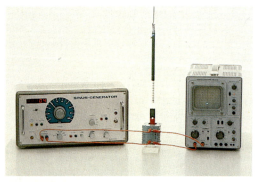

86.1 Der Elektromagnet übt auf den harmonischen Schwinger periodisch wechselnde Kräfte aus; sie führen zu erzwungenen Schwingungen.

außen einwirkende Kraft der Elongation in der Phase etwa um eine Viertelperiode voraus ist: Die Phasenverschiebung zwischen Kraft und Elongation beträgt ca. 90°.

Wahrscheinlich haben Sie erwartet, daß sich die Resonanz genau dann einstellt, wenn $f = f_0$ ist. Exakte Untersuchungen und Berechnungen zeigen jedoch, daß die Resonanzfrequenz wegen der Dämpfung etwas unterhalb der Eigenfrequenz f_0 des Schwingers liegt.

Erhöhen wir nun die Zwangsfrequenz über die Resonanzfrequenz hinaus, so nehmen die Amplituden $\hat{s}$ der erzwungenen Schwingung wieder ab. Am Oszilloskop erkennen Sie, daß dabei Kraft und Elongation immer mehr in Gegenphase geraten, also einer Phasenverschiebung von 180° zustreben.

Als Ergebnis unseres Versuchs tragen wir die Amplituden $\hat{s}$ in einem Schaubild über den Zwangsfrequenzen f auf. Dabei erhalten wir eine **Resonanzkurve** nach *Bild 87.1 a*. Dämpfen wir die Schwingung stärker, indem wir den Magneten erst in Wasser, dann in Glycerin eintauchen lassen, so ist die Resonanzkurve immer weniger scharf ausgeprägt *(Bild 87.1 b und c)*. Bei sehr starker Dämpfung verschwindet das Maximum der Kurve schließlich ganz *(Bild 87.1 d)*.

Warum eilt eigentlich bei der Resonanz die Kraft $F(t)$ der Elongation $s(t)$ um eine Viertelperiode voraus? Nun – in diesem Fall zieht die Kraft gerade dann am stärksten nach unten, wenn die Elongation Null ist. Im selben Augenblick hat aber die nach unten gerichtete Geschwindigkeit ihren Höchstwert: *Bei Resonanz sind Kraft und Geschwindigkeit in Phase.* Das bedeutet, daß die Momentanleistung $P(t) = F(t) \cdot v(t)$ stets *positiv* ist: Die während einer Periode in den Schwinger „gepumpte" Energie ist *maximal*.

Erzwungene Schwingungen spielen in vielen Gebieten der Physik eine Rolle, vor allem in der Akustik und der Rundfunktechnik, aber auch in der Optik. Manchmal wirken Resonanzerscheinungen auch störend, ja, sogar schädlich. So erregt z.B. der Motor eines Kraftfahrzeugs bei bestimmten Drehfrequenzen unter Umständen Teile der Karosserie zu Resonanzschwingungen *(Bild 87.2)*. Gelegentlich ist es sogar schon zu einer *Resonanzkatastrophe* gekommen. So haben z.B. Windstöße eine Brücke so stark zu Eigenschwingungen aufgeschaukelt, daß sie schließlich auseinanderbrach *(Bild 87.3)*.

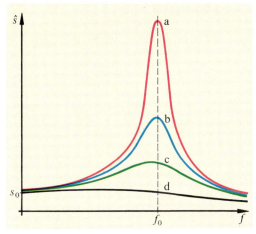

87.1 Resonanzkurven

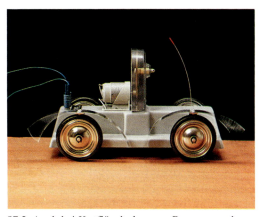

87.2 Auch bei Kotflügeln kann es Resonanz geben.

87.3 Resonanzkatastrophe

4. Beim Schwingkreis ist es ebenso

Bei unseren bisherigen Überlegungen hat sich eine enge Verwandtschaft zwischen elektromagnetischer und mechanisch-harmonischer Schwingung herausgestellt. Deshalb sind Sie sicher nicht überrascht, daß sich ein elektromagnetischer Schwingkreis ebenso zu *erzwungenen* Schwingungen anregen läßt wie ein mechanischer Schwinger. Wir wollen also versuchen, dem Schwingkreis von außen eine sinusförmige Wechselspannung $U(t)$ aufzuzwingen, deren Frequenz f von der Eigenfrequenz f_0 des Schwingkreises verschieden ist.

Versuch 88: Ein Schwingkreis besteht aus einem Kondensator der Kapazität $C = 0{,}5\,\mu\text{F}$ und einer langgestreckten Spule der Länge $l = 1{,}0$ m mit 2660 Windungen und einer Querschnittsfläche von 46,5 cm². Nach *Gl. 70.2* beträgt ihre Induktivität $L = \mu_0\, n^2\, A/l = 41{,}3$ mH; die Eigenfrequenz des Schwingkreises ist also $f_0 = 1/(2\pi\sqrt{CL}) = 1100$ Hz. Die Wechselspannung mit der Zwangsfrequenz f wird von einem Sinus-Generator geliefert und nach *Bild 88.1* durch Induktion auf den Schwingkreis übertragen. Punkt 0 der Schaltung verbinden wir mit der Erdbuchse, Punkt 1 und 2 jeweils mit einem der beiden Eingänge eines Zweikanal-Oszilloskops. Erregerspannung und Schwingkreisspannung erscheinen dann gleichzeitig auf dem Bildschirm. Nach kurzer Einschwingzeit ist die Eigenfrequenz f_0 abgeklungen, und der Kreis schwingt mit der ihm vom Erreger aufgezwungenen Frequenz.

a) Wir bestimmen nun am Oszilloskop die Amplituden der erzwungenen elektromagnetischen Schwingung in Abhängigkeit von der Anregungsfrequenz f, die sich mit einem angeschlossenen elektronischen Zähler messen läßt. Dabei müssen wir darauf achten, daß die Amplitude der Erregerspannung konstant bleibt. Die Meßergebnisse übertragen wir in ein Schaubild: Wir erhalten eine **Resonanzkurve**, wie wir sie bereits von den erzwungenen mechanischen Schwingungen kennen. Ihr Maximum liegt etwas unterhalb der Eigenfrequenz $f_0 = 1100$ Hz des ungedämpften Schwingkreises.

b) Wir wiederholen den Versuch, schalten aber noch zusätzliche Widerstände in den Schwingkreis ein. Dabei stellen wir fest: Je größer der Dämpfungswiderstand ist, desto flacher wird die Resonanzkurve. Mit der Vergrößerung des Widerstandes sinkt auch die Resonanzfrequenz noch weiter unter die Eigenfrequenz f_0 des ungedämpften Schwingkreises.

c) Bei einer nochmaligen Wiederholung des Versuchs achten wir jetzt auf die Phasenverschiebung φ zwischen der Erregerschwingung und der erzwungenen Schwingung. Auch hier finden wir völlige Übereinstimmung mit den erzwungenen mechanischen Schwingungen:

Für $f \ll f_0$ wird $\varphi = 0$;
für $f = f_0$ wird $\varphi = 90°$;
für $f \gg f_0$ wird $\varphi = 180°$.

Versuch 89: Die Resonanzkurve des elektromagnetischen Schwingkreises läßt sich auch mit Hilfe des T-Y-Schreibers aufzeichnen. Dazu wird die am Schwingkreis auftretende Wechselspannung in einer Graetz-Schaltung gleichgerichtet und dem Y-Eingang des Schreibers zugeführt *(Bild 88.2)*. Erhöhen wir nun die Frequenz f der vom Sinus-Generator gelieferten Wechselspannung durch möglichst gleichmäßiges Drehen am Frequenzwähler, so zeichnet der T-Y-Schreiber die Resonanzkurve

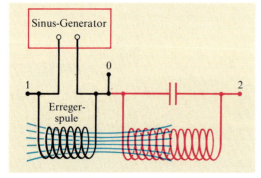

88.1 Schaltung zur Beobachtung erzwungener elektromagnetischer Schwingungen mit dem Oszilloskop

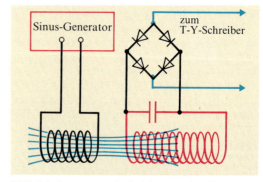

88.2 Schaltung zur Aufzeichnung der Resonanzkurve mit einem T-Y-Schreiber

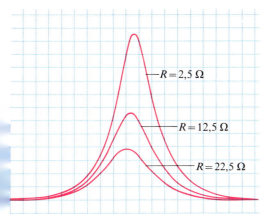

89.1 Resonanzkurven für $C = 0,5$ µF, $L = 5,8 \cdot 10^{-2}$ H und verschiedene Dämpfungswiderstände R

auf. Der Versuch gelingt besonders gut, wenn wir einen Sinus-Generator benutzen, dessen Frequenz proportional zu einer von außen zugeführten Hilfsspannung vergrößert (gewobbelt) werden kann. Wir legen eine linear ansteigende Spannung an den Wobbeleingang eines solchen Generators. Dann ändert sich die Zwangsfrequenz f exakt proportional zur Zeit, und der T-Y-Schreiber, dessen Papiervorschub ja ebenfalls proportional zur Zeit verläuft, zeichnet eine saubere Resonanzkurve auf. Bild 89.1 zeigt das Ergebnis: Je kleiner der Dämpfungswiderstand wird, desto schärfer ist das Maximum der Resonanzkurve ausgeprägt.

Aufgaben

1. *Ein Schwingkreis besteht aus einem Kondensator der Kapazität $C = 1,0$ µF und einer Spule der Induktivität $L = 0,04$ H. Bei der Darstellung seiner gedämpften Schwingung auf dem Bildschirm eines Oszilloskops mißt man für zwei aufeinanderfolgende Maxima der Stromstärke die Werte $\hat{I}_1 = 0,12$ A und $\hat{I}_2 = 0,10$ A.*
a) *Berechnen Sie die Energie, die der Schwingkreis während der zwischen $\hat{I}_1$ und $\hat{I}_2$ vergangenen Zeit verloren hat!* **b)** *Stellen Sie eine Formel für die in dieser Zeit im Widerstand R der Spule entstandene Wärmemenge auf! (Die einzelnen Abschnitte des Stromverlaufs dürfen mit guter Näherung als sinusförmig betrachtet werden. Die Periodendauer ist praktisch dieselbe wie beim ungedämpften Schwingkreis.)* **c)** *Wie groß ist demnach der ohmsche Widerstand im Schwingkreis?*

2. *Vergleichen Sie die Vorgänge bei einer Heizung, die* **a)** *mit einem außerhalb des Gebäudes angebrachten,* **b)** *mit einem im beheizten Raum befindlichen Thermostaten arbeitet! Worin besteht der Eingang bzw. der Ausgang? In welchem Fall handelt es sich um ein geregeltes System?*

§33 Hochfrequenz

1. Wozu braucht man hochfrequente Schwingungen?

Elektromagnetische Schwingungen mit sehr hohen Frequenzen (100 000 Hz bis zu vielen Millionen Hertz) finden in der Praxis vielfache Anwendungen. So werden z.B. im *Hochfrequenzherd*, den man auch *Mikrowellenherd* nennt, die Speisen dadurch erwärmt, daß die darin vorhandenen Ionen von einem außerordentlich rasch wechselnden elektrischen Feld „geschüttelt" werden. In der *Kurzwellentherapie* werden innere Bereiche des menschlichen Körpers durch hochfrequente Schwingungen erwärmt. Die betreffende Stelle wird in ein hochfrequentes elektrisches Wechselfeld zwischen zwei Kondensatorplatten gebracht. Die dabei zustandekommenden schnellen Schwingungen der Ionen im Gewebe bringen die gewünschte Erwärmung. Die Energie wird hier durch elektrische Felder direkt in das Körperinnere geführt und nicht — wie bei Heizkissen und Heizsonne — in Form von Wärme über die Moleküle der empfindlichen Haut geleitet.

Zum Schmelzen von Metallen benutzt man den *Hochfrequenz-Induktionsofen*. In einer Spule, die den Schmelztiegel umfaßt, fließt ein Wechselstrom sehr hoher Frequenz. Er induziert im Metall Wirbelströme, die es bis zum Schmelzen erhitzen. Die zum Abbinden von Kunstharzleimen notwendige Wärme wird ebenfalls durch hochfrequente Schwingungen erzeugt (Hochfrequenzverleimung). Eine besonders hervorragende Rolle spielen hochfrequente elektromagnetische Schwingungen in der *Nachrichtentechnik* (§ 37).

2. Die Erzeugung hochfrequenter Schwingungen

Zur Erzeugung hochfrequenter elektromagnetischer Schwingungen braucht man nach der Thomsonschen Gleichung Schwingkreise mit möglichst kleiner Kapazität und Induktivität. Statt der induktiven Rückkopplung benutzt man meist eine sogenannte **Dreipunktschaltung** (*Bild 90.1*). Sie arbeitet folgendermaßen: Während des Zeitabschnitts, in dem der obere Anschluß des Schwingkreises *positiv* geladen ist, entsteht zwischen den Punkten 1 und 3 eine Spannung U; dabei erhält Punkt 1 positive Polarität. Da Punkt 3 in bezug auf den Minuspol

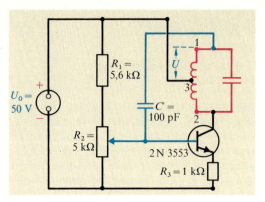

90.1 Dreipunktschaltung

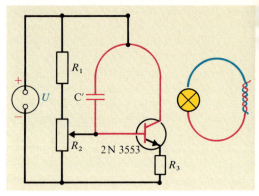

90.3 Dreipunktschaltung für sehr hohe Frequenzen

der Spannungsquelle die Spannung U_0 hat, erhält Punkt 1 die Spannung $U_0 + U$. Der Trennkondensator C' hält die konstante Spannung U_0 zurück und überträgt nur den Wechselspannungsanteil U auf die Basis des Transistors: So lange der obere Anschluß des Schwingkreises *positiv* ist, erhält auch die Basis positive Polarität, und der Transistor leitet. Ist der obere Anschluß dagegen *negativ*, so wird die Basis ebenfalls negativ, und der Transistor sperrt. Es liegen also dieselben Verhältnisse wie bei der in Versuch 86 behandelten induktiven Rückkopplung vor.

Versuch 90: Für den Schwingkreis einer Dreipunktschaltung verwenden wir eine Spule der Länge $l = 10$ cm mit 14 Windungen. Ihr Durchmesser beträgt 4,5 cm, die Querschnittsfläche also $A = 1,6 \cdot 10^{-3}$ m². Nach der Formel $L = \mu_0 n^2 A/l$ ist die Induktivität dieser Spule $L \approx 4 \cdot 10^{-6}$ H. Als Kapazität nehmen wir einen Drehkondensator mit $C \approx 100$ pF. Die Eigenfrequenz des Schwingkreises beträgt damit

$$f_0 = \frac{1}{2\pi} \frac{1}{\sqrt{4 \cdot 10^{-6} \cdot 10^{-10}}} \text{ s}^{-1} \approx 8 \text{ MHz}.$$

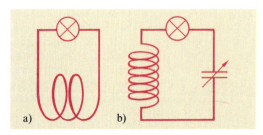

90.2 a) Prüfspule mit Glühlämpchen; b) abstimmbarer Resonanzkreis mit Glühlämpchen

Für diese hohe Frequenz ist der bis jetzt benutzte Transistor zu träge. Wir ersetzen ihn deshalb durch den Hochfrequenztransistor 2 N 3553. Bei einer Betriebsspannung von $U_0 = 50$ V nehmen wir $R_1 = 5,6$ kΩ, $R_2 = 5$ kΩ, $R_3 = 1$ kΩ und $C' = 100$ pF; der Abgriff in Punkt 3 liegt an der fünften Windung (von Punkt 1 aus gezählt). Die hochfrequente Schwingung weisen wir mit dem Oszilloskop nach; ihre Periodendauer ermitteln wir entweder aus der Zeitablenkung des Oszilloskops oder mit einem elektronischen Zähler. – Wir können zum Nachweis der hochfrequenten Schwingung auch eine Prüfspule (5 Windungen, Durchmesser 4,5 cm) mit einem Glühlämpchen (3,8 V; 0,07 A) benutzen *(Bild 90.2a)*. Bringen wir sie in die Nähe der Schwingkreisspule, so wird die Prüfspule von einem Induktionsstrom durchflossen, und das Lämpchen leuchtet.

Versuch 91: Statt der Prüfspule benutzen wir nun einen Resonanz-Schwingkreis mit eingebautem Glühlämpchen *(Bild 90.2b)*. Nähern wir die Spulen der beiden Schwingkreise einander, so leuchtet das Lämpchen nur dann hell auf, wenn die Drehkondensatoren auf Resonanz eingestellt sind.

Versuch 92: Zur Erzeugung noch höherer Frequenzen setzen wir die Induktivität immer weiter herab, bis für die Spule des Schwingkreises schließlich nur noch eine einzige Windung übrigbleibt. So kommt die Dreipunktschaltung nach *Bild 90.3* zustande. Die Schwingkreisspule ist zu einer Drahtschleife verkümmert; die Schwingkreiskapazität wird im wesentlichen durch die Kapazität C_{BC} zwischen Basis und Kollektor des Transistors gebildet. Der

Trennkondensator C' ist mit C_{BC} in Reihe geschaltet; dadurch wird die frequenzbestimmende Kapazität sogar noch etwas herabgesetzt. ($R_1 = 1$ kΩ, $R_2 = 5$ kΩ, $R_3 = 100$ Ω, $C' = 300$ pF, $U = 40$ V, Durchmesser der Drahtschleife 5 cm)

Zum Nachweis der hochfrequenten Schwingungen bringen wir einen Resonanzkreis in die Nähe der Drahtschleife. Er besteht nach *Bild 90.3* aus einer einzigen Windung (Durchmesser 5 cm); sie bildet wegen ihres Magnetfeldes die Induktivität des Kreises. Die Kapazität stellen wir dadurch her, daß wir die beiden Enden der isolierten Drähte mehr oder weniger miteinander verflechten, bis das Lämpchen maximal leuchtet. Dann ist der aus der Drahtschleife gebildete Schwingkreis auf Resonanz abgestimmt.

Versuch 93: Noch höhere Frequenzen erreichen wir mit der Röhrenschaltung nach *Bild 91.1*. Sie arbeitet nach demselben Prinzip wie die Transistorschaltung des Versuchs 92, benutzt aber eine *Triode*. Der sehr hohe Widerstand R ist in dieser Schaltung nötig, weil sich sonst Elektronen auf dem isolierten Gitter ansammeln und dieses so lange negativ aufladen würden, bis die Röhre schließlich ganz blockiert wäre.

Der zum Nachweis der Schwingung benutzte Resonanzkreis besteht wieder aus einer einzigen Windung (der Durchmesser der Schleife beträgt ungefähr 6 cm). Wegen der hohen Frequenz muß die Kapazität noch kleiner sein als in Versuch 92. Deshalb besteht der Kondensator des Resonanzkreises jetzt im wesentlichen nur noch aus den beiden nebeneinander gelegten isolierten Drahtenden. Wir biegen sie so zurecht, daß das eingebaute Lämpchen möglichst hell leuchtet.

§ 34 Der Hertz-Dipol

1. Vom Schwingkreis zum Dipol

Auf dem Weg zu immer noch höheren Frequenzen ist aus dem elektromagnetischen Schwingkreis eine offene Drahtschleife geworden. Was könnte man jetzt noch tun, um Induktivität und Kapazität weiter herabzusetzen? Nun — man könnte die Schleife nach *Bild 91.2* immer mehr auseinanderbiegen, bis man schließlich bei einem geraden Leiter gelandet ist. Ist ein gerades Leiterstück etwa auch schon ein Schwingkreis?

Versuch 94: Wir bringen in die Nähe eines Hochfrequenzgenerators einen leitenden Stab, dessen Länge durch übergeschobene Metallhülsen verändert werden kann. Bei einer bestimmten Länge leuchtet das in der Mitte des Stabs eingebaute Lämpchen hell auf; verändert man diese Länge, so wird es dunkler und erlischt schließlich ganz: Der Stab zeigt überraschenderweise eine *Eigenfrequenz*, wie wir sie vom Schwingkreis aus Versuch 91 kennen.

Versuch 95: Wir streichen mit einer bis kurz unterhalb ihrer Zündung vorgespannten Glimmlampe an dem zu elektrischen Schwingungen angeregten Stab entlang. An seinen Enden leuchtet die Glimmlampe hell auf. Je näher wir sie zur Mitte des Stabs hin führen, desto schwächer leuchtet sie; in der Mitte selbst erlischt die Glimmlampe ganz.

Die Erklärung dafür ist, daß sich an den beiden Enden des Stabs Ladungen anhäufen; dabei entstehen dort in dauerndem Wechsel Plus- und Minuspole. Deshalb wird der stabförmige Schwinger **Hertz-Dipol** genannt (nach *Heinrich*

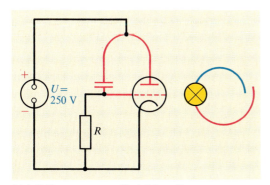

91.1 Röhrengenerator für höchste Frequenzen

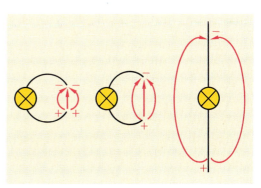

91.2 Vom Schwingkreis zum Dipol

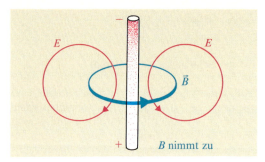 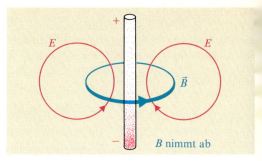

92.1 Die nach unten fließenden Elektronen bauen ein Magnetfeld auf. Dieses induziert ein elektrisches Feld, das dem Elektronenstrom entgegenwirkt.

92.2 Das Magnetfeld baut sich ab und induziert dabei ein elektrisches Feld, das die Elektronen weiter nach unten treibt.

Hertz, 1857 bis 1894). Die Ladungsanhäufungen werden durch Elektronenschwingungen hervorgerufen, die der Hochfrequenzgenerator im Stab induziert. Betrachten wir einmal die Viertelperiode, in der sich die Elektronen im Dipol gerade nach oben verschieben!

In der *Stabmitte* können die Elektronen am ungestörtesten schwingen. Hier kommt es zu keinen Ladungsanhäufungen; der Strom ist am größten, und ein an dieser Stelle eingebautes Lämpchen leuchtet besonders hell. In einem Punkt *oberhalb* der Mitte gibt es jedoch ein um so dichteres Ladungsgedränge, je näher dieser Punkt beim oberen Ende des Dipols liegt. Am Ende selbst stauen sich die negativen Ladungen besonders dicht; dort können sich ja die Elektronen nicht mehr weiter nach oben verschieben. Die Stromstärke ist an dieser Stelle stets Null. Entsprechendes gilt für die momentane Verteilung positiver Ladungen auf der unteren Hälfte des Dipols.

Auch für die Dipolschwingung gibt es ein mechanisches Analogon. Stellen Sie sich eine an beiden Enden fest eingespannte, lotrecht aufgehängte Schraubenfeder vor, deren einzelne Windungen in Längsrichtung der Feder schwingen. In ihrer Mitte schwingen die Windungen am stärksten, und zwar so, daß sie dabei denselben Abstand voneinander behalten, den sie auch in der Ruhe haben. Je näher die einzelnen Windungen einem der beiden festen Enden sind, desto weniger bewegen sie sich; dafür drängen sie sich dort beim Schwingen immer dichter zusammen.

Damit verstehen wir jetzt, warum ein Lämpchen in der Mitte eines Stabs leuchten kann, obwohl es — entgegen allen bisherigen Vorstellungen von elektrischen Strömen — in keinem geschlossenen Stromkreis liegt. Aber wie kommt es, daß dies nur bei einer gewissen Stablänge funktioniert, daß der Hertz-Dipol also eine *Eigenfrequenz* besitzt?

Wir sind in unseren Überlegungen dabei stehen geblieben, daß die Elektronen im Dipol eine Viertelschwingung nach oben ausgeführt haben, so daß für einen Augenblick an den Dipolenden maximale, jeweils entgegengesetzt gepolte Ladungen angehäuft sind. Die Elektronen werden nun aber durch elektrische Kräfte zurückgezogen: Sie bewegen sich nach unten; die Ladungen gleichen sich wieder aus. Der Gedanke liegt nahe, die Elektronen würden jetzt wegen ihrer Trägheit übers Ziel hinausschießen, dabei die untere Dipolhälfte negativ laden und auf diese Weise eine Eigenschwingung erzeugen. Bei der schwingenden Schraubenfeder ist es zwar so: Sie kommt wegen der Trägheit ihrer Windungen im entspannten Zustand nicht zur Ruhe, sondern spannt sich erneut entgegengesetzt.

Aber wir dürfen das mechanische Analogon nicht zu wörtlich nehmen! Nicht die Masse der Elektronen, sondern die *Induktivität* des Dipols spielt hier eine Rolle: Die sich nach unten verschiebenden Elektronen stellen einen *Strom* dar, der nach *Oersted* um den Stab ein ringförmiges Magnetfeld entstehen läßt *(Bild 92.1)*! Während seines Aufbaus ($\dot B > 0$) induziert es dort ein elektrisches Wirbelfeld, dessen Feldlinien so gerichtet sind, daß sie dem nach unten fließenden Elektronenstrom entgegenwirken und seinen Anstieg bremsen. Schließlich haben sich die Ladungen aber doch ausgeglichen; das Magnetfeld baut sich ab ($\dot B < 0$) und induziert dabei ein elektrisches Wirbelfeld *(Bild 92.2)*, das so gerichtet ist, daß die Elektronen weiter nach unten getrieben werden. Jetzt entsteht am unteren Ende des Dipolstabs eine negative und am oberen eine positive Überschußladung. Das Spiel geht — mit umgekehrtem Vorzeichen — weiter! Der Dipol kann also selbständig schwingen. (Vergleiche Seite 82!)

Versuch 96: Das den Dipol umgebende magnetische Wechselfeld weisen wir wie in Versuch 92 mit einer induktiven Resonanzschleife nach, in die ein Lämpchen geschaltet ist. Es leuchtet maximal, wenn die Fläche der Schleife vom Magnetfeld senkrecht durchsetzt wird. Dabei können wir feststellen, daß das Magnetfeld — und damit auch der im Stab fließende elektrische Strom — in der Mitte des Dipols am stärksten ist und auf die Dipolenden zu immer mehr bis auf Null abnimmt.

Versuch 97: Wir verfolgen den Verlauf der von den Dipolladungen ausgehenden elektrischen Feldlinien mit einem zweiten Dipol derselben Länge. Halten wir ihn tangential zu den elektrischen Feldlinien, so leuchtet das Lämpchen in seiner Mitte besonders hell; steht er dagegen senkrecht zu den Feldlinien, so erlischt es. In diesem *Empfangsdipol* werden die freien Elektronen durch das elektrische Wechselfeld geschüttelt. Bei Resonanz entsteht dabei ein Wechselstrom von so großer Stärke, daß das Lämpchen leuchtet.

In den Augenblicken maximaler Ladungsanhäufung auf dem Dipol ist nur ein *elektrisches*, in den Momenten des Ladungsausgleichs bei maximaler Stromstärke nur ein *magnetisches* Feld vorhanden. Während der Dipolschwingung wandeln sich die beiden Arten dieses sogenannten **Nahfeldes** periodisch ineinander um. *Bild 93.1* zeigt vier aufeinanderfolgende Momentaufnahmen der elektrischen und magnetischen Feldlinien des mit den Dipolschwingungen verbundenen elektromagnetischen Nahfeldes. Dabei sind nur die in der Zeichenebene liegenden elektrischen Feldlinien dargestellt; in Wirklichkeit sind sie in sämtlichen Ebenen, die den Dipol enthalten, ebenso vorhanden. Dieser ist also nicht nur vom magnetischen, sondern auch vom elektrischen Feld umhüllt.

In *Bild 93.2* ist für dieselben vier Augenblicke die jeweilige Verteilung der maximalen Ladungen $\hat{Q}$ bzw. der maximalen Stromstärken $\hat{I}$ aufgezeichnet.

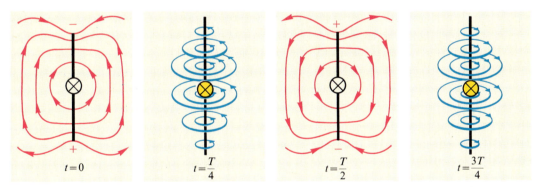

93.1 Während einer Schwingungsperiode von den elektrischen Ladungen bzw. den Strömen des Dipols erzeugte elektrische und magnetische Nahfelder

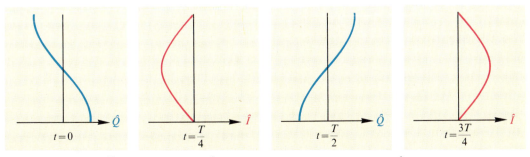

93.2 Verteilung der Überschußladungen $\hat{Q}$ bzw. der maximalen Stromstärken $\hat{I}$ im Dipol während einer Schwingungsperiode

§ 35 Eigenschaften von Wellen

1. Grundbegriffe

Im Jahr 1886 zeigte *Heinrich Hertz* in einem aufsehenerregenden Versuch, daß von einem schwingenden Dipol *elektromagnetische Wellen* ausgehen – eine Entdeckung von außerordentlicher Bedeutung.

Bevor wir uns diesen neuartigen unsichtbaren Wellen zuwenden, wollen wir am Beispiel der sichtbaren mechanischen Welle etliche Grundbegriffe der Wellenlehre wiederholen und darüber hinaus noch weitere wichtige Eigenschaften von Wellen kennenlernen.

Aus dem Fundamentum (Seite 115ff.) ist Ihnen die *fortschreitende mechanische Querwelle* schon bekannt. Sie läßt sich anschaulich an der Wellenmaschine demonstrieren: Eine Schwingung, in die man das erste Teilchen der Maschine versetzt, überträgt sich durch ein Spannband auf weitere in einer geraden Linie aufgereihte Teilchen, den sogenannten *Träger* der mechanischen Welle. Da die einzelnen Teilchen *quer* zur Ausbreitungsrichtung schwingen, spricht man von einer **Querwelle.** Wegen der elastischen Kopplung erfolgt diese Ausbreitung mit einer zeitlichen Verzögerung: Je weiter ein Teilchen vom Erreger entfernt ist, desto mehr hinkt es diesem gegenüber in der Schwingungsphase nach. Dadurch werden die Elongationen, die der Erreger *zeitlich* nacheinander ausführt, *räumlich* nebeneinander gelegt: Es entsteht eine Wellenlinie mit Bergen und Tälern. Ihre Gestalt schreitet andauernd mit einer gewissen Geschwindigkeit c längs des Trägers fort. Dies geschieht allerdings nur, wenn am Ende der Wellenmaschine eine Dämpfung angebracht ist. Andernfalls läuft die Welle wieder zurück. Was dann passiert, werden wir in Ziffer 3 behandeln.

Der Abstand zweier benachbarter Wellenberge wird **Wellenlänge** λ genannt. Zwischen der Periodendauer T, der Frequenz $f = 1/T$, der Ausbreitungsgeschwindigkeit c und der Wellenlänge λ gilt der Zusammenhang

$$c = \frac{\lambda}{T} = f\lambda. \tag{94.1}$$

Bei der fortschreitenden mechanischen Welle wird keine Materie transportiert, wohl aber *Energie*. Was außerdem fortschreitet, ist die Gestalt der Welle sowie die Schwingungsphase.

2. Störung mit Echo

Bei unseren bisherigen Versuchen haben wir dafür gesorgt, daß die von der fortschreitenden Welle mitgeführte Energie dem Träger am Ende wieder entzogen wurde. Was geschieht eigentlich *ohne* eine solche Dämpfung? – Das wird sich zeigen, wenn wir an der Wellenmaschine die Dämpfungseinrichtung weglassen! Dabei betrachten wir für das letzte Körperchen der Wellenmaschine zwei verschiedene Möglichkeiten:

a) Es ist unverrückbar fest (festes Ende);

b) es kann frei ausschwingen (freies Ende).

Versuch 98: Der letzte Stab der Wellenmaschine wird arretiert; damit besitzt der Träger ein festes Ende. Nun lenken wir das erste Körperchen nach oben aus und halten es in dieser Lage fest. Dadurch verdrillt sich das Spannband: Das zweite Körperchen kommt in Bewegung, dann das dritte usw. Wie in Versuch 1 auf Seite 112 des Fundamentums wandert eine Querstörung über die Wellenmaschine hinweg. Nachdem sie am Ende angekommen ist, läuft sie als Echo wieder zurück. Dabei sind die Auslenkungen der Körperchen gerade entgegengesetzt wie vorher; offenbar hat sich die Schnellerichtung der Körperchen nach der Reflexion umgekehrt. Wie kommt das?

Bild 95.1a zeigt den Augenblick, in dem das *vorletzte* Körperchen bereits von der Störung erfaßt worden ist; es ist gerade in der Auslenkung nach oben begriffen und verdrillt dabei das letzte Stück des Spannbandes. Dadurch wird es – genau so, wie zuvor alle anderen Körperchen – *abgebremst*. In *Bild 95.1b* ist das vorletzte Körperchen (kurzzeitig) zur Ruhe gekommen. Was passiert nun anschließend? – Sehr einfach: Betrachten Sie das letzte Körperchen! *Es liegt relativ zu den momentan ruhenden übrigen Körperchen tiefer und wird in dieser Lage festgehalten*. Also muß es – nach allem, was wir von der Ausbreitung einer Welle wissen – eine *Querstörung* mit nach *unten* gerichteter Schnelle erzeugen: Sie läuft als Echo über den Träger zurück, wird also *reflektiert* (*Bild 95.1c* und *d*). Dieser gelangt dabei wieder in seine ursprüngliche Ausgangslage.

> **Eine Querstörung wird am festen Ende des Trägers reflektiert; dabei kehrt sich die Richtung der Schnelle um.**

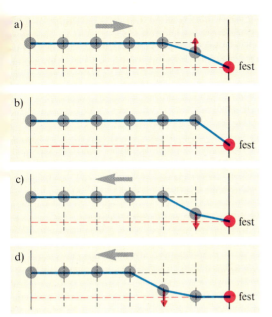

95.1 Reflexion am festen Ende

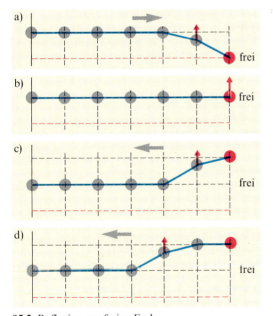

95.2 Reflexion am freien Ende

Versuch 99: Nun bleibt der letzte Stab der Wellenmaschine *frei beweglich*. Erzeugen wir auf dieselbe Weise wie im vorigen Versuch eine Querstörung nach oben, so wird sie an diesem *freien Ende* reflektiert und läuft als Echo wieder zurück. Doch behalten die Körperchen der Wellenmaschine jetzt nach der Reflexion ihre Schnellerichtung bei.

In *Bild 95.2a* ist das *vorletzte* Körperchen schon von der Querstörung erfaßt worden; sie kommt soeben beim letzten Körperchen an. Dieses setzt sich in Bewegung; dadurch wird das vorletzte abgebremst. Diesmal muß nun aber das letzte Körperchen kein *rechts* von ihm liegendes Bandstück mehr verdrillen. Deshalb kann es in der Situation, die *Bild 95.2b* zeigt, *frei durchschwingen*. Es spielt dabei die Rolle eines Erregers, der relativ zu den übrigen – für einen Augenblick ruhenden – Körperchen nach *oben* ausgelenkt wird: Es entsteht eine Störung, die mit unveränderter Schnellerichtung zurückläuft (*Bild 95.2c* und *d*). Dabei wird der ganze Wellenträger schließlich um eine Strecke nach oben verschoben, die gleich der doppelten Auslenkung des Erregers ist.

> **Eine Querstörung wird am freien Ende des Trägers reflektiert; dabei bleibt die Richtung der Schnelle erhalten.**

3. Das Echo einer fortschreitenden Welle

Nicht nur eine *einmalige* Störung, sondern auch eine Folge von Störungen, also eine *fortschreitende Welle*, wird am Ende des Trägers reflektiert. Dabei müssen wir wieder zwischen einer Reflexion am festen und am freien (losen) Ende des Trägers unterscheiden.

A) Reflexion einer Querwelle am festen Ende

Bei einem Träger mit festem Ende ist das letzte Teilchen unbeweglich; also könnte man denken, es verhalte sich völlig passiv. Weit gefehlt – das Gegenteil ist der Fall!

Betrachten Sie eine nach *oben* gerichtete Störung, die bis an das feste Ende eines Trägers herangekommen ist: Vom vorletzten (nach oben ausgelenkten) Teilchen aus beurteilt bleibt dann das letzte (feste) Teilchen *unten*; relativ zu einer nach *unten* gerichteten Störung bleibt es *oben*. Demnach ist das letzte (feste) Teilchen recht aktiv! Es „zieht" nämlich bei aufwärts gerichteten Elongationen nach unten, bei abwärts gerichteten Elongationen nach oben. *Das feste Ende verhält sich wie ein Erreger, der gegenphasig zur ankommenden Störung tätig wird.* Es muß also einen ankommenden Wellenberg mit einem zurücklaufenden Wellental „beantworten". Aus demselben Grund muß ein Wellental nach der Reflexion in einen Wellenberg verwandelt werden.

Versuch 100: a) Wir arretieren den letzten Stab der Wellenmaschine und erzeugen dann einen Wellenberg, indem wir den ersten Stab nach oben auslenken und gleich wieder zurückführen. Dieser Wellenberg läuft über den Träger hinweg *(Bild 96.1a)* und kehrt nach der Reflexion am festen Ende als Wellental *(Bild 96.1b)* wieder zurück. Der nach oben gerichtete Schnellevektor 1 an der Vorderseite des Wellenberges wird nämlich bei der Reflexion am festen Ende umgekehrt und dabei zum nach unten gerichteten Schnellevektor 1' an der Vorderseite eines Wellentales.

b) Erzeugen wir dagegen an der Wellenmaschine ein Wellental, so wird es am festen Ende als Berg reflektiert.

Auch gegenüber einer ständigen Störung, also einer *fortschreitenden Welle,* verhält sich das feste Ende wie ein Erreger, der gegenphasig, d.h. mit einer Phasenverschiebung von 180°, schwingt. Deshalb läuft die Welle nach der Reflexion am festen Ende nicht „ungeschoren" wieder zurück; vielmehr wird eine halbe Wellenlänge „verschluckt" und ein ankommender Berg als Tal bzw. ein ankommendes Tal als Berg zurückgeschickt.

Dieser sogenannte *Phasensprung* von 180° bewirkt, daß die ankommende und die reflektierte Welle am festen Ende in jedem Augenblick entgegengesetzte, aber gleich große Elongationen und Schnellen besitzen. Deshalb heben sie sich dort auf. So kann das Ende des Trägers zwei Wellen über sich ergehen lassen und trotzdem fest bleiben.

> **Eine Querwelle wird am festen Ende des Trägers reflektiert. Dabei erfährt sie einen Phasensprung von 180°. Ein Wellenberg läuft nach der Reflexion als Wellental zurück, ein Wellental als Wellenberg.**

B) Reflexion einer Querwelle am freien Ende

Das freie Ende des Trägers schwingt über die Elongation einer ankommenden Störung um deren Betrag hinaus. Damit verhält es sich wie ein Erreger, der *gleichphasig* mit der ankommenden Welle schwingt. Dies bedeutet, daß eine Querwelle nach der Reflexion am *freien* Ende unverändert wieder zurückläuft. Ein Wellen*berg* wird demnach als Wellen*berg* reflektiert; ebenso wird aus einem Wellen*tal* wieder ein Wellen*tal*. Bei der Reflexion am freien Ende fällt also nicht – wie an einem festen Ende – ein Teil der Welle weg; daraus folgt, daß die Welle am freien Ende *ohne Phasensprung* reflektiert wird.

Versuch 101: Wir erzeugen an einer Wellenmaschine, deren letzter Stab frei schwingen kann, einen Wellenberg. Er läuft über den Träger hinweg *(Bild 96.2a)* und wird anschließend am freien Ende wieder als Wellenberg reflektiert *(Bild 96.2b)*.

> **Eine Querwelle wird am freien Ende des Trägers ohne Phasensprung reflektiert. Ein Wellenberg läuft nach der Reflexion als Wellenberg zurück, ein Wellental als Wellental.**

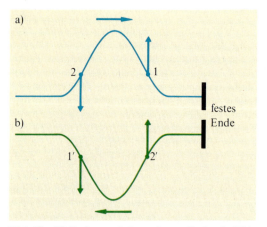

96.1 Ein Wellenberg wird am festen Ende als Wellental reflektiert. Beachten Sie die Schnellevektoren an der Vorder- und Rückseite: $1 \rightarrow 1'$; $2 \rightarrow 2'$.

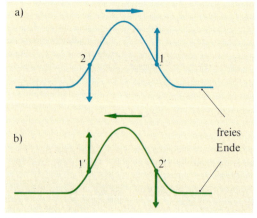

96.2 Ein Wellenberg wird am freien Ende wieder als Wellenberg reflektiert. Beachten Sie auch hier: $1 \rightarrow 1'$; $2 \rightarrow 2'$.

4. Interferenz

Eine typische Welleneigenschaft ist die **Interferenz**. So nennen wir die Überlagerung von Wellen mit gleicher Wellenlänge und derselben Schwingungsrichtung (Fundamentum, Seite 120).

Für das Ergebnis der Interferenz zweier Wellen ist deren *Gangunterschied* δ entscheidend. Mit

$\delta = 0, \lambda, 2\lambda \ldots, k\lambda$ verstärken sie sich maximal *(konstruktive Interferenz)*,

$\delta = \lambda/2, 3\lambda/2, \ldots, (2k+1)\lambda/2$ schwächen sie sich maximal bzw. löschen sich bei gleicher Amplitude sogar ganz aus *(destruktive Interferenz)*.

5. Stehende Wellen

Eine besonders interessante und ganz neuartige Interferenzerscheinung entsteht, wenn man zwei Wellen einander auf demselben Träger entgegenlaufen läßt. Um zu klären, was dabei herauskommt, zeichnen wir auf zwei verschiedene Folien jeweils das Momentbild einer Querwelle. Damit das Problem nicht unnötig erschwert wird, setzen wir für beide außer gleichen Wellenlängen auch noch dieselben Amplituden voraus.

Versuch 102: Wir legen die beiden Folien auf einem Schreibprojektor übereinander und bewegen sie dann so aufeinander zu, daß sich die darauf gezeichneten Wellen längs ihrer Mittellinien verschieben. Dabei verändert sich die gegenseitige Lage der beiden Schlangenlinien dauernd.

Für die Interferenz bedeutet dies:

— Wenn gerade Berg auf Berg und Tal auf Tal fällt, entsteht durch die Überlagerung eine Welle mit maximaler (doppelter) Amplitude (konstruktive Interferenz).
— Mit wachsender Verschiebung der beiden Wellen nimmt die Amplitude der resultierenden Welle zuerst einmal ab.
— Fällt gerade Berg auf Tal, so ist die Amplitude der resultierenden Welle für einen Augenblick Null (destruktive Interferenz).
— Sie nimmt mit weiterer gegenseitiger Verschiebung der beiden Wellen wieder zu, bis erneut Berg auf Berg und Tal auf Tal fällt. Nun beginnt alles wieder von vorn...

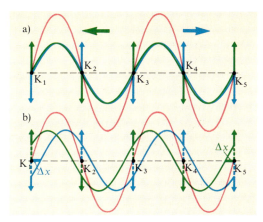

97.1 Bei der Interferenz der beiden einander entgegenlaufenden Querwellen heben sich in den Punkten $K_1, K_2, \ldots$ die Schnellen und Elongationen fortwährend auf. Deshalb bleiben diese Punkte dauernd in Ruhe.

Wie sich dies auf den Verlauf der resultierenden Welle auswirkt, erkennen Sie am besten, wenn Sie von der Situation ausgehen, in der sich die beiden einander entgegenlaufenden Wellen gerade für einen Augenblick decken *(Bild 97.1a)*. In diesem Moment fallen insbesondere auch die mit $K_1, K_2, \ldots$ bezeichneten *Nulldurchgänge* der beiden Wellen aufeinander. Wie Sie wissen, steckt im Nulldurchgang einer fortschreitenden Welle besonders viel Bewegung: Die Schnelle besitzt dort ihren maximalen Betrag. Nun haben wir hier aber zwei *einander entgegenlaufende* Querwellen vor uns. Deshalb ist in den momentan aufeinanderfallenden Nulldurchgängen die Schnelle der einen Welle nach *oben*, die gleich große Schnelle der anderen dagegen nach *unten* gerichtet. Beide heben sich also bei der Überlagerung auf: Die Nulldurchgänge $K_1, K_2, \ldots$ sind in diesem Augenblick in Ruhe.

Im nächsten Moment hat sich nun aber die blau gezeichnete Welle um das Stück Δx nach *rechts* und die grün gezeichnete um dasselbe Stück nach *links* verschoben. *Bild 97.1* zeigt, daß dabei die beiden sich übereinanderschiebenden Wellen in den Punkten $K_1, K_2, \ldots$ stets mit gleich großen, entgegengesetzt gerichteten Elongationen und Schnellen aufeinandertreffen. Dies bedeutet, daß die Punkte $K_1, K_2, \ldots$ auch weiterhin *dauernd in Ruhe bleiben*. Sie werden deshalb **Knoten** der Schnelle oder **Bewegungsknoten** genannt. Ihr gegenseitiger Abstand ist halb so groß wie die Wellenlänge der einander entgegenlaufenden Wellen.

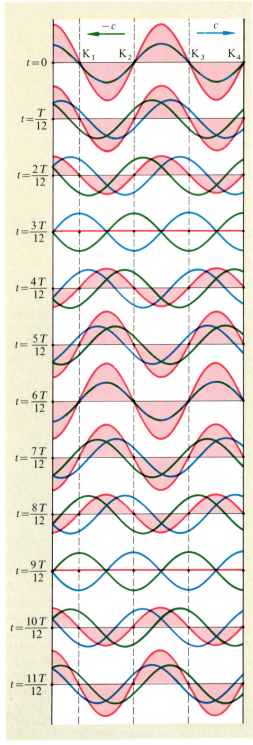

98.1 Zwei einander entgegenlaufende fortschreitende Querwellen überlagern sich zu einer stehenden Querwelle. Der Abstand zweier Knoten ist gleich der halben Wellenlänge.

Damit ist nun der Verlauf der resultierenden Welle klar: Zwischen den festliegenden Knoten bauchen sich in stetem Wechsel Berge und Täler auf, ebnen sich wieder ein, bauchen sich nach der entgegengesetzten Seite auf usw.... Der Träger schaukelt an Ort und Stelle zwischen den Knoten auf und ab: Es hat sich eine **stehende Welle** gebildet. Dabei schwingen alle Punkte zwischen zwei benachbarten Knoten in gleicher Phase, d.h. sie erreichen gleichzeitig ihr Maximum und gehen gleichzeitig durch die Null-Lage; doch sind ihre Amplituden verschieden groß. Die Punkte in der Mitte zwischen zwei Knoten schwingen am weitesten aus. Man nennt diese Stellen **Bewegungsbäuche** oder **Schnellebäuche**. *Bild 98.1* zeigt einzelne Momentbilder der Interferenz zweier gegenläufiger Querwellen zu einer stehenden Welle in zeitlichen Abständen von $T/12$.

Und wie erzeugt man nun praktisch eine solche stehende Querwelle? — Ganz einfach: Wir lassen eine fortschreitende Welle und deren Echo einander entgegenlaufen!

Versuch 103: a) Eine lange, weiche Schraubenfeder (oder ein Gummischlauch) wird mit einem Ende an einem Haken befestigt. Das andere Ende regen wir zu Querschwingungen an. Im ersten Augenblick wandert eine fortschreitende Querwelle über den Träger. Sowie die am festen Ende reflektierte Welle zurückläuft, bildet sich eine *stehende Querwelle* aus. Ihre Knoten und Bäuche sind deutlich zu erkennen. Dabei muß am festen Ende ein Knoten sein.

b) Man kann eine stehende Welle auch mit Hilfe der Reflexion am *freien* Ende erzeugen. Dazu befestigen wir das eine Ende der Schraubenfeder über einen dünnen Faden an einem Haken und versetzen das andere in Querschwingungen. Wieder bildet sich nach der Reflexion eine stehende Querwelle! Da am freien Ende maximale Bewegung herrscht, muß dort ein *Bewegungsbauch* der stehenden Welle liegen.

Betrachten Sie bei der Verschiebung der beiden einander entgegenlaufenden Wellen *(Bild 99.1)* die *Schnellevektoren*, so stellen Sie fest: Im Augenblick, in dem sich die Elongationen aufheben, herrscht maximale Schnelle. Der Träger besitzt keine Elongationsenergie und maximale Bewegungsenergie. Im Moment maximaler Elongation dagegen heben sich alle Schnellevektoren auf: Der Träger ist kurzzeitig in Ruhe und besitzt keine Bewegungsenergie, dagegen maximale Elongationsenergie.

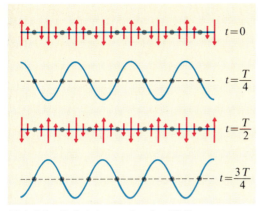

99.1 Schnelle bei einer stehenden Welle

Die Interferenz zweier einander auf demselben Träger entgegenlaufender Querwellen mit gleicher Amplitude und der Wellenlänge λ ergibt eine stehende Welle. Sie schaukelt zwischen den Bewegungsknoten auf und ab. Der Abstand zweier benachbarter Bewegungsknoten ist λ/2.

---

6. Erst zwei Enden geben den Ton an

Sie wissen jetzt, daß sich eine fortschreitende Welle zusammen mit der am Ende des eindimensionalen Trägers reflektierten Welle zu einer *stehenden* Welle überlagert. Nun hat aber ein eindimensionaler Träger *zwei* Enden. Deshalb wird eine über ihn hinweglaufende Welle *mehrmals* hin und her reflektiert. Wie sich dies auswirkt, zeigt der nächste Versuch.

Versuch 104: Ein Gummischlauch ist mit einem Ende an der Decke, mit dem anderen am Experimentiertisch befestigt. Er wird nach *Bild 99.2* in einem geeigneten Punkt E nahe der Befestigung durch einen Motor und einen Exzenter zu langsamen harmonischen Querschwingungen angeregt. Dabei entsteht eine fortschreitende Querwelle, die über den Gummischlauch nach oben wandert, am festen Ende in O reflektiert wird und dann der ursprünglichen Welle entgegenläuft. Wir können also annehmen, daß sich eine *stehende Welle* bildet. Doch die Erwartung trügt: Der Gummischlauch schüttelt sich nur etwas unschlüssig.

Nun erhöhen wir vorsichtig die Drehfrequenz des Motors. Bei einer bestimmten Frequenz des Erregers tritt der erwartete Effekt doch noch ein. Plötzlich gerät der Gummischlauch in kräftige sogenannte *Eigenschwingungen*: Es hat sich eine stehende Welle mit einem Bewegungsbauch in der Mitte und je einem Knoten an den beiden Enden gebildet *(Bild 99.2)*. Erhöhen wir die Frequenz, so beginnt sich der Schlauch zuerst wieder unschlüssig zu schütteln. Wenn jedoch eine ganz bestimmte Frequenz erreicht ist, erhalten wir eine neue stehende Welle — diesmal mit *drei* Knoten, einem in der Mitte und zwei an den Enden. So geht das nun weiter: Bei bestimmten Frequenzen bilden sich immer wieder neue stehende Wellen mit noch mehr Knoten — sogenannte *Oberschwingungen* — aus *(Bild 99.2)*.

Warum treten diese *Eigenschwingungen* nur bei ganz bestimmten Frequenzen auf? — Nun, daran ist das zweite Ende schuld! Die am festen Ende in O reflektierte fortschreitende Welle *(Bild 99.2)* wird nämlich am anderen festen Ende in U abermals reflektiert, wandert zum zweiten Mal bis O, wird dort wieder reflektiert und huscht so auf dem Träger dauernd hin und her. Dabei wird die stehende Welle, die sich zu Beginn anbahnen wollte, im allgemeinen gleich wieder durcheinandergebracht, es sei denn, die nach einem Hin- und Hergang zum zweiten Mal von U nach O laufende Welle treffe *gleichphasig* mit der zum ersten Mal von U nach O fortschreitenden Welle zusammen. Dann verstärken sich beide. Eine dritte phasengleiche Welle kommt hinzu, dann die vierte usw. Die sich anbahnende stehende Welle wird jetzt nicht mehr zerstört, sondern im Gegenteil immer kräftiger aufgeschaukelt.

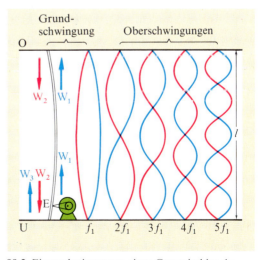

99.2 Eigenschwingungen eines Gummischlauchs

Dieser Sonderfall tritt nur unter ganz bestimmten Bedingungen ein: Da bei einer stehenden Welle der Knotenabstand λ/2 beträgt, und weil an den beiden festen Enden O und U jeweils ein Bewegungsknoten sein muß, passen die mehrmals hin und her reflektierten Wellen nur richtig aufeinander, wenn auf dem Träger der Länge l eine ganze Zahl von halben Wellenlängen Platz findet. Diese sogenannten **Randbedingungen** führen zu der Gleichung

$$l = k\frac{\lambda}{2} \quad \text{mit} \quad k = 1, 2, 3, \ldots \quad (100.1)$$

Nun hängt die Wellenlänge λ der längs des Trägers fortschreitenden Querwellen mit ihrer Ausbreitungsgeschwindigkeit c und der Erregerfrequenz f zusammen; es gilt $\lambda = c/f$.

Damit ergibt sich zusammen mit *Gl. 100.1* für das Zustandekommen von Eigenschwingungen auf einem beidseitig eingespannten Träger die Bedingung $l = k\frac{c}{2f}$ oder $f = k\frac{c}{2l}$.

Für $k = 1$ erhalten wir die *Eigenfrequenz* der Grundschwingung $f_1 = \frac{c}{2l}$; man nennt sie die 1. Harmonische. Für $k = 2, 3, \ldots$ ergeben sich die Eigenfrequenzen der 2., 3., ... Harmonischen (auch Oberschwingungen genannt). Allgemein gilt also für die $k$te Harmonische

$$f_k = k\frac{c}{2l} = kf_1. \quad (100.2)$$

Nur, wenn der Erreger mit einer dieser Eigenfrequenzen „rüttelt", schwingt der Träger kräftig mit. Man sagt dazu: Es tritt *Resonanz* ein.

Die Eigenschwingungen eines eindimensionalen Trägers sind *stehende Wellen*. Merkwürdig, daß in der zugehörigen Gleichung *100.2* die Ausbreitungsgeschwindigkeit c einer *fortschreitenden* Welle vorkommt! Nun — dieses c erinnert uns daran, daß hinter einer stehenden Welle zwei mit den Geschwindigkeiten c und $-c$ *fortschreitende* Wellen stecken.

7. Modelle, die vor Verwechslungen schützen

Forschreitende und *stehende* Wellen besitzen ganz verschiedene Eigenschaften. Im folgenden werden zwei *Modelle* beschrieben, die Ihnen helfen können, die beiden Wellenarten besser auseinanderzuhalten.

Versuch 105: a) Eine Schraubenlinie aus Draht wird mit konstanter Winkelgeschwindigkeit um ihre Längsachse gedreht. Projiziert man diese Anordnung (z.B. mit dem Schreibprojektor) an eine Wand, so erscheint dort eine Sinuslinie, die sich wie eine fortschreitende Welle andauernd verschiebt *(Bild 100.1)*. Dabei führt ein einzelner Bildpunkt P jedoch nur vertikale Schwingungen aus. Sein Original P beschreibt ja eine Kreisbahn *(in Bild 100.1 rot)*. Der Eindruck des Fortschreitens entsteht dadurch, daß *neben*einander liegende Punkte ihr Maximum zeitlich *nach*einander erreichen. Eine volle Umdrehung der Schraubenlinie läßt in der Projektion einen Hochpunkt um die Wellenlänge λ weiterrücken. Dabei bleibt die Gestalt der Sinuslinie erhalten, erfährt aber eine stetige Verschiebung mit der Ausbreitungsgeschwindigkeit $c = \lambda/T = f\lambda$.

b) Nun drehen wir eine ebene Sinuslinie aus Draht um ihre Achse. Bei der Projektion erfährt sie eine *affine Abbildung* mit periodisch wechselndem Maßstab *(Bild 100.2)*. Dieses Modell läßt an der Wand das Bild einer stehenden Welle erscheinen, die zwischen den in Ruhe bleibenden Knotenpunkten periodisch auf und ab schaukelt.

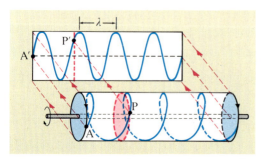

100.1 Modell für eine fortschreitende Querwelle: Projektion einer sich drehenden Schraubenlinie

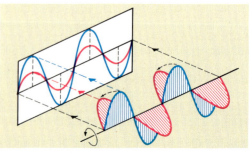

100.2 Modell für eine stehende Querwelle: Projektion einer sich drehenden Sinuswelle

§36 Die elektromagnetische Welle

1. Endlich bestätigt sich Faradays Feldidee

Der Raum um einen schwingenden Dipol ist nach *Bild 93.1* von wechselnden elektrischen Feldern erfüllt. Versuch 97 hat gezeigt, daß sie durch einen zweiten Dipol nachgewiesen werden können. Wir wollen deshalb den ersten Dipol einen *Sendedipol*, den zweiten einen *Empfangsdipol* nennen.

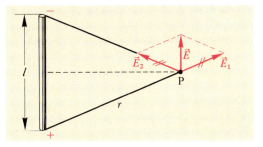

101.1 Die Ladungen des Dipols erzeugen im Punkt P die elektrische Feldstärke $\vec{E}$.

Versuch 106: Wir machen den Empfangsdipol empfindlicher, indem wir das Lämpchen durch ein Strommeßgerät (Meßbereich mA) ersetzen. Da es dem hochfrequenten Wechselstrom, der in der Mitte des Empfangsdipols fließt, nicht folgen kann, schalten wir dort eine Gleichrichterdiode in den Dipol. Jetzt fließt nur während der gesperrten Halbschwingung ein Strom stets in derselben Richtung durch das Instrument. Mit dieser Anordnung stellen wir auch noch in großen Entfernungen vom Sender Ströme im Empfangsdipol fest. Reicht das Feld des Sendedipols so weit?

Betrachten wir dazu nach *Bild 101.1* einen Dipol der Länge l, dessen Enden für einen Augenblick entgegengesetzt gleich geladen sind! Die elektrische Feldstärke $\vec{E}$ in einem Punkt P der Mittelachse setzt sich aus den Komponenten $\vec{E}_1$ und $\vec{E}_2$ zusammen. Den ähnlichen Dreiecken entnehmen wir die Beziehung $E/E_1 = l/r$; daraus folgt $E = E_1 l/r$. Nach dem Coulomb-Gesetz ist aber $E_1 \sim 1/r^2$; also gilt für die im Punkt P herrschende elektrische Feldstärke

$$E \sim 1/r^3. \qquad (101.1)$$

Versuch 107: In 20 cm Entfernung vom Sendedipol messen wir im Empfangsdipol die effektive Stromstärke $I_{\text{eff}} = 40$ mA. Nach *Gl. 101.1* müßte in 1 m Entfernung die Empfangsfeldstärke auf den tausendsten Teil zurückgehen; dementsprechend erwarten wir dort eine Empfängerstromstärke von nur noch 0,04 mA. Diese Voraussage trifft nun aber überraschenderweise nicht ein! Wir können den Empfangsdipol wesentlich weiter als 1 m vom Sendedipol entfernen und erhalten immer noch Stromstärken, die viel mehr als 0,04 mA betragen. Das elektrische Feld, das wir in größerer Entfernung vom schwingenden Dipol nachgewiesen haben, gehorcht also anderen Gesetzen als das von den Ladungen des Dipols ausgehende elektrostatische *Nahfeld*. Anscheinend entsteht außer diesem Nahfeld noch ein weiteres, auch in großem Abstand vom Dipol kräftig wirkendes **Fernfeld**. Schon *Faraday* hatte eine gute Idee, wie es dazu kommen könnte. Er schreibt:

„... Gewisse Versuchsergebnisse bringen mich zu der Überzeugung, daß sich magnetische Wirkungen ausbreiten und dafür Zeit benötigen. ... Ich glaube auch Gründe dafür zu haben, daß die elektrostatische Induktion (*Faraday* meint damit die elektrische Influenz, also im Grunde das elektrische Feld) eine ähnliche zeitliche Fortschreitung erfährt.
Ich bin geneigt, die Ausbreitung magnetischer Kräfte, die von einem Magnetpol ausgehen, mit Wellen an einer Wasseroberfläche oder mit Schallwellen zu vergleichen, d.h. ich meine, daß sich die Wellentheorie auf diese Erscheinungen ebenso anwenden läßt wie auf den Schall und sehr wahrscheinlich auch auf das Licht. Ich denke, daß die Wellentheorie analog dazu auch auf die Erscheinungen der elektrostatischen Induktion angewandt werden kann ..."

Aus der Annahme, daß elektrische und magnetische Felder zu ihrer Ausbreitung Zeit brauchen, schloß *Faraday* auf einen Wellenvorgang. Wie ist das zu verstehen? Nun – stellen Sie sich zur Veranschaulichung vor, die einzelnen Körperchen einer Wellenmaschine (Fundamentum, Seite 112) seien nicht durch ein elastisches Band, sondern durch einen starren Stab untereinander verbunden. Dann hätten alle Körperchen stets dieselbe Phase wie die Erregerschwingung, und es käme keine Welle zustande. Eine mechanische Welle bildet sich vielmehr nur, wenn ein Körperchen nach dem anderen von der Schwingung erfaßt wird, wenn sich die Störung also mit *endlicher Geschwindigkeit* ausbreitet. Dieselbe Überlegung läßt sich nach *Faraday* auch auf elektrische und magnetische Felder anwenden.

2. Alle Indizien sprechen für eine Welle

Elektrische und magnetische Felder breiten sich wie Wellen aus — so könnte man *Faradays* Idee kurz ausdrücken. Sie lag ihm so am Herzen, daß er sie am 12. März 1832 schriftlich bei der Royal Society in London niederlegte, um sich damit ein Prioritätsrecht zu sichern, seine weitschauenden Gedanken sozusagen patentieren zu lassen.

Folgen wir also *Faradays* Idee und prüfen nach, ob sich die elektrischen und magnetischen Felder des schwingenden Dipols etwa wie Wellen ausbreiten!

Versuch 108: a) Wir bringen zwischen Sende- und Empfangsdipol eine Metallplatte M_1. Darauf geht das Lämpchen im Empfangsdipol aus. Stellen wir nun nach *Bild 102.1* eine weitere Metallplatte M_2 auf, so leuchtet das Lämpchen wieder auf. Unser Versuchsergebnis ist ein erstes — wenn auch noch schwaches — Indiz für eine wellenartige Ausbreitung der vom Sendedipol ausgehenden Felder. Stellen Sie sich vor, derselbe Versuch würde mit Wasserwellen durchgeführt; anstelle des Sendedipols stünde ein periodisch in die Wasseroberfläche eintauchender Stift. Klar, daß dann M_1 der weiteren Ausbreitung einer Wasserwelle im Weg stünde. Dagegen würde die Welle an M_2 *reflektiert* und könnte so an die Empfangsstelle E gelangen.

b) Doch nun folgt ein weitaus stärkeres Indiz: Wir nehmen die Metallplatte M_1 weg. Jetzt kann die vom Sendedipol ausgehende Energie nach *Bild 102.2* einmal direkt und zum anderen auf dem Umweg über die reflektierende Metallplatte M_2 an den Empfangsdipol E gelangen. Verschieben wir die Metallplatte langsam parallel zu sich selbst vor und zurück, so leuchtet und erlischt das Lämpchen abwechselnd. Dieses Versuchsergebnis deutet auf **Interferenz** hin, die je nach dem Gangunterschied zur Verstärkung oder Auslöschung führt.

Interferenzerscheinungen sind nun aber ein besonders typisches Anzeichen für eine Welle. Alles deutet also darauf hin, daß vom schwingenden Sendedipol eine fortschreitende Welle ausgeht. Dann müßte es auch möglich sein, durch Überlagerung zweier einander entgegenlaufender Wellen eine *stehende Welle* zu erzeugen.

Versuch 109: a) Etwa 5 m vor einer Metallwand wird ein von einem Hochfrequenzgenerator angeregter Dipol aufgestellt. Wenn er tatsächlich eine fortschreitende Welle aussendet, müßte sich diese zusammen mit der an der Wand reflektierten Welle zu einer stehenden Welle überlagern. — Tasten wir also den Raum zwischen Sendedipol und Metallwand mit einem Empfangsdipol ab! Von seiner Mitte führen zwei durch eine Diode überbrückte Anschlüsse zu einem empfindlichen Strommesser. Dabei wird unsere Vermutung bestätigt: Zwischen dem Sendedipol und der Metallwand finden wir abwechselnd Stellen mit maximalem und minimalem Empfang, die sich als *Bäuche* und *Knoten* einer stehenden Welle deuten lassen: An den Bäuchen wechselt die elektrische Feldstärke $\vec{E}$ zwischen großen Werten, in den Knoten verschwindet sie ständig. An der Metallwand finden wir einen Knoten der elektrischen Feldstärke.

b) Als Meßinstrument kann man auch einen T-Y-Schreiber verwenden *(Bild 103.1)*. Den Knotenabstand messen wir zu 34,5 cm. Wenn der Dipol also eine fortschreitende Welle aussendet, dann hat diese die Wellenlänge $\lambda =$

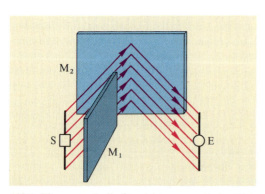

102.1 Eine erstes Indiz für elektromagnetische Wellen ist die Reflexion an einer Metallplatte.

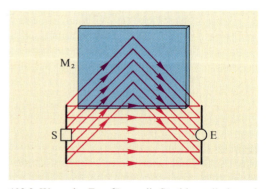

102.2 Wenn der Empfänger die Strahlung direkt und indirekt über M_2 erhält, tritt Interferenz auf.

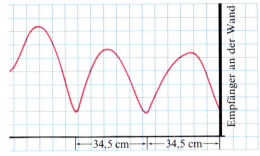

103.1 Der Empfangsdipol wurde an einem Bindfaden mit Hilfe eines Motors auf die Wand zubewegt. Die Empfangsspannung wurde gleichgerichtet und von einem T-Y-Schreiber aufgezeichnet.

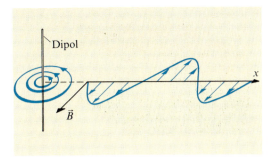

103.2 Die magnetischen Flußdichten B, die bei der Dipolschwingung zeitlich nacheinander folgen, liegen während der Ausbreitung längs der x-Achse räumlich nebeneinander.

69,0 cm. Da der zu unserem Versuch benutzte Generator mit der Frequenz $f = 434$ MHz arbeitet, folgt, daß sich diese Welle mit der unvorstellbar großen Geschwindigkeit

$c = \lambda f = 0{,}69 \text{ m} \cdot 434 \cdot 10^6 \text{ s}^{-1} \approx 3{,}0 \cdot 10^8 \text{ m s}^{-1}$

ausbreitet.

c) Die fortschreitende und damit auch die aus ihr hervorgegangene stehende Welle enthält nicht nur *elektrische*, sondern auch *magnetische* Felder. Diese weisen wir mit einer auf Resonanz eingestellten Induktionsschleife nach. Dazu schalten wir der Schleife eine Diode parallel und verbinden sie mit einem empfindlichen Meßinstrument. Wir stellen dabei fest, daß die magnetischen Feldlinien senkrecht auf den elektrischen stehen, und finden auch wieder Knoten und Bäuche in denselben Abständen wie vorher; doch liegen die Bäuche der magnetischen Welle in den Knoten der elektrischen und umgekehrt. Das kommt daher, daß sich die reflektierende Metallwand für elektrische Wellen wie ein festes, für magnetische wie ein freies Ende verhält.

Zuerst wollen wir uns nun überlegen, wie das *Magnetfeld* rings um einen schwingenden Dipol aussehen muß, wenn es sich mit einer endlichen Geschwindigkeit c ausbreitet. *Bild 103.2* zeigt in einem Ausschnitt das in der Mittelebene senkrecht zum Dipol verlaufende Magnetfeld. Aus dieser Ebene greifen wir eine bestimmte Ausbreitungsrichtung heraus; wir bezeichnen sie als x-Achse.

Die endliche Ausbreitungsgeschwindigkeit c des Magnetfeldes hat zur Folge, daß die magnetischen Flußdichten $\vec{B}$, die bei der Dipolschwingung während einer Periodendauer T zeitlich nacheinander auftreten, längs der x-Achse im Bereich einer Wellenlänge λ räumlich

nebeneinander liegen. In *Bild 103.2* ist die Verteilung der $\vec{B}$-Vektoren in einem bestimmten Augenblick dargestellt; nach der Zeit Δt haben sich alle Vektoren um das Stück $\Delta x = c \Delta t$ längs der x-Achse nach rechts verschoben.

3. Der ständige Begleiter

Aus der Elektrizitätslehre kennen Sie den Grundversuch zur *Induktion*: Bewegt man einen geraden Leiter der Länge d mit der Geschwindigkeit v senkrecht zu den Feldlinien eines ruhenden Magnetfeldes der Flußdichte B, so wird an seinen Enden die elektrische Spannung $U = B d v$ induziert.

Glauben Sie an das Relativitätsprinzip? Nun — soll es wirklich gelten, dann müßte dieselbe Spannung entstehen, wenn der Leiter still steht und das Magnetfeld sich mit der gleichen Geschwindigkeit wie vorher der Leiter, aber in der entgegengesetzten Richtung bewegt.

Versuch 110: a) Wir wiederholen Versuch 51, bewegen also einen auf zwei leitenden Schienen gelagerten Metallstab durch das Magnetfeld eines ruhenden Hufeisenmagneten nach *links* (*Bild 104.1*). Ein mit den Schienen verbundener Spannungsmesser zeigt dann die Induktionsspannung $U = B d v$ an.

b) Nun lassen wir den Stab in Ruhe und bewegen den Hufeisenmagneten mit gleichem Geschwindigkeitsbetrag nach *rechts*. Tatsächlich: Es entsteht dieselbe Spannung wie vorher.

Die Spannung äußert sich darin, daß im Leiter Elektronen verschoben werden. Wo aber zunächst ruhende elektrische Ladungen Kräfte erfahren, besteht ein elektrisches Feld.

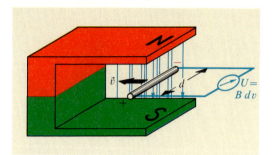

104.1 Auch wenn der Stab ruht und der Magnet sich mit der Geschwindigkeit v nach rechts bewegt, entsteht die Induktionsspannung $U = B\,d\,v$.

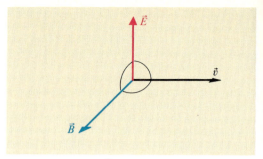

104.2 Richtung des $\vec{E}$-Feldes, das von einem mit der Geschwindigkeit $\vec{v}$ wandernden $\vec{B}$-Feld induziert wird

Seine Feldstärke beträgt

$$E = \frac{U}{d} = \frac{B\,d\,v}{d} = B\,v.$$

Der Leiter, an dem wir die Spannung $U = B\,d\,v$ abnehmen, ist ein Indikator für dieses elektrische Feld — er stellt sozusagen die Probeladungen zu dessen Nachweis bereit. Das elektrische Feld existiert auch dann, wenn der Leiter gar nicht vorhanden ist (Seite 105). Daraus ergibt sich eine merkwürdige Eigenschaft eines sich ausbreitenden Magnetfeldes:

> **Ein mit der Geschwindigkeit v über einen Punkt hinwegziehendes Magnetfeld der Flußdichte B induziert dort ein elektrisches Feld der Feldstärke**
>
> $E = B\,v.$ (104.1)

Wandert das in *Bild 104.1* nach *unten* gezeichnete Magnetfeld mit der Geschwindigkeit $\vec{v}$ nach *rechts*, so erfahren positive Probeladungen dort eine Kraft nach *vorne*. Wenn Sie die Anordnung von unten betrachten (so daß die $\vec{B}$-Feldlinien aus der Zeichenebene herausweisen), erhalten Sie den in *Bild 104.2* dargestellten Zusammenhang zwischen den Richtungen der jeweils aufeinander senkrecht stehenden $\vec{E}$-, $\vec{B}$- und $\vec{v}$-Vektoren.

Aus *Gl. 104.1* folgt:
— Ist die magnetische Flußdichte maximal, so gilt dies zum selben Zeitpunkt und am selben Ort auch für die elektrische Feldstärke E.
— Wird $B = 0$, so ist gleichzeitig an derselben Stelle auch $E = 0$.

Eine magnetische Welle hat also einen ständigen Begleiter in Form einer elektrischen Welle.

Die beiden Wellen sind stets in Phase und breiten sich demnach mit derselben Geschwindigkeit $\vec{v}$ aus. Ihre Feldlinien stehen jeweils aufeinander senkrecht *(Bild 104.3)*. Wir nennen das Ganze eine **elektromagnetische Welle**.

4. Die Welle macht sich selbständig

Elektromagnetische Wellen haben — wie man z.B. vom Echo am Mond weiß — noch eine andere bemerkenswerte Eigenschaft: Sie wandern weiter in den Raum hinaus, auch wenn der Sendedipol längst aufgehört hat zu schwingen. Die vom Dipol ausgesandte elektromagnetische Welle macht sich also selbständig. Wie ist das möglich?

Die in den Raum hinauswandernden Magnetfelder schaffen sich durch Induktion ihren elektrischen Begleiter selbst. Müssen sich deshalb die magnetischen Felder bei der Erzeugung der elektrischen Felder nicht schließlich ganz verzehren? Und was dann? Woher bekommt die wandernde magnetische Welle Nachschub — weitab vom Sender?

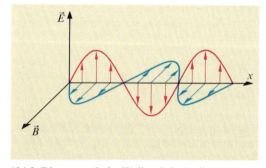

104.3 Die magnetische Welle wird ständig von einer elektrischen Welle begleitet.

An dieser Stelle wird deutlich, daß der selbständigen, vom schwingenden Dipol unabhängig gewordenen Welle noch eine weitere — uns bisher unbekannte — Gesetzmäßigkeit zugrunde liegen muß.

Dem schottischen Physiker *James Clerk Maxwell* (1831 bis 1879) ist es gelungen, *Faradays* Ideen von der Verknüpfung elektrischer und magnetischer Felder in einem umfassenden Gleichungssystem mathematisch festzuhalten. Aus diesen **Maxwell-Gleichungen** folgt nun einerseits die uns schon bekannte Aussage, daß wandernde Magnetfelder mitwandernde elektrische Felder erzeugen. Andererseits folgt aber auch, daß wandernde elektrische Felder wiederum magnetische Felder hervorrufen.

Das folgende Beispiel soll Ihnen diesen neuartigen Gedanken etwas veranschaulichen: Denken Sie sich einen geladenen Kondensator *(Bild 105.1)*, der nach rechts bewegt wird. Seine beiden Platten tragen dann bewegte Ladungen — und bewegte Ladungen erzeugen Magnetfelder! Diese überlagern sich (ähnlich wie in einer stromdurchflossenen Spule) im Innern des Kondensators zu magnetischen Feldlinien, die senkrecht zu den elektrischen Feldlinien verlaufen. In *Bild 105.1* ist ein zugehöriger $\vec{B}$-Vektor eingezeichnet.

Die Maxwell-Gleichungen sagen nun aus, daß man die Platten beliebig weit voneinander entfernen — und sogar ganz weglassen kann. Im Sinne der Faradayschen Feldphysik darf man nämlich die Erzeugung des $\vec{B}$-Feldes allein dem wandernden elektrischen Feld zuschreiben, ohne daß mitbewegte Ladungen nötig wären.

Damit wird verständlich, warum die elektromagnetische Welle ein selbständiges Dasein führen kann: Die wandernden magnetischen Felder induzieren mitwandernde elektrische

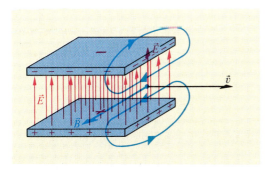

105.1 Mit den Ladungen werden auch elektrische Felder bewegt: Es entsteht ein magnetisches Feld.

105.2 *James Clerk Maxwell* (1831 bis 1879) wirkte als Professor für Physik in London und in Cambridge.

Felder, und diese erzeugen wiederum mitwandernde magnetische Felder. Ein Vergleich von *Bild 104.2* und *105.1* zeigt, daß die neu erzeugten und die ursprünglichen Felder dieselben Richtungen haben. Wegen ihres wechselseitigen Gebens und Nehmens verzehren sich die Felder nicht, sondern erhalten sich gegenseitig am Leben. Dabei darf sich keine der beiden Feldarten auf Kosten der anderen bereichern: Jede muß gleich viel geben und nehmen.

Es liegt nahe, daß diese Bedingung erfüllt ist, wenn die Energiedichten ϱ_{el} des elektrischen und ϱ_{mag} des magnetischen Feldes stets gleich groß sind. Nach *Gl. 77.2* ist $\varrho_{el} = \frac{1}{2}\varepsilon_0 E^2$ und nach *Gl. 78.2* $\varrho_{mag} = B^2/2\mu_0$. Aus $\varrho_{el} = \varrho_{mag}$ und $E = Bv$ folgt $\frac{1}{2}\varepsilon_0 B^2 v^2 = B^2/2\mu_0$. Das ist eine Gleichung für die Geschwindigkeit v, mit der sich die elektromagnetische Welle ausbreiten muß. Wir lösen diese Gleichung nach v auf und erhalten

$$v = \frac{1}{\sqrt{\varepsilon_0 \mu_0}}. \qquad (105.1)$$

Wenn die elektromagnetische Welle mit dieser Geschwindigkeit fortschreitet, braucht sie zu ihrer weiteren Existenz keine elektrischen Dipolladungen und Ströme mehr. Sie ist ganz auf sich selbst gestellt und wandert, unabhängig vom Sender geworden, immer weiter in den Raum hinaus.

Mit $\varepsilon_0 = 8{,}85419 \cdot 10^{-12}\,\mathrm{C\,V^{-1}\,m^{-1}}$
und $\mu_0 = 1{,}25664 \cdot 10^{-6}\,\mathrm{V\,s\,A^{-1}\,m^{-1}}$

ergibt sich für die Ausbreitungsgeschwindigkeit v der elektromagnetischen Welle im Vakuum — und praktisch auch in Luft —

$$v = c = \frac{1}{\sqrt{8{,}85419 \cdot 10^{-12} \cdot 1{,}25664 \cdot 10^{-6}}}\,\mathrm{m\,s^{-1}}$$
$$= 2{,}99792 \cdot 10^8\,\mathrm{m\,s^{-1}} \approx 3{,}0 \cdot 10^8\,\mathrm{m\,s^{-1}}.$$

Die Maxwell-Gleichungen und die Versuche mit dem von *Heinrich Hertz* erfundenen Dipol haben *Faradays* Feldkonzept glänzend bestätigt. In der elektromagnetischen Welle zeigen sich elektrische und magnetische Felder als eigenständige Gebilde: Es gibt sie wirklich, diese elektrischen und magnetischen Felder!

5. Das elektromagnetische Fernfeld

Aus *Bild 104.3* geht hervor, daß die Vektoren der elektrischen Feldstärke $\vec{E}$ und der magnetischen Flußdichte $\vec{B}$ jeweils eine *linear polarisierte Querwelle* bilden; ihre Schwingungsebenen stehen aufeinander senkrecht. Anhand von *Bild 104.3* können wir auch erklären, wie die elektromagnetische Welle auf einen Empfangsdipol wirkt, der in einem beliebigen Punkt der *x*-Achse parallel zum Sendedipol aufgestellt ist.

Da die Felder mit der Geschwindigkeit $\vec{c}$ über den Empfangsdipol hinwegziehen, kommen dort die wechselnden elektrischen Feldstärken, die sich in der Welle *räumlich nebeneinander* gelegt haben, *zeitlich nacheinander* an und schütteln die Elektronen auf dem Empfangsdipol mit periodisch wechselnden Kräften. Dabei entsteht ein Wechselstrom der Sendefrequenz; er wird besonders stark, wenn der Empfangsdipol auf Resonanz abgestimmt ist.

Wird der Dipol *schräg* zu den elektrischen Feldlinien gehalten, so kann auf ihn nur noch eine Komponente der Feldkräfte wirken: Der Wechselstrom im Dipol wird schwächer. Senkrecht zu den elektrischen Feldlinien gibt es *keine* Kraftkomponente: Ein senkrecht zum elektrischen Feld aufgestellter Dipol wird deshalb nicht angeregt. Die wechselnden *magnetischen* Felder der Welle werden mit einer Resonanzschleife *(Bild 91.1)* empfangen, die vom *B*-Feld senkrecht durchsetzt werden muß.

Bisher haben wir lediglich die wellenförmige Ausbreitung der $\vec{E}$- und $\vec{B}$-Vektoren längs einer bestimmten Richtung – wir haben sie *x*-Achse genannt – verfolgt. Diese Vektoren gehören nun zu elektrischen und magnetischen Feldern, die sich rings um den schwingenden Dipol ausbreiten. Dabei liegen die elektrischen Feldlinien in allen Ebenen, die den Dipol enthalten; die magnetischen Feldlinien verlaufen senkrecht dazu.

In *Bild 106.1* sehen Sie einen Ausschnitt der Feldlinien dieses sogenannten elektromagnetischen **Fernfeldes**. Der besseren Übersicht wegen ist nur das obere vordere Viertel dargestellt. Setzen Sie in Gedanken die rot gezeichneten elektrischen Feldlinien nach unten fort und lassen Sie diese außerdem um den Dipol als Achse rotieren, so daß ein zwiebelschalenförmiges Gebilde von geschlossenen Feldlinien entsteht, die weder Anfang noch Ende haben. Die blau gezeichneten magnetischen Feldlinien sind nach hinten zu ergänzen; dazu müssen Sie sich vorstellen, daß sie nicht nur in einer Ebene vorhanden sind, sondern an jeder Stelle des Raums ringförmig um den Dipol senkrecht zu den elektrischen Feldlinien verlaufen. Die momentane Verteilung der elektrischen Feldstärke $\vec{E}$ und der magnetischen Flußdichte $\vec{B}$, die Sie von *Bild 104.3* schon kennen, ist auch hier an einer Stelle nochmals eingezeichnet.

Diese Felder ziehen, sich vom Sendedipol rundum ausbreitend, mit der Geschwindigkeit $c = 3 \cdot 10^8$ m s^{-1} über einen Beobachter hinweg, der sich jetzt nicht nur auf der *x*-Achse, sondern an irgend einer Stelle des Raums befinden kann. Lediglich in der Verlängerung des Dipols ist kein Empfang möglich.

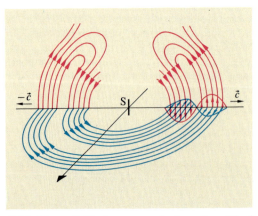

106.1 Momentbild des vom schwingenden Dipol ausgesandten elektromagnetischen Fernfeldes

> **Der schwingende Dipol sendet eine elektromagnetische Welle aus. Die elektrischen und magnetischen Wechselfelder ihres Fernfeldes sind in Phase; sie bilden jeweils eine linear polarisierte Querwelle mit aufeinander senkrecht stehenden Schwingungsebenen.**
>
> **Die Ausbreitungsgeschwindigkeit der elektromagnetischen Welle beträgt im Vakuum**
>
> $$c = \frac{1}{\sqrt{\varepsilon_0 \mu_0}}. \qquad (106.1)$$

6. Warum hat jeder Dipol eine Eigenfrequenz?

Schon beim ersten Versuch mit elektromagnetischen Wellen ist uns aufgefallen, daß der Hertz-Dipol eine von seiner Länge abhängige **Eigenfrequenz** besitzt. Erst jetzt haben wir die nötigen Kenntnisse, um diese Erscheinung erklären zu können:

Die längs des schwingenden Dipols erfolgenden Ladungsverschiebungen sind nach *Bild 92.1* und *92.2* mit elektrischen und magnetischen Feldern verknüpft, die den Dipol umgeben. Diese huschen nun als elektromagnetische Welle mit der Geschwindigkeit $c = 1/\sqrt{\varepsilon_0 \mu_0}$ am Dipol hin und her. Dabei können sie sich unter ganz bestimmten Bedingungen zu einer kräftigen *stehenden Welle* aufschaukeln:

An beiden Dipolenden ist die Stromstärke $I = 0$, also auch $B = 0$. Dies bedeutet, daß das *Magnetfeld* der stehenden Welle an den Enden des Dipols einen *Knoten* haben muß. Dagegen wechseln die Ladungsanhäufungen an den Dipolenden am stärksten. Deshalb muß das *elektrische* Feld der stehenden Welle dort jeweils einen *Bauch* haben. Damit lassen sich nun die Ladungs- und Stromverteilungen am Dipol in *Bild 93.2* als stehende Wellen deuten.

Die **Randbedingungen** sind die gleichen wie bei einer mechanischen Welle mit zwei festen bzw. zwei freien Enden. Sie sind erfüllt, wenn die Länge l des Dipols ein ganzzahliges Vielfaches von $\lambda/2$ beträgt, wenn also gilt

$$l = k\frac{\lambda}{2} \quad \text{mit} \quad k = 1, 2, 3, \ldots \quad (107.1)$$

Im allgemeinen wählt man $k = 1$, läßt also den Dipol seine *Grundschwingung* ausführen. Für diesen Fall gilt $l = \lambda/2$. Mit $f = c/\lambda$ erhält man für die Eigenfrequenz der Grundschwingung des Dipols

$$f = \frac{c}{2l}. \quad (107.2)$$

Aufgaben

1. *Der Schwingkreis eines Senders besitzt die Kapazität 4,8 pF und die Induktivität 0,3 µH. Wie lang muß der angekoppelte Sendedipol sein?*

2. *Ein Dipol der Länge 1 m wird zu Sinusschwingungen der Frequenz 150 MHz angeregt. Aus der Helligkeit eines Lämpchens in seiner Mitte schließt man dort auf eine Stromstärke von $I_{\text{eff}} = 100$ mA. Wie groß ist die Stromstärke im Dipol an den Stellen, die 25 cm bzw. 12,5 cm von seinem Ende entfernt sind?*

§37 Radiowellen und Rundfunk

1. Von Maxwell bis Marconi

Im Jahr 1865 gelang es *James Clerk Maxwell*, die ganze Fülle an Eigenschaften elektrischer und magnetischer Felder sowie deren Zusammenhänge in vier Gleichungen festzuhalten. Diese **Maxwell-Gleichungen** sind ein besonders eindrucksvolles Beispiel für die Wirksamkeit mathematischer Denkweisen in der Physik. Sie beschrieben das gesamte damalige Wissen über die Elektrizität; weit darüber hinaus wiesen sie aber auch den Weg zu ganz neuen Erkenntnissen. So konnte *Maxwell* aus seinen Gleichungen herauslesen, daß es die schon von *Faraday* vermuteten elektromagnetischen Wellen tatsächlich geben müsse, und daß sie sich mit der Geschwindigkeit $c = 1/\sqrt{\varepsilon_0 \mu_0}$ ausbreiten. Die Feldtheorie war damit bestätigt!

Es dauerte noch über 20 Jahre, bis *Maxwells* Vorhersage verwirklicht werden konnte. Im Jahr 1886 gelang es endlich *Heinrich Hertz*, die lange gesuchten elektromagnetischen Wellen zu erzeugen: In der Technischen Hochschule Karlsruhe führte er die erste Übertragung einer elektromagnetischen Welle von einem Sendedipol zu einem 16 m entfernten Empfangsdipol durch; die Wellenlänge betrug 66 cm. *Heinrich Hertz* standen damals weder die Triode noch der Transistor zur Verfügung. Ein überspringender elektrischer Funke diente als Schalter, der den Senderschwingkreis immer wieder neu anstieß. Die Mitte des Hertzschen Empfangsdipols war unterbrochen. Dort entstand beim Empfang der elektromagnetischen Welle wiederum ein winziger Funke (man mußte ihn

107.1 *Heinrich Hertz* (1857 bis 1894). Ihm gelang 1886 die Erzeugung elektromagnetischer Wellen.

108.1 *Guglielmo Marconi* (1874 bis 1937) glückte im Jahr 1895 die erste drahtlose Übertragung von Nachrichten durch elektromagnetische Wellen.

mit der Lupe beobachten), der anzeigte, daß im Empfangsdipol ein Strom fließt. Das Wort *Rundfunk* erinnert heute noch an den elektrischen Funken des historischen Hertzschen Versuchs. *Maxwell* hat diese großartige Bestätigung seiner Theorie nicht mehr erlebt; er ist 1879 im Alter von 48 Jahren gestorben.

Der italienische Erfinder *Guglielmo Marconi* erkannte, daß sich die Hertzschen Wellen zur drahtlosen Übermittlung von Nachrichten verwenden lassen. 1895 gelang es ihm zum ersten Mal, Signale drahtlos auf eine Entfernung von etlichen hundert Metern zu übertragen. 1901 glückte *Marconi* die erste Funkverbindung auf eine Strecke von 3540 km über den Atlantik hinweg. Die Signale bestanden darin, daß der Sender im Rhythmus von Morsezeichen ein- und ausgeschaltet wurde.

Zur Gleichrichtung der im Empfangsdipol auftretenden hochfrequenten Wechselströme entwickelte *John A. Fleming* 1904 die **Hochvakuumdiode**. Im Jahr 1907 kam *Lee de Forest* auf die Idee, in die Flemingsche Diode ein Gitter einzubauen. Damit war die **Triode** erfunden, die auf der Senderseite die Meißnersche Rückkopplungsschaltung, beim Empfänger eine Verstärkung der aufgefangenen Signale ermöglichte. Lange Zeit beherrschte die Radioröhre allein das Feld, bis im Jahr 1948 der **Transistor** erfunden wurde.

Seit *Marconis* ersten Versuchen hat sich die Nachrichtentechnik stürmisch weiter entwickelt. Rundfunk, Fernsehen, Telefon und Fernschreiber im Interkontinentalverkehr, Flugsicherung, Radar, Fernsteuerung, Datenübermittlung und Farbfernsehübertragungen durch Raumsonden sind für uns heute selbstverständlich. Möglich geworden ist dies alles erst mit den Maxwell-Gleichungen.

Der österreichische Physiker *Ludwig Boltzmann* hat wohl etwas von solchen Entwicklungen geahnt, als er die Maxwell-Gleichungen mit dem Goethewort rühmte: „War es ein Gott, der diese Zeichen schrieb?"

2. Amplitudenmodulation

Zur Übermittlung von Nachrichten muß die elektromagnetische Welle ein *Signal* übertragen. Im einfachsten Fall verschlüsselt man dazu jeden Buchstaben der Nachricht in einem bestimmten *Code*, z.B. in Morsezeichen. Im Rhythmus dieser Zeichen wird der Sender ein- und ausgeschaltet; dabei nimmt die Amplitude der Welle nur zweierlei Werte, nämlich ihren vollen Betrag und Null, an. Beim Empfänger kann man dann die Information aus der wechselnden Anzeige eines Meßinstrumentes wieder entziffern. Weil das Signal hier nur aus diskreten Amplitudenwerten besteht, die man mit den Fingern abzählen kann, nennt man diese Art der Nachrichtenübermittlung auch *digital* (digitus, lat.; der Finger).

Wie aber überträgt man mit Hilfe elektromagnetischer Wellen Sprache und Musik? Nun — diese bestehen aus Schwingungen, deren Elongationen *kontinuierlich* die verschiedensten Werte annehmen. Also ist es naheliegend, daß man zu ihrer Übertragung die Amplitude einer hochfrequenten elektromagnetischen Welle ebenfalls kontinuierlich — analog zu den Elongationen der Schallschwingungen — ändert. Diese Art der Nachrichtenübermittlung nennt man deshalb auch *analog*. Der nächste Versuch zeigt eine solche kontinuierliche **Amplitudenmodulation.**

Versuch 111: **a)** Als Sender benutzen wir den Hochfrequenzgenerator aus Versuch 92. Direkt neben der Schwingkreisschleife stellen wir einen Dipol der Länge $c/(2f)$ auf; er wird durch Induktion zu Schwingungen angeregt und strahlt dabei eine elektromagnetische Welle aus. In die Basisleitung zum Transistor wird nach *Bild 109.1* ein Kohlekörner-Mikrofon geschaltet. Hält man nun z.B. eine Stimmgabel mit der Frequenz $f^* = 440$ Hz davor, so ändert sich der Widerstand des Mikrofons und damit die Stärke des Basisstroms periodisch. Dadurch wird die Energiezufuhr zum Schwingkreis und entsprechend auch die Amplitude der hochfrequenten Senderschwingung 440mal in der Sekunde vergrößert und verkleinert.

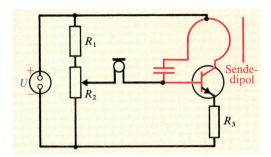

109.1 Das in die Basisleitung eingebaute Kohlekörner-Mikrofon moduliert die Amplitude der Hochfrequenzschwingung.

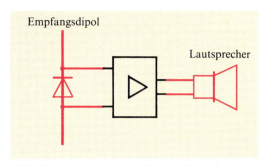

109.2 Die vom Dipol empfangene Hochfrequenzschwingung wird durch eine Diode demoduliert. Anschließend wird die Niederfrequenz verstärkt.

b) Im Empfangsdipol entstehen nun Wechselströme der Senderfrequenz f, deren Amplituden im Rhythmus der Niederfrequenz $f^* = 440$ Hz schwanken *(Bild 109.3)*. Auf einen Lautsprecher machen diese Wechselströme allerdings keinerlei Eindruck. Er ist viel zu träge, um den hochfrequenten Schwingungen folgen zu können. Seine Membran stellt sich auf den Mittelwert ein – und der ist Null.

c) Nun kann und will man im Empfänger ja auch gar nicht die Sender-Hochfrequenz f hören, sondern die Niederfrequenz f^*, mit der sich die Amplitude der hochfrequenten Schwingung ändert. Wie man diese Amplitude mit einem Drehspulinstrument *mißt*, wissen Sie schon aus Versuch 106 (Seite 101): Man muß dazu die hochfrequente Schwingung *gleichrichten*. Genau dasselbe muß man auch für die Wiedergabe der Amplitudenschwankungen durch einen Lautsprecher tun: Baut man nach *Bild 109.2* eine Gleichrichterdiode in den Empfangsdipol ein, so wird der über einen Verstärker angeschlossene Lautsprecher nur noch von elektrischen Strömen wechselnder Stärke erregt, die in *einer* Richtung fließen. Jetzt wird die Wirkung einer Schwingung nicht mehr durch die unmittelbar darauf folgende Gegenschwingung gleich wieder aufgehoben: Die Mittelwerte der *gleichgerichteten* Empfangswechselströme sind nun nicht Null, sondern proportional zu den jeweiligen Amplituden *(Bild 109.4)*. Die Membran des Lautsprechers folgt diesen Mittelwerten und gibt so den Ton der Frequenz $f^* = 440$ Hz wieder.

Die der hochfrequenten *Trägerschwingung* durch Amplitudenmodulation aufgebürdete Niederfrequenzschwingung kommt infolge der *Demodulation* durch die Gleichrichterdiode wieder zum Vorschein!

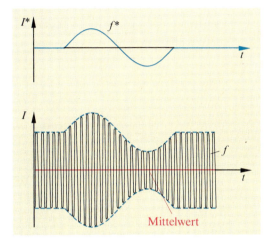

109.3 Mit der Niederfrequenz f^* modulierte Hochfrequenzschwingung. Der Mittelwert ist Null.

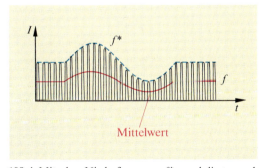

109.4 Mit der Niederfrequenz f^* modulierte und gleichgerichtete Hochfrequenzschwingung. Der Mittelwert gibt die Niederfrequenzschwingung wieder.

Zum Abschluß wollen wir uns die Modulation einer hochfrequenten Trägerschwingung und die nachfolgende Demodulation durch einen Gleichrichter in einem Modellversuch veranschaulichen.

Versuch 112: An die Stelle des Lautsprechers setzen wir ein Drehspulinstrument, das mit einer Wechselspannung von 50 Hz aus einem Netzgerät betrieben wird. Ein Drehspulinstrument ist so träge, daß es die Frequenz $f = 50$ Hz bereits als „Hochfrequenz" empfindet: Es schlägt nicht aus. Wir *modulieren* nun diese hochfrequente Schwingung, indem wir ihre Amplitude durch langsames Bewegen des Drehknopfs am Netzgerät periodisch ändern.

Auf den Zeiger des Drehspulinstruments macht dies keinen Eindruck: Er verharrt auf dem Mittelwert Null, ob nun die Amplitude groß oder klein ist. Schalten wir aber eine Gleichrichterdiode in die Zuleitung, so kommen die aufmodulierten Änderungen der Amplitude zum Tragen: Der Zeiger des Instruments folgt den Bewegungen am Drehknopf.

3. Die Rolle der Trägerfrequenz

Die vielen Rundfunk- und Fernsehsender auf der ganzen Erde schicken eine Unzahl von elektromagnetischen Wellen in den Raum. Damit sie auseinander gehalten werden können, wurde jedem Sender eine ganz bestimmte *Trägerfrequenz* zugeteilt. Nach Tabelle 110.1 unterscheidet man dabei gewisse Frequenz- bzw. Wellenlängenbereiche. Weitere, hier nicht aufgeführte Bereiche sind für den Fernsprech- und Fernschreibverkehr, für Nautik, Flugdienst und Radar sowie den Amateurfunk freigehalten.

Die Längen $l = \lambda/2$ der Sende- und Empfangsdipole für **Ultrakurzwellen** (UKW) liegen in der Größenordnung von 1 Meter. Wollte man auch Mittel- und Langwellen mit Hertz-Dipolen abstrahlen und empfangen, so müßten diese bis zu 1000 m lang sein. Eine Halbierung auf die Länge $\lambda/4$ wird dadurch erreicht, daß man den Sendedipol leitend mit der Erde verbindet. Die geerdete Seite des Dipols wirkt nämlich dann auf seine elektrischen Ladungen wie ein freies Ende, an dem sie sich – im Gegensatz zur ungeerdeten Seite – nicht stauen. Durch die Influenzladungen, die dabei an der Erdoberfläche entstehen, werden die elektromagnetischen Wellen an dieser entlang geführt; deshalb können sie der Erdkrümmung folgen *(Bild 110.2)*. Eingebaute Spulen erlauben eine weitere Verkürzung der Sendeantenne. Die von ungeerdeten Dipolen ausgesandten ultrakurzen Wellen breiten sich dagegen wie Licht geradlinig aus. Zur Erhöhung der Reichweite werden sie deshalb meist von hohen Fernsehtürmen ausgestrahlt. Sehr große Entfernungen – sogar bis in andere Kontinente – werden dadurch überbrückt, daß man die Ultrakurzwellen auf einen *Satelliten* richtet, der sich ungefähr 36000 km über der Erdoberfläche befindet. Ein in den Satelliten eingebauter Sender strahlt die Welle verstärkt wieder zur Erde zurück. Die zum Betrieb des Satellitensenders nötige elektrische Energie wird aus Solarzellen gewonnen.

Kurzwellen, die sich ebenfalls geradlinig ausbreiten, werden an verschiedenen Schichten der *Ionosphäre* reflektiert. Diese umgibt die Erde in 100 km bis 500 km Höhe; sie entsteht dadurch, daß ultraviolette Sonnenstrahlung dort die dünne Luft teilweise ionisiert und sie damit durch freigewordene Elektronen wie eine Metallplatte zum Reflektor für Kurzwellen macht; sie können auf diese Weise große Entfernungen überbrücken.

Die Sender von Satelliten und Raumsonden arbeiten mit Ultrakurzwellen, da diese die Ionosphäre durchdringen können.

Rundfunk	Frequenzen	Wellenlängen
Langwellen	150 kHz ... 285 kHz	2000 m ... 1050 m
Mittelwellen	525 kHz ... 1605 kHz	571 m ... 187 m
Kurzwellen	3,95 MHz ... 26,1 MHz	76 m ... 12 m
Ultrakurzwellen	87,5 MHz ... 100 MHz	3,4 m ... 3,0 m
Fernsehen		
Bereich I	41 MHz ... 68 MHz	7,3 m ... 4,4 m
Bereich II	87,5 MHz ... 100 MHz	3,4 m ... 3,0 m
Bereich III	174 MHz ... 223 MHz	1,7 m ... 1,3 m
Bereich IV und V	470 MHz ... 790 MHz	0,64 m ... 0,38 m

Tabelle 110.1 Frequenzbereiche von Hörfunk und TV

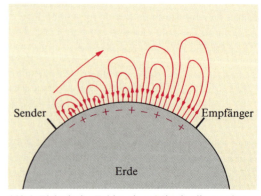

110.1 Elektrische Felder eines Mittelwellensenders

4. Radioempfang — ganz einfach

Und wie empfängt man nun eine Sendung, die von einer der vielen Rundfunkstationen ausgestrahlt wird? — Dazu ist im Prinzip nur folgendes nötig:

- Man braucht eine *Empfangsantenne*. Die über sie hinwegziehenden elektromagnetischen Wellen erregen darin Hochfrequenzströme der jeweiligen Trägerfrequenz.
- Weiter ist eine *Sender-Abstimmung* nötig. Da die Wellen von allen möglichen Sendern kommen, herrscht in der Antenne ein Durcheinander der verschiedensten Trägerfrequenzen. Aus diesem „Wellensalat" muß die Trägerfrequenz des gewünschten Senders herausgefischt werden.
- Die Hochfrequenzschwingung ist nun zu *demodulieren*, so daß die ihr aufgeprägte Niederfrequenz zum Vorschein kommt.
- Die damit gewonnene *elektrische Niederfrequenzschwingung* muß zum Schluß noch durch einen Kopfhörer oder einen Lautsprecher in *mechanische Schallschwingungen* umgewandelt werden. Dazu kann man sie unter Umständen vorher *verstärken*.

Der folgende Versuch zeigt, wie ein nahe gelegener Mittel- oder Langwellensender nach den eben genannten Prinzipien schon mit ganz einfachen Mitteln empfangen werden kann.

Versuch 113: Nach *Bild 111.1* wird eine Spule (ungefähr 100 Windungen) einerseits mit der Erde, andererseits mit einem als Antenne wirkenden langen Draht verbunden. Die Kapazität, die er gegen die Erde hat, bildet zusammen mit der Induktivität der Antennenspule einen sogenannten *offenen Schwingkreis*. Gerät dieser in Schwingungen, so strahlt die Antenne elektromagnetische Wellen ab. Dadurch verliert der Kreis viel Energie; er ist *stark gedämpft* — als enthielte er einen großen ohmschen Widerstand. Deshalb ist seine Resonanzkurve (*Bild 89.1*) nur ganz schwach ausgeprägt; die elektrischen Wechselfelder der verschiedenen am Erdboden entlang laufenden Rundfunkwellen können also für einen weiten Bereich von Trägerfrequenzen in der Antenne und der Spule *erzwungene Schwingungen* hervorrufen, ohne daß eine bestimmte Trägerfrequenz bevorzugt würde. Dagegen hat der induktiv angekoppelte, mit einem Drehkondensator versehene Schwingkreis wegen seiner viel schwächeren Dämpfung eine scharf ausgeprägte Resonanzkurve. Er kann so eingestellt werden, daß er aus dem in der Antennenspule herrschenden Gemisch der verschiedensten Trägerfrequenzen durch Resonanz diejenige des gewünschten Senders heraushebt. Der auf diese Weise ausgefilterte Hochfrequenzstrom wird durch eine Diode gleichgerichtet und dann einem Kopfhörer zugeführt.

Der Empfang ist zwar nicht besonders lautstark; bedenken Sie jedoch, daß dieser Rundfunkempfänger einzig und allein mit der Energie betrieben wird, die der elektromagnetischen Welle durch die Antenne entzogen wird — ein Beweis dafür, daß elektrische und magnetische Felder Energie übertragen!

Der Empfang wird wesentlich besser, wenn man die aufgefangene Energie nicht direkt verwertet, sondern damit einen Transistor steuert.

Versuch 114: In der Schaltung nach *Bild 111.2* wird die vom Schwingkreis ausgesonderte hochfrequente Wechselspannung über den Kondensator C (≈ 500 pF) zwischen Basis und Emitter eines Transistors gelegt. Wir stellen sei-

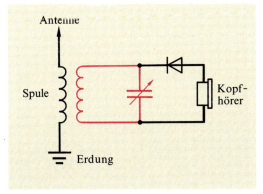

111.1 Der einfachste Rundfunkempfänger

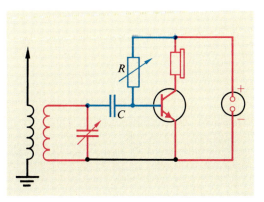

111.2 Einfacher Transistor-Empfänger

nen Arbeitspunkt mit Hilfe des veränderlichen Widerstandes R so ein, daß der Transistor jeweils während der negativen Halbschwingung sperrt, bei der positiven dagegen geöffnet wird. Damit sorgt der Transistor nicht nur für eine *Verstärkung*, sondern gleichzeitig auch noch für eine *Demodulation*. Der Kondensator C läßt die hochfrequente Schwingung durch, hält aber Gleichströme vom Schwingkreis fern, die sonst aus der Batterie über den Widerstand R dorthin gelangen könnten.

5. Was versteht man unter Bandbreite?

Ändert die Amplitudenmodulation eigentlich nur die *Amplitude* der Trägerwelle oder beeinflußt sie auch deren *Frequenz?* — Dazu wollen wir uns folgendes überlegen:

Ist die sinusförmige Senderschwingung der Frequenz f noch *nicht moduliert*, so fließt in der Sendeantenne der hochfrequente Wechselstrom $I(t) = \hat{I} \sin \omega t$ mit der konstanten Amplitude $\hat{I}$; dabei ist $\omega = 2\pi f$.

Bei der Amplitudenmodulation durch die sinusförmige Niederfrequenzschwingung $I^*(t) = \hat{I}^* \sin \omega^* t$ mit $\omega^* = 2\pi f^*$ wird die Amplitude $\hat{I}$ der Trägerschwingung im Rhythmus der wechselnden Stromstärke $I^*(t)$ zur zeitlich wechselnden Amplitude $(\hat{I} + \hat{I}^* \sin \omega^* t)$ verändert. Dabei entsteht in der Sendeantenne der hochfrequente Wechselstrom

$I(t) = (\hat{I} + \hat{I}^* \sin \omega^* t) \sin \omega t$ oder

$I(t) = \hat{I} \sin \omega t + \hat{I}^* \sin \omega^* t \sin \omega t.$ (112.1)

Nun gilt für beliebige Winkel α und β die Formel $\cos(\alpha \pm \beta) = \cos\alpha \cos\beta \mp \sin\alpha \sin\beta$. Die Subtraktion dieser beiden Additionstheoreme ergibt

$\sin\alpha \sin\beta = \frac{1}{2}\cos(\alpha-\beta) - \frac{1}{2}\cos(\alpha+\beta).$

Setzen wir dies mit $\alpha = \omega t$ und $\beta = \omega^* t$ in Gl. 112.1 ein, so erhalten wir für die Stromstärke

$I(t) = \hat{I} \sin \omega t + \frac{1}{2} \hat{I}^* \cos(\omega - \omega^*)t$
$\qquad - \frac{1}{2} \hat{I}^* \cos(\omega + \omega^*)t.$

Der durch die Amplitudenmodulation veränderte Strom in der Sendeantenne läßt sich demnach als Summe *dreier* hochfrequenter Wechselströme darstellen. Der erste schwingt mit der Trägerfrequenz f; die beiden anderen haben die von f verschiedenen *Seitenfrequenzen* $f - f^*$ und $f + f^*$.

Nun wird eine Rundfunkwelle normalerweise nicht nur mit einer einzigen sinusförmigen Schwingung der Niederfrequenz f^*, sondern mit allen möglichen Frequenzen des Hörbereichs moduliert. Entsprechend entsteht um die Trägerfrequenz herum eine kontinuierliche Menge von Seitenfrequenzen, ein sogenanntes **Frequenzband**. Ist die höchste bei der Modulation vorkommende Frequenz f^*_{max}, so enthält dieses Band Frequenzen zwischen $f - f^*_{max}$ und $f + f^*_{max}$; die **Bandbreite** beträgt also $\Delta f = 2 f^*_{max}$.

Ein Mittelwellen- bzw. Langwellensender beansprucht demnach nicht nur eine bestimmte Trägerfrequenz, sondern darüber hinaus noch ein gewisses Frequenzband. Die Trägerfrequenzen für Mittel- und Langwellensender sind nun so eingeteilt, daß jedem Sender eine Bandbreite von 9 kHz zur Verfügung steht, also zwischen den Trägerfrequenzen zweier Sender jeweils ein Unterschied von 9 kHz bleibt. Die höchste Frequenz, die gerade noch übertragen wird, beträgt demnach 4500 Hz. (Der höchste Ton des Klaviers hat die Frequenz 4200 Hz.)

Der Schwingkreis im Empfänger, der zur Auswahl eines Senders auf dessen Trägerfrequenz abgestimmt ist, reagiert auch noch auf die um etwa 1% davon abweichenden Seitenfrequenzen (Betrachten Sie dazu die Resonanzkurve des Schwingkreises auf Seite 89!)

Zur Erhöhung der Trennschärfe werden Kombinationen aus mehreren Schwingkreisen — sogenannte *Bandfilter* — eingebaut. Sie sind so konstruiert, daß ihr Resonanzbereich gerade die Bandbreite von 9 kHz umfaßt.

6. Frequenzmodulation

Die Amplitudenmodulation ist nicht die einzige Möglichkeit, der elektromagnetischen Welle ein Signal aufzubürden. Man kann auch die Amplitude konstant halten und dafür die *Frequenz* der Trägerschwingung im Rhythmus der zu übertragenden Nachricht ändern. Der Unterschied zwischen dieser Frequenzmodulation und der Amplitudenmodulation läßt sich in folgendem Modellversuch veranschaulichen.

Versuch 115: a) Die Trägerfrequenz wird von einem Sinusgenerator geliefert, der mit einem T-Y-Schreiber verbunden ist.

Bewegen wir den Drehknopf „Amplitude" periodisch hin und her, so zeichnet der Schreiber nach *Bild 113.1a* eine *amplitudenmodulierte* Schwingung auf.

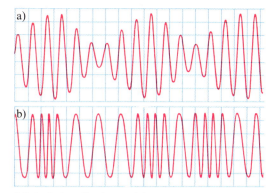

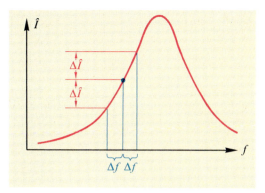

113.1 a) Amplitudenmodulierte, b) frequenzmodulierte Schwingung

113.2 Der Frequenzhub Δf bewirkt bei der erzwungenen Schwingung die Amplitudenänderung $\Delta \hat{I}$.

b) Nun lassen wir die Amplitude konstant und bewegen im selben Rhythmus wie vorher den Drehknopf für die *Frequenz*. Bild 113.1b zeigt das Ergebnis: So sieht eine *frequenzmodulierte* Schwingung aus!

Dazu ein *Beispiel*: Es soll eine Trägerfrequenz von $f = 100$ MHz mit der Tonfrequenz $f^* = 440$ Hz frequenzmoduliert werden. Dann wird die Trägerfrequenz in einer Sekunde 440mal abgeändert. Bei einer bestimmten Lautstärke erfolge diese Änderung z.B. zwischen $f_{min} = 99{,}95$ MHz und $f_{max} = 100{,}05$ MHz. Ein um 20% stärkerer Ton der Frequenz 440 Hz läßt die Sendefrequenz ebenfalls 440mal in einer Sekunde periodisch schwanken, aber zwischen den um 20% weiter auseinander liegenden Werten $f_{min} = 99{,}94$ MHz und $f_{max} = 100{,}06$ MHz. Der die Lautstärke bestimmende *Frequenzhub* beträgt beim einen Mal $\pm 0{,}05$ MHz, beim anderen $\pm 0{,}06$ MHz.

Die Frequenzmodulation wird bei UKW-Sendern angewandt; ihr Frequenzhub beträgt ca. 75 kHz. UKW-Sender weisen also eine große Bandbreite auf; jedoch macht diese nur einen geringen Bruchteil der sehr hohen Trägerfrequenz aus. Die Sendefrequenzen können deshalb immer noch relativ dicht beieinander liegen. Störungen – z.B. durch Auto-Zündanlagen oder Elektromotoren – beeinflussen meist die Amplitude und nicht die Frequenz einer elektromagnetischen Welle. Dies ist neben der höheren Bandbreite ein weiterer Grund für die gute Qualität des UKW-Empfangs.

Es gibt verschiedene Möglichkeiten, der frequenzmodulierten Welle die ihr aufgeprägte Niederfrequenzschwingung im Empfänger wieder abzunehmen. In einem besonders einfachen Verfahren wird ein Schwingkreis so eingestellt, daß die unmodulierte Trägerfrequenz (also die Trägerfrequenz bei Sendepause) in der Mitte des geradlinig ansteigenden Teils seiner Resonanzkurve liegt *(Bild 113.2)*. Ändert sich nun die Trägerfrequenz z.B. 440mal in der Sekunde, so wird die im Schwingkreis erzwungene Hochfrequenzschwingung 440mal in der Sekunde stärker und schwächer; das bedeutet aber *(Bild 113.2)*, daß ihre Amplitude $\hat{I}$ im Takt der 440 Hz-Niederfrequenz schwankt. Bei kleinem Frequenzhub ist die Amplitudenänderung $\Delta \hat{I}$ gering, bei größerem Frequenzhub stärker. Damit läuft die Frequenzmodulation auf dasselbe hinaus wie die Amplitudenmodulation, nämlich auf eine periodische Änderung der *Amplitude* des hochfrequenten Empfangswechselstroms.

7. Radioastronomie

Aus dem Weltall, von Fixsternen und von der Sonne kommen elektromagnetische Wellen mit Wellenlängen zwischen 20 m und 0,02 m zur Erde. Da sie Wolken größtenteils ungehindert durchdringen, kann man sie unabhängig vom Wetter auf der Erde empfangen und auswerten. Durch diese **Radioastronomie** erfahren wir auch von Radioquellen im Weltraum, die optisch nicht erfaßbar sind. *Bild 113.3* zeigt das Radioteleskop Effelsberg (Eifel). Der parabolische Metallspiegel sammelt die ankommenden Wellen in seinem Brennpunkt. Dort werden sie von Dipolen empfangen und dann an Verstärker weitergeleitet. Der Parabolspiegel hat einen Durchmesser von 100 m. Ähnliche Reflektoren kleineren Ausmaßes werden in der drahtlosen Telefonie, beim Radar und zur Funkübertragung durch Fernmeldesatelliten verwendet.

113.3 Radioteleskop Effelsberg

§38 Mikrowellen

1. Schwingkreise haben Grenzen

Bisher haben wir elektromagnetische Wellen durch hochfrequente Wechselströme in Schwingkreisen erzeugt, deren Energienachschub durch Transistor- oder Röhrenschaltungen gesteuert wird. In Versuch 93 konnten wir die frequenzbestimmenden Größen auf ein Maß herabdrücken, das sich nicht mehr wesentlich verkleinern läßt. Der Eigenfrequenz einer solchen Schaltung sind Grenzen gesetzt, die bei etlichen hundert Megahertz liegen. Die entsprechenden Wellenlängen sind in der Größenordnung von Dezimetern. Man spricht deshalb auch von *Dezimeterwellen*.

Mit besonderen Geräten kommt man zu noch höheren Frequenzen: In einer speziellen Vakuumröhre, dem sogenannten *Klystron*, können Elektronenströme erzeugt werden, deren Ladungsdichte mit Frequenzen über 1 Gigahertz (1 GHz = $1 \cdot 10^9$ Hz) periodisch wechselt. In der *Gunn-Diode* — einer Kombination aus Halbleitern — lassen sich Ladungsträger zu Schwingungen aufschaukeln, die ebenfalls im Gigahertz-Bereich liegen.

Mit dem Klystron oder der Gunn-Diode können elektromagnetische Wellen erzeugt werden, deren Wellenlänge etliche Zentimeter beträgt. Zur Abstrahlung solcher **Mikrowellen** wird statt des Dipols ein Resonanzhohlraum benutzt. Inzwischen haben Sie erfahren, daß der Dipol eigentlich nur dazu dient, die schwingenden elektrischen und magnetischen Felder zu führen sowie ihre Frequenz und Orientierung zu bestimmen. Von daher wird es verständlich, daß auch ein Hohlraum mit entsprechenden Ausmaßen demselben Zweck dienen kann. Ein sich an den Hohlraum anschließender Trichter strahlt die *Zentimeterwellen* als verhältnismäßig schmales Bündel ab. Der Empfänger besteht aus einer *Hochfrequenzdiode*, deren Länge gleich der halben Wellenlänge ist; sie wirkt als Empfangsdipol und zudem noch als Gleichrichter. Die an dieser Diode gleichgerichtete Spannung wird einem Meßverstärker zugeführt. Zur Erhöhung der Empfangs- und Richtungsempfindlichkeit kann vor die Empfangsdiode ebenfalls ein Trichter gesetzt werden. Eine im Abstand $\lambda/4$ hinter dem Diodendipol angebrachte Reflexionsplatte dient im wesentlichen demselben Zweck.

2. Versuche mit Mikrowellen

In den folgenden Versuchen werden wir weitere Eigenschaften elektromagnetischer Wellen kennenlernen, die an Zentimeterwellen wegen ihrer handlichen Wellenlänge besonders gut zu beobachten sind.

Versuch 116: a) Wir bringen den Empfangsdipol etwa 50 cm vor den Mikrowellensender. Durch seitliches Verschieben des Empfängers stellen wir fest, daß der Sender ein ziemlich scharf begrenztes Wellenbündel ausstrahlt.

b) Nun schieben wir zwischen Sender und Empfänger verschiedene Stoffe. Schon eine dünne Metallfolie unterbricht den Wellenstrahl. Dagegen sind Nichtleiter wie Holz, Glas, Plexiglas und andere Kunststoffe für die Mikrowelle weitgehend durchlässig; sie *reflektieren* aber auch einen Teil der Welle.

c) Weil der Wellenstrahl gut gebündelt ist, kann man damit auch das **Reflexionsgesetz** für elektromagnetische Wellen nachweisen. Dazu richten wir Sender und Empfänger schräg gegen eine Metallwand und drehen diese so, daß wir maximalen Empfang erhalten.

Dabei stellen wir fest: *Einfallswinkel und Reflexionswinkel sind gleich.* Wir erhalten also dasselbe Reflexionsgesetz wie bei Licht.

Versuch 117: Die Wellenlänge unserer Mikrowelle messen wir wie in Versuch 109 anhand einer *stehenden Welle*, die wir durch Reflexion an einer Metallwand erzeugen. Bewegen wir den Empfangsdipol auf die Wand zu, so registrieren wir nach *Bild 114.1* abwechselnd Minima und Maxima. Aus dem Abstand $d = \lambda/2 = 1{,}6$ cm zweier benachbarter Minima ergibt sich die Wellenlänge $\lambda = 3{,}2$ cm. Unser Mikrowellensender schwingt demnach mit der Frequenz $f = 3{,}0 \cdot 10^8 / 3{,}2 \cdot 10^{-2}$ Hz $= 9{,}4$ GHz.

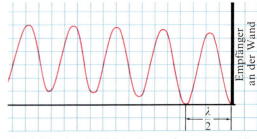

114.1 Mit dem T-Y-Schreiber aufgenommene Maxima und Minima einer stehenden Mikrowelle

Die Reflexion gebündelter Zentimeterwellen an metallischen Gegenständen wird beim *Radar* zur Überwachung des Flug- und Schiffsverkehrs benutzt. Aus der Laufzeit der Mikrowellen kann man auf die Entfernung der beobachteten Objekte schließen. Aber auch ihre Geschwindigkeit läßt sich mit Hilfe von elektromagnetischen Wellen ermitteln. Das Prinzip einer solchen *Radar-Geschwindigkeitsmessung* soll der folgende Versuch zeigen.

Versuch 118: Wir wollen mit Hilfe eines gebündelten Mikrowellenstrahls die Geschwindigkeit eines Fahrzeugs ermitteln. Es wird in unserem Modellversuch durch einen kleinen Wagen mit aufgesetzter Metallplatte dargestellt; etwa 1 m davon entfernt bauen wir den Mikrowellensender so auf, daß sein „Radarstrahl" senkrecht auf die Platte trifft. Zwischen Sender und Wagen wird der Empfangsdipol aufgestellt; er ist über einen Verstärker mit einem elektronischen Zählgerät verbunden. Sobald sich der Wagen bewegt, beginnt der Zähler zu laufen. Wie kommt das?

Nun – die Mikrowelle wird an der Metallplatte reflektiert; dabei überlagert sich das Radarecho mit der Originalwelle zu einer *stehenden Welle*. Angenommen, der Empfangsdipol befinde sich gerade in einem Knoten dieser stehenden Welle; dann registriert er ein Minimum. Bewegt sich nun der Wagen mit der Metallplatte um $\lambda/4$ auf den Dipol zu oder von ihm weg, so verschiebt sich die stehende Welle nach *Bild 115.1* um $\lambda/4$ nach links oder rechts: Der Empfänger gerät dabei in einen Bauch: Es wird ein Maximum des Empfangs registriert und als „Impuls" auf das Zählgerät übertragen. Nach einer weiteren Strecke von $\lambda/4$ sitzt der Empfangsdipol wieder – wie zuvor – in einem Knoten. Wenn der Wagen also die Strecke $\lambda/2$ zurückgelegt hat, erhält das Meßgerät gerade *einmal* maximalen Empfang und registriert dies als einen Zählimpuls.

Werden nun n Impulse in der Zeit Δt gezählt, so hat der Wagen in dieser Zeit die Strecke $\Delta s = n \lambda/2$ zurückgelegt. Seine Geschwindigkeit ist dann

$$v = \frac{\Delta s}{\Delta t} = \frac{n \lambda}{2 \Delta t}. \qquad (115.1)$$

Wir lassen den Wagen von einem langsam laufenden Motor mit der Geschwindigkeit $v = 4 \text{ mm s}^{-1}$ an einer Schnur ziehen. Als elektronischer Zähler ist auch ein T-Y-Schreiber mög-

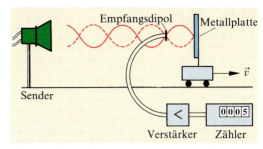

115.1 Ein Modellversuch zur Geschwindigkeitsmessung mit Radar

lich: Er registriert in 20 Sekunden 5 Impulse. Bei einer Wellenlänge von $\lambda = 3{,}2$ cm erhalten wir nach *Gl. 115.1* für die Geschwindigkeit des Wagens $v = 5 \cdot 3{,}2 \text{ cm}/40 \text{ s} = 0{,}4 \text{ cm s}^{-1}$.

Unsere bisherigen Versuche haben nachgewiesen, daß sich Mikrowellen bei der Reflexion genau wie Licht verhalten. Im nächsten Versuch wollen wir nun zeigen, daß Mikrowellen auch noch eine weitere Eigenschaft mit dem Licht gemeinsam haben: Sie werden gebrochen. Besonders gut läßt sich die **Brechung** der Mikrowellen an Prismen und Sammellinsen zeigen.

Versuch 119: a) Das Mikrowellenbündel wird auf ein Prisma aus Kunststoff oder Paraffin gerichtet. Wir suchen den Ort des maximalen Empfangs und stellen dabei fest, daß der Wellenstrahl gebrochen wird *(Bild 115.2a)*.

b) Etwa 50 cm vor dem Sender steht eine mit Sand gefüllte Kunststofflinse *(Bild 115.2b)*. Sie konzentriert das Wellenbündel auf einen scharf begrenzten Bereich; er stellt sozusagen die Abbildung des Senders durch die Sammellinse dar.

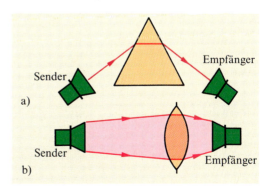

115.2 Brechung von Mikrowellen a) an einem Prisma, b) an einer Sammellinse

§39 Geometrische Optik

Mit Optik haben wir uns schon in der Mittelstufe beschäftigt. Dabei handelte es sich um die sogenannte **geometrische Optik,** in der mit Lichtstrahlen gearbeitet wird. Damit konnten wir verstehen, was „Sehen" heißt und wie *Schatten* und Sonnen- bzw. Mondfinsternisse entstehen. Mit Lichtstrahlen ließen sich auch *optische Abbildungen*, wie sie z.B. beim Fotoapparat oder in einem Mikroskop vorkommen, mit Hilfe von geometrischen Konstruktionen erfassen. Auch das Auftreten farbiger Lichter bei der *Brechung* ließ sich mit Lichtstrahlen beschreiben.

Auf die Frage, was Licht eigentlich ist, sind wir bis jetzt noch nicht eingegangen. Mit diesem Problem haben sich die Physiker in den letzten 300 Jahren leidenschaftlich auseinandergesetzt. Bevor wir uns damit beschäftigen, wollen wir aber zuerst noch einmal zusammenstellen, was uns aus der geometrischen Optik schon bekannt ist.

— Sowohl das Vakuum als auch jeder Stoff, der von Licht durchdrungen werden kann, bezeichnet man als *optisches Medium*.

— Eine punktförmige Lichtquelle sendet nach allen Richtungen Licht aus. Dieses erreicht einen Empfänger-Punkt in einem homogenen Medium längs einer Geraden; sie gibt die Ausbreitungsrichtung des Lichts an. Wir nennen sie *Lichtstrahl*.

— Außerhalb seiner Bahn hat Licht keine Wirkung; deshalb kann man Licht von der Seite nicht sehen.

— Lichtbündel durchdringen einander, ohne sich gegenseitig zu stören.

— Der Lichtweg ist umkehrbar: Denselben Weg, den das Licht in einer Richtung zurücklegt, kann es auch entgegengesetzt durchlaufen.

— Wenn Licht auf einen Körper trifft, wird es von diesem im allgemeinen *gestreut*, d.h. nach allen möglichen Richtungen verteilt.

— An glatten Oberflächen wird das Licht *gespiegelt*. Dabei gilt das **Reflexionsgesetz:** Der reflektierte Strahl liegt in der vom einfallenden Strahl und dem Einfallslot gebildeten Ebene. Der Einfallswinkel ist gleich dem Reflexionswinkel *(Bild 116.1)*.

— Auch an der Grenzfläche zwischen zwei verschiedenen Medien wird Licht nach dem Reflexionsgesetz reflektiert, jedoch nur zu einem Teil. Der andere Teil dringt in das zweite Medium ein und wird dabei *gebrochen (Bild 116.1)*. Die Brechung ist um so stärker, je flacher der Strahl auf die Grenzfläche trifft. Das Medium, in dem der Lichtstrahl mit dem Einfallslot den größeren Winkel (α) bildet, wird *optisch dünner*, das Medium, in dem er mit dem Lot den kleineren Winkel (β) bildet, *optisch dichter* genannt. Nur wenn der Lichtstrahl senkrecht auf die Grenzfläche trifft, wird das Licht nicht gebrochen ($\alpha=0°$; $\beta=0°$). Einfallender Strahl, Einfallslot und gebrochener Strahl liegen in einer gemeinsamen Ebene.

Seit der Antike haben sich Philosophen und Naturforscher mit der Frage nach dem Wesen des Lichts beschäftigt. Schon *Euklid* (325 v.Chr.) hat ein Werk über Optik geschrieben. Außer der Reflexion war damals auch die Brechung des Lichts bereits bekannt. Über die Ursachen dieser Erscheinungen waren sich die Gelehrten jedoch lange Zeit nicht im klaren.

Isaac Newton stellte 1696 die Hypothese auf, eine Lichtquelle sende winzige Teilchen eines unwägbar feinen Lichtstoffes aus. Dagegen vertrat der holländische Physiker *Christiaan Huygens* die Ansicht, Licht sei eine Welle.

Zur Erklärung der Brechung benötigte *Huygens* die Annahme, eine Lichtwelle breite sich in Materie langsamer aus als im Vakuum. Dagegen mußten bei *Newton* die Lichtteilchen in Materie schneller als im Vakuum sein.

Eine Entscheidung darüber, welche der beiden Hypothesen zu verwerfen sei, wurde erst möglich, als man die Lichtgeschwindigkeit messen konnte.

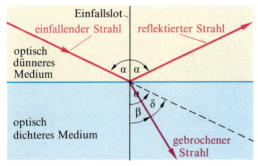

116.1 Das Licht wird einerseits reflektiert, andererseits um den Winkel $\delta = \alpha - \beta$ gebrochen.

§40 Die Lichtgeschwindigkeit

1. Messung der Lichtgeschwindigkeit einst ...

Schon *Galileo Galilei* hat untersucht, ob sich das Licht mit einer *endlichen* Geschwindigkeit oder *momentan* ausbreitet. Die Mittel, die er damals einsetzen konnte, führten zu keinem entscheidenden Ergebnis. *Galilei* vermutete jedoch, die Lichtgeschwindigkeit sei endlich und außerordentlich groß.

Zur Messung einer sehr großen Geschwindigkeit $c = \Delta s / \Delta t$ braucht man aber entweder sehr lange Meßstrecken Δs oder Uhren, die sehr kleine Zeitspannen Δt registrieren können. *Galilei* stand weder das eine noch das andere zur Verfügung.

Der dänische Astronom *Ole Römer* (1644 bis 1710) kam als erster auf den Gedanken, für Δs eine astronomische Entfernung zu benutzen. Im Jahr 1675 schloß er aus astronomischen Beobachtungen, daß das Licht eine *endliche* Geschwindigkeit haben müsse.

Die erste *Messung* der Lichtgeschwindigkeit auf der Erde führte der französische Physiker *Hippolyte Fizeau* (1819 bis 1896) im Jahr 1849 durch. Er schickte einen Lichtstrahl durch den Zahnkranz eines schnell rotierenden Zahnrades. Das auf diese Weise „zerhackte" Licht wurde in etwa 9 km Entfernung von einem Spiegel reflektiert. *Fizeau* erhöhte nun die Drehfrequenz des von einer Dampfmaschine angetriebenen Zahnrades so lange, bis das Licht, das auf dem Hinweg durch eine Lücke gegangen war, bei seiner Rückkehr auf den nächstliegenden Zahn fiel. Er erkannte dies daran, daß jetzt das reflektierte Licht plötzlich nicht mehr zu sehen war. Aus der Zahl der Zähne und der Drehfrequenz des Rades konnte *Fizeau* die Zeit Δt berechnen, in der ein Zahn an die Stelle der vorangegangenen Lücke getreten war (Aufgabe 2a).

Fizeaus rotierendes Zahnrad war nichts anderes als ein mechanischer Kurzzeitmesser für sehr kleine Lichtlaufzeiten Δt. Dementsprechend kam er mit einer Meßstrecke Δs aus, die keine astronomische Abmessung mehr, sondern die verhältnismäßig geringe Länge $\Delta s \approx 18$ km besaß. Für noch kleinere Werte von Δt und damit auch von Δs hätte Fizeau die Drehfrequenz weiter erhöhen müssen. Dies stieß jedoch auf technische Schwierigkeiten.

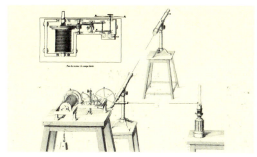

117.1 Zeitgenössische Darstellung der Messung der Lichtgeschwindigkeit durch *Fizeau*

Der französische Physiker *Jean Foucault* (1819–1868) benutzte im selben Jahr wie *Fizeau* zur Bestimmung der Lichtgeschwindigkeit statt eines Zahnrades einen schnell rotierenden Spiegel. Ein daran reflektierter Lichtstrahl traf diesen Spiegel auf dem Rückweg nicht mehr in seiner alten Lage und wurde dadurch abgelenkt. Aus dem Ablenkwinkel ergaben sich so kleine Lichtlaufzeiten Δt, daß die Messung sogar in einem Zimmer möglich wurde.

2. ... und jetzt

Zur Messung der Geschwindigkeit des Lichts muß man ihm Signale mit auf den Weg geben. Sie bestanden bei *Fizeau* daraus, daß ein Lichtbündel periodisch unterbrochen wurde. Wir gehen im Grunde ähnlich vor; nur prägen wir dem Licht diese Signale nicht mechanisch, sondern elektronisch auf, und zwar in außerordentlich rascher Folge, also mit sehr kleinem Δt. Deshalb kommen wir jetzt mit Meßstrecken Δs von nur wenigen Dezimetern aus.

Versuch 120: a) Als Lichtquelle dient eine Leuchtdiode. Sie wird mit Wechselstrom der Frequenz 60 MHz betrieben; deshalb sendet sie Licht mit äußerst schnell aufeinander folgenden sinusförmigen Helligkeitsschwankungen aus. Diese rufen in einer etwa 1 m entfernten Fotodiode eine Wechselspannung hervor, die auf dem Bildschirm eines angeschlossenen Oszilloskops als langgestreckte Sinuslinie erscheint *(Bild 118.1)*. Die Zeitpunkte, zu denen die horizontale Ablenkung des Elektronenstrahls immer wieder neu am linken Bildschirmrand einsetzt, werden vom Lichtsender über ein besonderes Kabel „getriggert". Entfernt man nun Sender und Empfänger voneinander, so ist das Licht bis zur Fotodiode länger

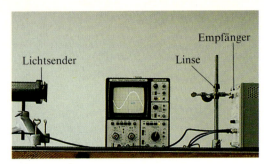

118.1 Auf dem Bildschirm des Oszilloskops erscheint das vom Licht übertragene Signal.

unterwegs; dagegen ändert sich an der Laufzeit der im Kabel geführten Triggersignale nichts. Vergrößert man also den Abstand zwischen Empfänger und Lichtsender, so kommen die vom Licht mitgeführten Signale gegenüber den im Kabel laufenden Triggersignalen jetzt später an als vorher: Die Sinuslinie verschiebt sich längs der Zeitachse nach rechts.

b) Wir stellen die Zeitablenkung am Oszilloskop so ein, daß die Periode der Sinuslinie genau 10,0 cm lang wird. Mit einem Kurzzeitmesser kontrollieren wir die Frequenz f der Signale, die dem Licht aufgeprägt werden. Bei $f = 60$ MHz ist der Länge 10 cm auf dem Bildschirm die Zeit $T = 1/f = \frac{1}{60 \cdot 10^6}$ s zugeordnet. Einer Länge von 1 cm auf der Zeitachse des Oszilloskops entspricht also die Zeit $\frac{1}{6} \cdot 10^{-8}$ s.

c) Nun vergrößern wir den Abstand des Senders vom Empfänger um 50 cm; darauf verschiebt sich die Sinuslinie um 1,0 cm. Bei einer Verlängerung des Weges um $\Delta s = 0{,}50$ m verspätet sich das Licht also um $\Delta t = \frac{1}{6} \cdot 10^{-8}$ s; daraus folgt die Lichtgeschwindigkeit

$$c = \frac{\Delta s}{\Delta t} = 0{,}50 \text{ m} \cdot 6 \cdot 10^8 \text{ s}^{-1} = 3{,}00 \cdot 10^8 \text{ m s}^{-1}.$$

Noch genauere Messungen der Lichtgeschwindigkeit in Luft ergeben $c_{\text{Luft}} = 2{,}9971 \cdot 10^8$ m s^{-1}. Für das Vakuum erhält man den um 0,03% höheren Wert $c = 2{,}9979 \cdot 10^8$ m s^{-1} – dieselbe Geschwindigkeit wie die einer elektromagnetischen Welle. Ob das ein Zufall ist? Die bemerkenswerte Übereinstimmung kann wohl eher als ein starkes Indiz dafür gewertet werden, daß Licht eine elektromagnetische Welle ist.

> **Die Lichtgeschwindigkeit im Vakuum und in der Luft beträgt rund**
> $3{,}0 \cdot 10^8$ m s^{-1} = 300 000 km s^{-1}.

Bei einer so kurzen Meßstrecke wie in unserer Versuchsanordnung bereitet es keine Schwierigkeiten, die Lichtgeschwindigkeit auch in anderen Stoffen zu ermitteln – zum Beispiel in Wasser!

Versuch 121: Zwischen Lichtsender und Empfänger des vorigen Versuchs wird ein wasserdichtes Rohr mit zwei Endfenstern gebracht; es hat die Länge $l = 1{,}00$ m. Füllen wir nun dieses Rohr mit Wasser, so verschiebt sich das Empfangssignal auf dem Bildschirm des Oszilloskops um 0,65 cm längs der Zeitachse nach rechts: Wenn die Lichtsignale durch Wasser gehen, kommen sie später im Empfänger an als durch die Luft. Damit steht fest: *Die Lichtgeschwindigkeit ist in Wasser kleiner als in Luft.* Unser Versuch hat also gegen *Newtons* Lichtteilchen-Hypothese entschieden!

In Luft sei die Lichtgeschwindigkeit c, in Wasser betrage sie c_w. Dann durchläuft das Licht die mit Luft gefüllte Röhre der Länge l in der Zeit $t = l/c$, die mit Wasser gefüllte Röhre dagegen in der Zeit $t_w = l/c_w$. Die Verlängerung der Laufzeit nach der Füllung mit Wasser beträgt $\Delta t = t_w - t = l/c_w - l/c$.

Daraus folgt $\dfrac{l}{c} + \Delta t = \dfrac{l}{c_w}$ oder $\dfrac{l + c\,\Delta t}{c} = \dfrac{l}{c_w}$,

also $\quad c_w = \dfrac{c\,l}{l + c\,\Delta t}.$ \hfill (118.1)

Aus der Verschiebung des Signals um 0,65 cm folgt $\Delta t = \frac{1}{6} \cdot 10^{-8} \cdot 0{,}65$ s. Mit $c = 3{,}00 \cdot 10^8$ m s^{-1} und $l = 1{,}00$ m liefert *Gl. 118.1* für die Lichtgeschwindigkeit in Wasser $c_W = 2{,}26 \cdot 10^8$ m s^{-1}.

Aufgaben

1. *Zwei Lichtbündel durchdringen sich gegenseitig ungestört. Untersuchen Sie, ob sich dies besser mit der Hypothese von Newton oder mit der von Huygens erklären läßt!*

2. a) *Bei der von Fizeau in der Nähe von Paris durchgeführten Messung der Lichtgeschwindigkeit wurde das Licht von einem Spiegel reflektiert, der in 8633 m Entfernung aufgestellt war. Das Zahnrad wies 720 Zähne auf. Bei einer Drehfrequenz von 756 Umläufen in der Minute wurde das zurückgeworfene Licht zum ersten Mal verdunkelt. Welchen Betrag erhielt Fizeau für die Lichtgeschwindigkeit?* **b)** *Angenommen, man wollte die Lichtgeschwindigkeit mit Fizeaus Zahnrad in einem Laboratorium bei einem Spiegelabstand von 12 m messen. Auf welche Drehfrequenz müßte man dann das Zahnrad bringen?*

§41 Die Beugung des Lichts

Von den Wasserwellen her kennen Sie eine besondere Welleneigenschaft, die man als **Beugung** bezeichnet (Fundamentum, Seite 123). Der folgende Versuch soll daran erinnern.

Versuch 122: In einer Wellenwanne werden zwei Blechstreifen aufgestellt, zwischen denen ein schmaler Spalt offenbleibt. Gegen diese Spaltblende schicken wir eine gerade Wasserwelle. Die Öffnung läßt nun nicht etwa nur ein schmales Wellenbündel durch — wie man erwarten könnte —, sondern erzeugt hinter der Blende nach *Bild 119.1* eine Kreiswelle, deren Zentrum in der Spaltöffnung liegt: Es ist eine sogenannte **Elementarwelle** entstanden.

Der nächste Versuch zeigt, daß auch elektromagnetische Wellen an einer schmalen Spaltöffnung gebeugt werden.

Versuch 123: Wir erzeugen mit dem Mikrowellensender eine Zentimeterwelle und stellen zuerst den Empfänger nach *Bild 119.2a* so auf, daß er vom Mikrowellenbündel des Senders nicht mehr getroffen wird. Bringen wir nun eine Spaltblende von etwa 2 cm Breite in den Weg des Bündels, so spricht der Empfangsdipol an: Jetzt bildet nämlich die Spaltöffnung das Zentrum einer sich im Raum hinter der Blende ausbreitenden Elementarwelle *(Bild 119.2b)*.

Alles sprach bisher dafür, daß es sich bei Licht um eine elektromagnetische Welle handelt. Wenn das so ist, muß sich das Licht beim Durchgang durch eine enge Öffnung ebenso verhalten wie die Wasserwelle und die Mikrowelle in den beiden vorigen Versuchen.

Versuch 124: a) Als Lichtquelle benutzen wir einen *Laser*. Lassen wir das von ihm erzeugte intensive parallele Lichtbündel auf eine etwa 5 m entfernte Wand fallen, so sehen wir dort einen hellen Lichtfleck.

b) Nun bringen wir dicht hinter den Laser eine Lochblende mit einem Durchmesser von ungefähr 0,5 mm. Daraufhin verkleinert sich der Lichtfleck auf dem Schirm nicht etwa ebenfalls auf 0,5 mm Durchmesser — im Gegenteil: Er weitet sich aus *(Bild 119.3)*. Das Licht wird demnach an der feinen Öffnung gebeugt — wir haben wieder einen Effekt gefunden, der unsere Vermutung bestätigt, Licht sei eine Welle.

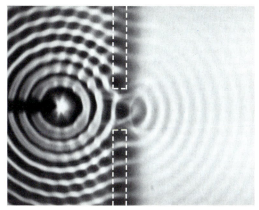

119.1 Die Wasserwelle wird an einem engen Spalt gebeugt. Hinter der Blende bildet sich eine Elementarwelle aus.

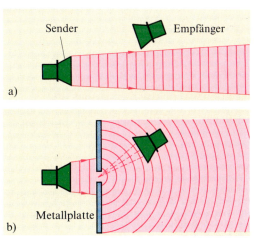

119.2 a) Der Empfangsdipol steht außerhalb des Wellenbündels. b) Die elektromagnetische Welle wird am Spalt gebeugt. Jetzt spricht der Dipol an.

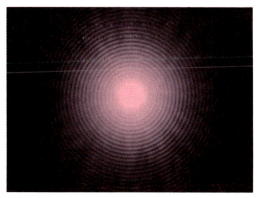

119.3 Licht wird an einer feinen kreisförmigen Öffnung gebeugt. Die schwarzen Ringe sind eine Interferenzerscheinung.

§42 Interferenz bei Lichtwellen

1. Licht + Licht = Dunkelheit

Wir sind jetzt ziemlich sicher, daß Licht eine Welle ist. Ein letztes Indiz fehlt allerdings noch, nämlich die *nur bei Wellen* vorkommende **Interferenz**. Für Wasserwellen kennen Sie schon einen typischen Interferenzeffekt (Fundamentum, Seite 124); wir wollen ihn an dieser Stelle kurz wiederholen.

Versuch 125: Zwei Stifte tauchen periodisch in die Wasseroberfläche einer Wellenwanne ein. Sie besitzen einen Abstand von 1 cm bis 2 cm und sind fest miteinander verbunden, schwingen also mit gleicher Frequenz und Amplitude. Außerdem stimmen ihre Schwingungsphasen in jedem Augenblick überein. Die Schwingungen zweier solcher Wellenerreger nennt man **kohärent**, ebenso die von ihnen erzeugten Wellensysteme.

Bei der kohärenten Schwingung der beiden Stifte überlagern sich die Kreiswellen zu einem resultierenden Wellensystem, das von auffälligen „Straßen der Ruhe" durchzogen ist *(Bild 120.1)*. Sie entstehen durch *Interferenz* der von den beiden Erregerzentren ausgehenden Wellen: Längs der Straßen fällt jeweils ein Berg der einen Welle auf ein Tal der anderen. Dabei heben sie sich auf, das Wasser bleibt an all diesen Stellen in Ruhe.

Um denselben Effekt mit elektromagnetischen Wellen zu erzielen, müssen wir ein wenig anders vorgehen. Wir können nicht einfach statt der Stifte zwei Mikrowellensender nebeneinanderstellen. Ohne komplizierten technischen

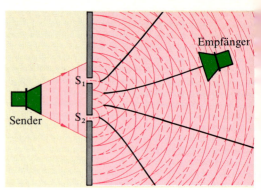

120.2 Beugung und Interferenz von Mikrowellen an einem Doppelspalt

Aufwand würden sie nämlich niemals über längere Zeit völlig exakt im Gleichtakt schwingen, also nie kohärente Wellen aussenden. Diese Schwierigkeit läßt sich mit demselben Kunstgriff beheben, den wir auch schon bei den Wasserwellen (Fundamentum, Seite 124) angewendet haben.

Versuch 126: Die von einem Mikrowellensender ausgehenden elektromagnetischen Wellen treffen nach *Bild 120.2* auf einen *Doppelspalt*. Er wird aus zwei Metallplatten und einem schmalen Metallstreifen gebildet. Die Breite der beiden Spalten S_1 und S_2 ist jeweils kleiner als die Wellenlänge λ; der Abstand ihrer Mitten beträgt ungefähr 2 bis 3 Wellenlängen. Von S_1 und S_2 gehen nun Elementarwellen aus. Da diese von einem einzigen Mikrowellensender hervorgerufen werden, wirken die beiden Spalte wie zwei nahe nebeneinander stehende *kohärent* schwingende Sender. Dabei entstehen wieder Interferenzstraßen wie bei Versuch 125 mit Wasserwellen. Sie sind zwar unsichtbar, aber leicht nachzuweisen: Bewegen wir den

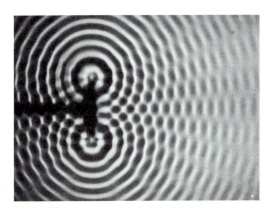

120.1 Gibt es so etwas auch bei Licht?

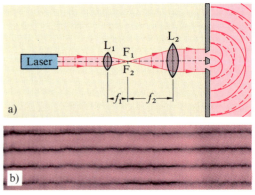

120.3 Ja — so etwas gibt es auch bei Licht!

Empfänger auf einem Kreis um die Mitte des Doppelspaltes herum, so finden wir abwechselnd Minima und Maxima des Empfangs. Immer, wenn ein Minimum erreicht ist, befindet sich der Empfänger auf einer solchen Interferenzstraße.

Und nun sind wir gespannt, ob wir denselben Effekt auch mit Licht erhalten!

Versuch 127: Wir ersetzen den Mikrowellensender des Versuchs 126 durch eine Lichtquelle und lassen ein paralleles Lichtbündel auf einen Doppelspalt fallen. Besonders geeignet ist ein *Laser*; er sendet ein *monochromatisches* (d.h. einfarbiges) Lichtbündel aus, das allerdings einen verhältnismäßig kleinen Durchmesser hat. Wir können es jedoch nach *Bild 120.3a* mit zwei Sammellinsen zu einem breiteren Parallelbündel aufweiten. Wir stellen dazu die beiden Linsen L_1 und L_2 so auf, daß ihre Brennpunkte F_1 und F_2 zusammenfallen. Je größer das Verhältnis f_2/f_1 ihrer Brennweiten ist, desto stärker wird die Aufweitung. — Mit diesem parallelen Lichtbündel beleuchten wir nun zwei sehr nahe beieinander liegende enge Spalte. Auf einem mehrere Meter entfernten Schirm entdecken wir daraufhin tatsächlich den erwarteten Effekt, nämlich ein Interferenzmuster in Form von parallelen hellen und dunklen Streifen *(Bild 120.3b)*.

Wie beim Doppelspaltversuch mit Mikrowellen entsteht an den beiden Spalten je eine Elementarwelle *(Bild 121.1)*. S_1 und S_2 lassen sich demnach als Zentren von Wellenstrahlen auffassen, die sich nach allen Seiten des Halbraums rechts vom Doppelspalt ausbreiten. Wie es nun an einer beliebigen Stelle P des Schirms aussieht, hängt ganz davon ab, welchen Gangunterschied δ diejenigen beiden von S_1 bzw. S_2 herkommenden Wellenstrahlen haben, die sich in P treffen. Ist $\delta = 0, \lambda, 2\lambda, ..., k\lambda$, so fällt Berg auf Berg und Tal auf Tal: Die Wellen verstärken sich, und im Punkt P entsteht ein *Maximum*, d.h. es ist dort besonders hell. Bei $\delta = \lambda/2, 3\lambda/2, ..., (2k+1)\lambda/2$ fällt Berg auf Tal: Die Wellen löschen sich in P aus, und es entsteht ein *Minimum*, d.h. im Punkt P herrscht Dunkelheit.

An den in *Bild 121.1* herausgegriffenen Wellenstrahlen können Sie ablesen, daß der Gangunterschied $\delta = |x - y|$ in der Mitte M des Interferenzmusters Null ist und mit wachsender Entfernung von M immer mehr zunimmt. Damit ist verständlich geworden, warum Sie auf

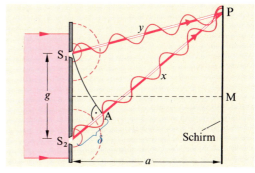

121.1 Im nahegelegenen Punkt P haben die sich überlagernden Wellenstrahlen den Gangunterschied $\delta = \lambda$.

dem Schirm Zebrastreifen sehen. Überall dort, wo die Streifen schwarz sind, addiert sich Licht plus Licht zu Dunkelheit!

> **Bei Licht tritt Interferenz auf. Dabei entstehen durch Überlagerung von Lichtwellen abwechselnd helle und dunkle Interferenzstreifen.**

2. Vom Interferenzmuster zur Wellenlänge

Für eine Welle ist charakteristisch, daß sich „positive" und „negative" Elemente periodisch aufeinanderfolgend im Raum ausbreiten. Sie bestehen bei der Wasserwelle aus sichtbaren Bergen und Tälern, bei der Schallwelle — schon weniger anschaulich — aus Zonen mit abwechselndem Überdruck und Unterdruck. Noch unanschaulicher ist die elektromagnetische Welle; ihre positiven und negativen Elemente bestehen aus elektrischen Feldvektoren mit jeweils entgegengesetzten Richtungen und ebensolchen magnetischen Feldvektoren.

Typisch für alle Wellen ist nun das Auftreten von **Interferenzen:** Wo zwei gleichnamige Elemente zusammentreten, verstärken sie sich; zwei ungleichnamige Elemente (Berg und Tal) schwächen sich dagegen ab.

Es ist noch nie gelungen, Interferenzen anders als mit Hilfe von Wellen zu deuten. Im Interferenzmuster des Versuchs 127 haben wir also ein besonders starkes Indiz für die Wellennatur des Lichts gewonnen. Aber nicht nur dies — wir können daraus auch die Licht-Wellenlänge bestimmen. Dazu betrachten wir *Bild 121.1*: In Wirklichkeit beträgt der Spaltabstand g Bruchteile eines Millimeters, die Entfernung a des

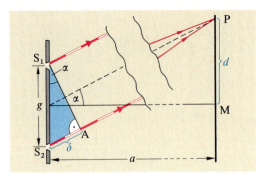

122.1 Die beiden sich im fernen Punkt P treffenden Strahlen verlaufen praktisch parallel.

Schirms dagegen mehrere Meter. Im richtigen Maßstab müßte P also etwa 50 m rechts vom Doppelspalt gezeichnet werden. Deshalb gehen die beiden sich in P treffenden Wellenstrahlen praktisch *parallel* vom Doppelspalt weg, und der Kreisbogen $S_1 A$ unterscheidet sich nur geringfügig von der Sehne $\overline{S_1 A}$ *(Bild 122.1)*. Für unsere weiteren Überlegungen spielt nun das in *Bild 122.1* blau getönte rechtwinklige Dreieck $A S_1 S_2$ eine wesentliche Rolle. Seine Kathete $\overline{S_2 A}$ ist gleich dem Gangunterschied δ, mit dem die beiden Strahlen in P ankommen; der Winkel bei S_1 ist gleich dem Winkel α, unter dem die Strahlen auf P hinzielen. Aus *Bild 122.1* können Sie nun für δ und $d = \overline{PM}$ zwei wichtige Beziehungen ablesen:

$$\sin \alpha = \frac{\delta}{g}, \quad \tan \alpha = \frac{d}{a}. \quad (122.1)$$

Das beobachtete Interferenzmuster erstreckt sich auf einen sehr kleinen Bereich um die Mitte M herum; die zugehörigen Winkel α sind kleiner als 1°. Deshalb darf man hier mit sehr guter Näherung $\sin \alpha = \tan \alpha$ setzen. Aus *Gl. 122.1* folgt dann

$$d/a = \delta/g. \quad (122.2)$$

Maxima entstehen auf dem Schirm, wenn der Gangunterschied $\delta = k \lambda$ mit $k = 0, 1, 2, \ldots$ beträgt. Für den Abstand d_k des $k$ten Maximums von der Mitte M ergibt sich nach *Gl. 122.2*

$$d_k = k \frac{a \lambda}{g} \quad \text{mit} \quad k = 0, 1, 2, \ldots. \quad (122.3)$$

Setzen wir in diese Gleichung $k = 0$ ein, so folgt $d_0 = 0$; in der Mitte M des Interferenzmusters ist also ein Maximum. Das kann man natürlich auch ohne Gleichung leicht einsehen, denn dort ist ja der Gangunterschied Null. Nach *Gl. 122.3* haben zwei benachbarte Maxima den Abstand

$$\Delta d = d_{k+1} - d_k = (k + 1 - k) \frac{a \lambda}{g} = \frac{a \lambda}{g}.$$

Minima erhält man für die Gangunterschiede

$$\delta = (2k + 1) \frac{\lambda}{2} \quad \text{mit} \quad k = 0, 1, 2, \ldots.$$

Damit wird nach *Gl. 122.2* der Abstand d_k des $k$ten Minimums von der hellen Mitte M $d_k = (2k + 1) a \lambda / (2g)$. Zwei benachbarte Minima haben demnach den Abstand

$$d_{k+1} - d_k = (2k + 3 - 2k - 1) \frac{a \lambda}{2g} = \frac{a \lambda}{g}.$$

Sowohl benachbarte Maxima als auch benachbarte Minima im Interferenzmuster des Doppelspalts haben also voneinander denselben Abstand $\Delta d = a \lambda / g$.

> **Beleuchtet man einen Doppelspalt, der den Spaltabstand g hat, mit Licht der Wellenlänge λ, so entstehen auf einem in der Entfernung a dahinter angebrachten Schirm helle und dunkle Streifen; ihr gegenseitiger Abstand beträgt jeweils**
>
> $$\Delta d = \frac{a \lambda}{g}. \quad (122.4)$$

Versuch 128: **a)** Damit wir nach *Gl. 122.4* die Wellenlänge λ von Licht bestimmen können, erzeugen wir zunächst mit einem Overhead-Projektor eine vergrößerte Abbildung des Doppelspalts und messen darin die Länge l' und den Abstand g' der Spaltbilder. Außerdem bestimmen wir die Originallänge l eines der beiden Spalte. Aus $g/g' = l/l'$ erhalten wir dann

$$g = \frac{l g'}{l'}. \quad (122.5)$$

b) Diesen Doppelspalt beleuchten wir nun senkrecht mit dem aufgeweiteten parallelen Lichtbündel des Lasers und fangen das Interferenzmuster auf einem Schirm auf. Es ergeben sich zum Beispiel die folgenden Werte

8facher Streifenabstand:	$8 \Delta d = 3{,}2$ cm
Länge eines Spalts:	$l = 1{,}9$ cm
Länge seines Bildes:	$l' = 108$ cm
Abstand der Spaltbilder:	$g' = 3{,}7$ cm
Schirmabstand:	$a = 410$ cm

Mit diesen Werten ergibt sich aus *Gl. 122.5* der Spaltabstand $g = 6{,}5 \cdot 10^{-4}$ m. Aus *Gl. 122.4* folgt dann für die Wellenlänge des Laserlichts

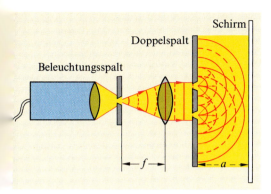

123.1 Bestimmung der Wellenlänge verschiedenfarbiger Lichter mit dem Doppelspalt

123.2 *Thomas Young* (1773 bis 1829) bestimmte im Jahr 1802 als erster die Wellenlänge des Lichts.

$$\lambda = \frac{\Delta d\, g}{a} = \frac{4 \cdot 10^{-3}\,\text{m} \cdot 6{,}5 \cdot 10^{-4}\,\text{m}}{4{,}1\,\text{m}}$$
$$= 630 \cdot 10^{-9}\,\text{m} = 630\,\text{nm}.$$

Können wir nun also aufgrund unseres Versuchs mit dem Doppelspalt für das Laserlicht eine Wellenlänge von 630 nm garantieren? Betrachten wir einmal die Einzelmessungen, die zu unserem Ergebnis geführt haben: Nehmen wir an, l und g' lassen sich mit einer Genauigkeit von ± 1 mm bestimmen, 8 Δd mit ± 2 mm, l' mit $\pm 0{,}5$ cm und a mit ± 1 cm. Dann erhalten wir das ziemlich enttäuschende Vertrauensintervall 545 nm $< \lambda <$ 735 nm.

Präzise Messungen mit anderen Methoden ergeben für die Wellenlänge des von uns benutzten Laserlichts $\lambda = 632{,}8$ nm. Aus $f = c/\lambda$ folgt die zugehörige Frequenz $f = 4{,}7 \cdot 10^{14}$ Hz.

3. Filter, Farben und Frequenzen

Versuch 129: Wir erzeugen nun verschiedenfarbige Lichter, indem wir auswechselbare Farbfilter vor eine normale Glühlampe setzen. Ihr Licht wird durch eine Kondensorlinse auf einen Spalt konzentriert *(Bild 123.1)*. Ist dieser genügend schmal, so geht von ihm eine Kreiswelle aus – ähnlich wie bei einem Stift, der in eine Wasseroberfläche taucht. Der Spalt steht im Brennpunkt einer Sammellinse (f = 30 cm); sie wirft paralleles Licht, also gerade Wellenfronten, auf einen Doppelspalt. Die beiden von ihm ausgehenden Elementarwellen stammen nur von Licht, das aus dem schmalen Einzelspalt kommt. Bringen wir nun einen Schirm hinter den Doppelspalt, so können wir dort die schon bekannten Zebrastreifen beobachten. Dabei stellen wir fest, daß ihr Abstand von der Farbe des Lichts abhängt: Bei blauem Licht ist der Streifenabstand kleiner als bei rotem. Nach *Gl. 122.4* hat also blaues Licht eine kleinere Wellenlänge als rotes. Aus $f = c/\lambda$ folgt, daß die *Frequenz des blauen Lichtes größer ist als die des roten.*

Das menschliche Auge kann ein Farbspektrum wahrnehmen, das von Violett bis Dunkelrot geht. Messungen haben ergeben, daß die zugehörigen Wellenlängen im Vakuum (und praktisch auch in Luft) ungefähr von 400 nm bis 800 nm gehen; die zugehörigen Frequenzen liegen zwischen $7{,}5 \cdot 10^{14}$ Hz und $3{,}75 \cdot 10^{14}$ Hz. Dies entspricht – akustisch ausgedrückt – dem Umfang einer Oktave.

> **Der Bereich des sichtbaren Lichts erstreckt sich von Violett bis Rot auf die Vakuum-Wellenlängen 400 nm bis 800 nm.**

Nachdem wir nun beim Licht Interferenzerscheinungen nachweisen konnten, hat sich unsere Vermutung bestätigt, daß das Licht eine elektromagnetische Welle ist.

Der englische Arzt *Thomas Young* (1773 bis 1829) war der erste, der die Wellenlänge des Lichts gemessen hat. Er benutzte dazu einen Doppelspalt – das war im Jahr 1802! *Young* war ein genialer Forscher, der auf vielen Gebieten, besonders in der Optik, Hervorragendes geleistet hat. Es ist ihm z.B. gelungen, von ultraviolettem Licht herrührende Interferenzstreifen auf Papier zu fotografieren, das er zuvor mit lichtempfindlichem Silbernitrat getränkt hatte. *Young* war ungemein vielseitig; er war ein begabter Maler und Musiker; von ihm stammt die Dreifarbentheorie des Sehens; er bestimmte die Größe von Molekülen und leistete einen wichtigen Beitrag zur Entzifferung der ägyptischen Hieroglyphen.

4. Ein Fehler, den man vergessen kann

Gl. 122.4 zur Berechnung der Wellenlänge des Lichts aus dem Doppelspalt-Versuch kam sehr einfach zustande — allerdings aufgrund einer *Näherung*: Wir haben angenommen, Lichtstrahlen, die sich in einem fernen Punkt treffen, seien parallel. Es sieht zwar so aus, als hätten wir nur einen kleinen Fehler gemacht; aber die Lichtwellenlänge ist ebenfalls klein. Vielleicht wird dann der Fehler doch wieder groß — wer weiß? Rechnen wir vorsichtshalber einmal genau!

Aus *Bild 124.1* kann man ablesen, daß die beiden sich in P treffenden Strahlen den Gangunterschied $\delta = x - y$ haben. Nach dem Satz des *Pythagoras* ist

$$x^2 = a^2 + (d + \tfrac{1}{2}g)^2 \quad \text{und} \quad y^2 = a^2 + (d - \tfrac{1}{2}g)^2;$$

daraus folgt

$$x^2 - y^2 = d^2 + g\,d + \tfrac{1}{4}g^2 - d^2 + g\,d - \tfrac{1}{4}g^2 = 2g\,d$$

oder $(x+y)(x-y) = 2g\,d$. Damit wird der exakte Gangunterschied

$$\delta_{\text{ex}} = x - y = \frac{2g\,d}{x+y}. \tag{124.1}$$

In unserer vereinfachenden Annahme, die beiden Strahlen seien parallel *(Bild 122.1)*, erhielten wir für den Gangunterschied den Näherungswert $\delta_N = g \sin\alpha$; *Bild 124.1* entnehmen wir, daß dort $\sin\alpha = d/s$ ist, also $d = \delta_N s/g$.

Setzen wir dies in *Gl. 124.1* ein, so erhalten wir für das Verhältnis des Näherungswertes zum exakten Wert

$$\frac{\delta_N}{\delta_{\text{ex}}} = \frac{x+y}{2s}. \tag{124.2}$$

Wir ergänzen nun in *Bild 124.1* das Dreieck aus den Seiten x und y zu einem Parallelogramm und betrachten das Teildreieck mit den Seiten $2s$, x und y. Die bekannte Dreiecks-Ungleichung besagt, daß die Summe zweier Dreiecksseiten stets größer als die dritte Seite ist. In unserem Fall bedeutet dies $x + y > 2s$. Aus *Gl. 124.2* folgt damit $\delta_N > \delta_{\text{ex}}$.

Unser mit dem Näherungsverfahren gewonnener Wert δ_N für den Gangunterschied ist demnach stets größer als der exakte Wert δ_{ex}. Der absolute Fehler beträgt dann $\delta_N - \delta_{\text{ex}} > 0$, der relative Fehler $r = (\delta_N - \delta_{\text{ex}})/\delta_{\text{ex}}$.

Wenden wir nun die Dreiecksungleichung außerdem noch auf die einzelnen Seiten x und y an, so erhalten wir $x < s + \tfrac{1}{2}g$ und $y < s + \tfrac{1}{2}g$. Aus *Gl. 124.2* wird

$$\frac{\delta_N}{\delta_{\text{ex}}} < \frac{2s + g}{2s} = 1 + \frac{g}{2s} \quad \text{oder} \quad \frac{\delta_N - \delta_{\text{ex}}}{\delta_{\text{ex}}} < \frac{g}{2s}.$$

Demnach gilt für den relativen Fehler

$$r < \frac{g}{2s}. \tag{124.3}$$

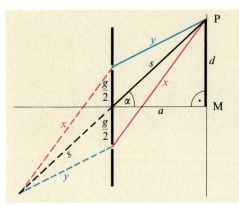

124.1 Der exakte Gangunterschied ist $\delta_{\text{ex}} = x - y$.

In Versuch 128 war $g = 6{,}5 \cdot 10^{-4}$ m und $s > 4{,}1$ m; für den relativen Fehler folgt damit nach *Gl. 124.3* $r < \dfrac{6{,}5 \cdot 10^{-4}\,\text{m}}{8{,}2\,\text{m}} < 8 \cdot 10^{-5}$. Also haben wir bei unserem Näherungsverfahren einen Fehler gemacht, der kleiner als 0,008% ist! Wir können ihn wahrhaftig vergessen!

Aufgaben

1. *Die Öffnungen eines Doppelspalts sind jeweils 2,0 cm lang. In einem optischen Bild mißt man für die beiden Spalte jeweils die Länge 87,9 cm und einen Abstand von 0,80 cm.* **a)** *Wird der Doppelspalt mit parallelem, einfarbigem Licht senkrecht beleuchtet, so beobachtet man auf einem 1,20 m entfernten Schirm ein Interferenzmuster, in dem die Mitte des 1. dunklen Streifens von der Mitte des 6. dunklen Streifens den Abstand 1,8 cm hat. Berechnen Sie die Wellenlänge des Lichts!* **b)** *Wechselt man den Doppelspalt gegen einen anderen aus und beleuchtet diesen dann mit derselben Lichtquelle, so verringert sich der Abstand des 1. vom 6. Streifen auf 1,4 cm. Wie groß ist der Spaltabstand g des Doppelspalts?* **c)** *Welchen Abstand haben der 1. und der 6. Streifen voneinander, wenn ein Doppelspalt mit dem Spaltabstand $g = 0{,}15$ mm eingesetzt wird?*

2. *Ein Doppelspalt wird senkrecht mit Laserlicht der Wellenlänge 632,8 nm beleuchtet. Auf einer 5,12 m entfernten Wand entsteht dann ein Interferenzmuster, in dem die Mitte des 1. dunklen Streifens von der Mitte des 8. dunklen Streifens den Abstand 5,5 cm hat.* **a)** *Die Streifen werden durch dünne Bleistiftstriche auf der Wand markiert. Anschließend wird dieselbe Anordnung mit einer andersfarbigen Lichtquelle beleuchtet. Dabei fällt der 1. dunkle Interferenzstreifen mit dem 1. Bleistiftstrich, der 7. dunkle Interferenzstreifen mit dem 8. Bleistiftstrich zusammen. Welche Wellenlänge hat dieses Licht?* **b)** *Berechnen Sie den Abstand g der beiden Spalte!* **c)** *Mit welchem relativen Fehler wurde g bestimmt, wenn die Entfernung des Doppelspaltes von der Wand mit ± 1 cm und der Abstand des 1. vom 8. Streifen mit ± 1 mm gemessen wurden?*

3. Führt man Versuch 129 mit dem weißen Licht einer Glühlampe durch, so beobachtet man auf dem Schirm hinter dem Doppelspalt „Zebrastreifen" mit Farbsäumen. Erklären Sie diese Erscheinung!

4. Ein Mikrowellensender strahlt eine elektromagnetische Welle auf einen aus drei Metallplatten gebildeten Doppelspalt, dessen Öffnungen den Abstand 7,6 cm voneinander haben. Ein Empfänger, der auf einem Kreis um die Mitte des Doppelspaltes herumgeführt wird, registriert bei einem Winkel von 25,0° zur Mittelachse das erste Minimum. **a)** Wie groß ist die Wellenlänge? **b)** Bei welchem Winkel stellt man das 2. Minimum fest? **c)** Wie viele Maxima entstehen insgesamt?

5. Zwei vom selben Generator gespeiste gleichphasig schwingende Dipole D_1 und D_2 sind 1,20 m voneinander entfernt lotrecht aufgestellt (Bild 125.1). **a)** Inwiefern kann man sie mit einem Doppelspalt vergleichen? **b)** Ein Beobachter geht — beginnend in A — auf einem Kreis mit dem Radius 50 m um die Sendeanlage herum. Dabei stellt er abwechselnd Maxima und Minima des Empfangs fest. Nachdem er den 12ten Teil des Kreises durchlaufen hat, findet er zum zweiten Mal ein Empfangsminimum vor. Mit welcher Frequenz schwingen die Sender? **c)** Nach welchem Teil eines gesamten Umlaufs registriert er das erste Minimum? **d)** Wie viele Maxima zählt der Beobachter bei einem ganzen Umlauf? **e)** Nun wird der Abstand der beiden Dipole auf 0,60 m verringert. An welchen Stellen des Rundgangs treten jetzt Maxima und Minima auf? **f)** Was ändert sich an den Beobachtungen, wenn die beiden Sendedipole gegenphasig schwingen?

6. Ein Mikrowellensender strahlt senkrecht auf einen Doppelspalt mit dem Spaltabstand $g = 8,0$ cm. Parallel zu dessen Ebene wird im Abstand $a = 20$ cm ein Empfänger verschoben. Dabei mißt man für die ersten Minima links und rechts der Mitte eine gegenseitige Entfernung von $d = 8,4$ cm. **a)** Welche Wellenlänge ergibt sich nach Gl. 122.4? **b)** Zeigen Sie, daß für die exakte Berechnung der Wellenlänge $\sqrt{(d+g)^2/4 + a^2} - \sqrt{(d-g)^2/4 + a^2} = \lambda/2$ gilt! Berechnen Sie damit erneut die Wellenlänge des Mikrowellenstrahls! **c)** Für $|x| \ll 1$ gilt die Näherungsformel $\sqrt{1+x} \approx 1 + x/2$. Zeigen Sie damit, daß die in b) benutzte exakte Formel für $g \ll a$ in Gl. 122.4 übergeht!

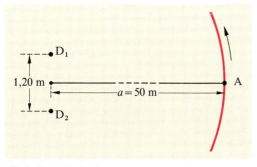

125.1 Zu Aufgabe 5

§43 Die Kohärenz des Lichts

1. Kohärente und inkohärente Lichtquellen

Das von einer normalen Glühlampe ausgehende Licht erzeugt bei der Beugung am Doppelspalt nur dann Interferenzstreifen, wenn es vorher durch einen besonderen Beleuchtungsspalt eingeengt wurde. Verwenden wir als Lichtquelle dagegen einen *Laser*, so ist eine solche Maßnahme nicht nötig; das Laserlichtbündel kann in seiner vollen Breite zur Erzeugung von Interferenzen am Doppelspalt verwandt werden. Woran liegt das?

Dazu müssen wir wissen, daß Licht stets von den Atomen der Lichtquelle ausgeht. Beim Laser sind diese nun so organisiert, daß ein einziger langer Wellenzug entsteht, also eine Lichtwelle, die man mit einer Wasserwelle vergleichen kann, deren Wellenfronten von den vielen zusammenhängenden Punkten eines periodisch in eine Wellenwanne eintauchenden Blechstreifens erzeugt werden.

Der Laser sendet also sehr lange Wellenzüge aus, in denen sich alle Wellenfronten regelmäßig im Abstand λ wiederholen. Man nennt diese vom Laser erzeugte Lichtwelle **kohärent** (cohaerere, lat.; zusammenhängen). Läuft sie senkrecht auf einen Doppelspalt zu, so treffen ihre Wellenfronten gleichzeitig in beiden Spalten ein und rufen dort zwei phasengleich schwingende Elementarwellen hervor. Diese erzeugen dann das bekannte Interferenzmuster.

Warum ist das bei gewöhnlichen Lichtquellen anders? Nun — auch dort kommt das Licht von den einzelnen Atomen. Diese sind aber nicht so stramm organisiert wie beim Laser, sondern verhalten sich völlig individualistisch: Jedes sendet unabhängig von den anderen in unregelmäßiger Folge kurze Wellenzüge aus. In Gasentladungslampen bzw. in glühenden festen Körpern erhalten die Atome durch Stöße von Elektronen und Ionen bzw. von Nachbaratomen Energie. Ein auf diese Weise „angeregtes" Atom sendet nun einen Wellenzug aus, der nur so lange andauert, bis es die empfangene Energie wieder losgeworden ist. Dann muß es warten, bis es irgendwann erneut Energie erhält. Die so in ganz unbestimmten Abständen ausgesandten Wellenzüge sind nur kurz; sie hängen nicht miteinander zusammen und haben gegenseitig keine festen Phasenbeziehungen — sie sind **inkohärent**.

> **Wellen, deren Phasendifferenz in jedem Punkt des Wellenfeldes über längere Zeit konstant bleibt, nennt man kohärent.**
>
> **Der Laser sendet kohärentes Licht aus. Licht von gewöhnlichen Lichtquellen ist inkohärent.**

Nun haben wir in Versuch 129 auch mit einer gewöhnlichen Lichtquelle ein Interferenzmuster erhalten – allerdings nur, wenn wir diese auf eine kleine Umgebung der optischen Achse einschränkten. Betrachten wir daher vorerst einmal nur solche Punkte einer ausgedehnten Lichtquelle, die auf der optischen Achse AM liegen *(Bild 126.1)*. Die von ihnen ausgehenden Wellenzüge rufen in den beiden Öffnungen S_1 und S_2 des Doppelspalts *gleichphasige* Elementarwellen hervor. Diese erzeugen auf dem Schirm die bekannten Interferenzstreifen mit einem Maximum in M. Die unregelmäßigen Pausen zwischen den Ausstrahlungen der einzelnen Wellenzüge nimmt unser Auge nicht wahr; es ist dafür viel zu träge. Eine anstelle des Schirms angebrachte Fotoplatte registriert stets an denselben Stellen Licht bzw. Dunkelheit und summiert dies alles zu einem scharfen Bild des Interferenzmusters.

Nun senden aber auch die oberhalb der optischen Achse liegenden Punkte der Lichtquelle Wellenzüge aus. Auch sie erzeugen auf dem Schirm jeweils ein Interferenzmuster, das jedoch nach unten verschoben ist, und zwar um so mehr, je höher der Punkt über der Achse liegt. Nun sei der lichtaussendende Punkt B *(Bild 126.1)* so weit von der Achse entfernt,

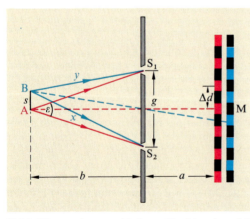

126.1 Die von den verschiedenen Punkten A und B der Lichtquelle erzeugten Interferenzmuster sind gegeneinander verschoben.

daß die von ihm ausgehenden Wellenzüge in S_1 und S_2 mit dem Gangunterschied $\delta = x - y = \lambda/2$ ankommen; dann rufen sie dort *gegenphasige* Elementarwellen hervor: Es entsteht ein Interferenzmuster, das in M ein *Minimum* hat. Dieses neue Interferenzmuster ist also gegenüber dem vorhergehenden gerade um einen halben Streifenabstand $\Delta d/2$ verschoben. Die von B erzeugten Minima fallen auf die von A erzeugten Maxima und umgekehrt: Die Interferenzstreifen schütten sich gegenseitig zu, so daß sie nicht mehr zu sehen sind.

So weit darf es nicht kommen! Wenn noch eine Struktur des Interferenzmusters erkennbar bleiben soll, müssen wir die Lichtquelle so stark einengen, daß sie kleiner als $\overline{AB} = s$ wird. Die Interferenzstreifen sind dann zwar immer noch verwaschen, aber wenigstens voneinander zu unterscheiden. Je stärker wir die Lichtquelle einengen, desto schärfer treten die Interferenzstreifen hervor, weil dann immer weniger „Außenseiter" dazwischenfunken.

2. Wann ist Lampenlicht kohärent?

Aus *Bild 126.1* läßt sich die Ausdehnung l abschätzen, auf die eine Lichtquelle mindestens eingeschränkt werden muß, damit sie noch erkennbare Interferenzstreifen erzeugt. Nach dem Strahlensatz gilt $s/(\tfrac{1}{2}\Delta d) = b/a$; dabei ist Δd der Streifenabstand. Nach *Gl. 122.4* beträgt er $\Delta d = a\lambda/g$. Damit erhalten wir

$$s = \frac{a b \lambda}{2 g a} = \frac{b \lambda}{2 g}. \qquad (126.1)$$

Für den Öffnungswinkel ε (im Bogenmaß) des zur Interferenz herangezogenen Lichtbündels gilt $\varepsilon \approx g/b$, also $g \approx \varepsilon b$. Gl. 126.1 ergibt dann $s \approx \lambda/(2\varepsilon)$. Da die Ausdehnung l der Quelle kleiner als s sein muß, folgt $l < \lambda/(2\varepsilon)$ oder

$$l\varepsilon < \lambda/2. \qquad (126.2)$$

Wenn diese **Kohärenzbedingung** erfüllt ist, kann man auch das von einer gewöhnlichen Lichtquelle ausgesandte Licht als kohärent ansehen.

Versuch 130: a) Wir wiederholen Versuch 129 mit einem *roten* Farbfilter und stellen den Spalt so eng, daß die Interferenzstreifen auf dem Schirm gerade noch deutlich zu sehen sind. Nun wechseln wir das Filter gegen ein *blaues* aus, benutzen also *kurzwelligeres* Licht. Darauf erscheinen die Interferenzstreifen nur noch verwaschen und werden erst wieder deutlich, wenn wir den Spalt *enger* stellen. Da $\lambda/2$ kleiner geworden ist, muß man das Produkt $l\,\varepsilon$ durch Verkleinern des Faktors l verringern.

b) Nun stellen wir den Spalt wieder so ein, daß die Interferenzstreifen bei rotem Licht deutlich zu erkennen sind. Dann wechseln wir die Sammellinse der Brennweite 30 cm gegen eine solche mit $f = 10$ cm aus. Sie muß der kleineren Brennweite wegen näher an den Spalt herangerückt werden; der Öffnungswinkel ε wird dadurch größer. Wieder beobachten wir, daß die Interferenzstreifen verwischt werden. Sie erscheinen erst deutlicher, wenn wir den Spalt *enger* stellen. Da ε größer geworden ist, müssen wir jetzt den Faktor l so verkleinern, daß das Produkt $l\,\varepsilon$ wieder den alten Wert erhält.

3. Amplitudenquadrat rettet Energiesatz

Der Doppelspaltversuch zeigt uns, daß Licht plus Licht Dunkelheit geben kann. Wo bleibt dabei aber die *Energie*? Nun — außer Minima gibt es auch noch Maxima. In einem Minimum „addieren" sich die Amplituden der von den beiden Spalten ausgehenden kohärenten Wellen zu Null; deshalb ist dort die Energie Null. Im danebenliegenden Maximum dagegen addieren sie sich zur doppelten Amplitude; also ist dort die Energie *vervierfacht*. Die Energie einer Welle ist nämlich zum *Quadrat* ihrer Amplitude proportional.

Die Anhäufung von Energie in einem Maximum macht es möglich, daß diese dafür in einem Minimum verschwinden kann. Der räumliche Mittelwert aus der vierfachen Energie im Maximum und der Energie Null im Minimum ergibt doppelte Energie, also die Energiesumme der von den beiden Spalten kommenden Wellen. Damit ist der Energiesatz gerettet!

Gehen dagegen von den beiden Öffnungen des Doppelspalts *inkohärente* Wellen aus, so wird ein dahinter liegender Schirm im zeitlichen Mittel gleichmäßig beleuchtet.

Aufgaben

1. *Schätzen Sie die Breite des Spalts in Versuch 129 ab, wenn rotes Licht ($\lambda = 400$ nm) benutzt wird!*

2. *Eine Natriumdampf-Lampe ($\lambda = 590$ nm) mit einem 5 mm breiten Brenner wird 5 m von einem Doppelspalt ($g = 8{,}5 \cdot 10^{-5}$ m) entfernt aufgestellt. Prüfen Sie, ob Interferenzstreifen beobachtet werden können!*

§44 Das optische Gitter

1. Das Gitter — ein Mehrfachspalt

Der Doppelspalt hat zwei große Nachteile:
— Durch die beiden Spalte geht nur wenig Licht. Bei einem Laserlichtbündel, das man in voller Breite ausnutzen kann, erhält man zwar noch einigermaßen helle Interferenzstreifen; eine gewöhnliche Lichtquelle, die wegen der Kohärenzbedingung stark eingeengt werden muß, liefert am Doppelspalt aber nur ein äußerst lichtschwaches Interferenzmuster.
— Die Maxima sind nicht scharf; die Intensität des Lichts geht nämlich nur ganz allmählich von ihrem größten Wert in einem Maximum auf den im nächsten Minimum folgenden Wert Null zurück. *Bild 127.1* zeigt den mit einem Computer berechneten Intensitätsverlauf zwischen zwei Maxima.

Beide Nachteile lassen sich durch dieselbe Maßnahme beseitigen: Statt eines *Doppelspalts* nimmt man einen *Mehrfachspalt*, ein sogenanntes **optisches Gitter**. Es besteht aus sehr vielen Spalten, die in gleichen Abständen nebeneinander angeordnet sind. Bei seiner Herstellung werden mit einem Diamanten feine Striche auf eine Glasplatte geritzt. Die eingravierten Linien lassen kein Licht durch; die nichtgeritzten Glasflächen wirken als Spaltöffnungen. Meist werden fotografische Gitterkopien benutzt.

Versuch 131: Ein Laserstrahl erzeugt auf einer etwa 4 m entfernten Wand einen scharfen kleinen Lichtfleck. Halten wir nun ein optisches Gitter senkrecht in den Strahl, so bleibt der

127.1 Intensitätsverteilung beim Doppelspalt: Das Maximum geht ganz allmählich in ein Minimum über.

Fleck scharf. Überraschenderweise reihen sich zu seinen beiden Seiten in gerader Linie weitere scharfe Lichtflecke auf. Wie kommt das?

Nehmen wir an, die Zahl der Gitteröffnungen sei n. Dann bildet sich hinter jedem der n Spalte eine Elementarwelle aus; das Licht wird dort *gebeugt*. Wir bekommen Ordnung in das dabei entstehende Durcheinander, wenn wir daraus zunächst nur solche Wellenstrahlen herausgreifen, deren Nachbarn sich jeweils mit dem gegenseitigen Gangunterschied $\delta = k\lambda$ ($k = 0, 1, 2, \ldots$) in einem weit entfernten Punkt P eines Schirms treffen *(Bild 128.1)*. Dann addiert sich jeder der dort ankommenden Wellenberge mit den anderen zu einem $n$mal so hohen Wellenberg (Entsprechendes gilt auch für die Wellentäler): Auf dem Schirm entsteht ein Maximum an Helligkeit.

Auch hier dürfen wir mit sehr guter Näherung annehmen, daß die sich in P treffenden Strahlen praktisch parallel von den Gitterspalten weggehen. Wir können ihren Gangunterschied δ am gleichen rechtwinkligen Dreieck ablesen, das auch schon beim Doppelspalt vorkam. Setzen wir in $\delta = k\lambda$ zunächst $k = 0$, so greifen wir damit das Bündel von n Strahlen heraus, das den mittleren hellen Fleck im Schnittpunkt der optischen Achse mit dem Schirm erzeugt. $k = 1$ gibt Bündel, die jeweils zum ersten hellen Fleck links bzw. rechts der Mitte führen, und so geht das mit $k = 2, 3, \ldots$ weiter.

Wie beim Doppelspalt gilt auch hier für die Winkel α_k zu einem *Helligkeitsmaximum*

$$\sin\alpha_k = \frac{k\lambda}{g} \leq 1 \text{ mit } k = 0, 1, 2, \ldots; \quad (128.1)$$

$$\tan\alpha_k = \frac{d_k}{a}. \quad (128.2)$$

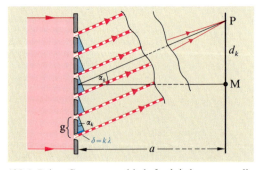

128.1 Beim Gangunterschied $\delta = k\lambda$ kommen alle Wellen in P gleichphasig an und bilden ein Maximum.

Der Abstand zweier benachbarter Spalte wird **Gitterkonstante g** genannt. Die einzelnen Maxima unterscheidet man nach ihrer *Ordnungszahl k*. In der Mitte des Interferenzmusters liegt das Maximum nullter Ordnung; links und rechts schließen sich jeweils die Maxima 1., 2., ..., $k$ter Ordnung an. Da der Sinus des Winkels α_k höchstens 1 werden kann, ist die Anzahl der Ordnungen beschränkt.

> **Ein optisches Gitter mit der Gitterkonstante g erzeugt von senkrecht auftreffendem Licht der Wellenlänge λ scharfe Helligkeitsmaxima. Für die zu ihnen weisenden Winkel gilt**
>
> $$\sin\alpha_k = \frac{k\lambda}{g} \leq 1 \text{ mit } k = 0, 1, 2, 3, \ldots.$$

2. Warum das Gitter dem Doppelspalt überlegen ist

So weit gilt dies alles auch für den Doppelspalt. Die Besonderheit des optischen Gitters mit seinen vielen Spalten zeigt sich erst, wenn wir den Raum *zwischen* zwei Maxima untersuchen: Was machen alle die vielen Wellenstrahlen, die *nicht* in Richtung der Maxima gebeugt werden? Was ergibt sich z.B. zwischen dem 1. und 2. Maximum für $\delta = 1{,}01\lambda$; $1{,}02\lambda$; ...; $1{,}99\lambda$?

Es liegt nahe, alle entsprechenden Wellenstrahlen unter Berücksichtigung ihrer jeweiligen Phasenverschiebung zu addieren. Dieses zwar einfache, aber äußerst zeitraubende Verfahren ist für einen Computer kein Problem. *Bild 129.1* zeigt die vom Computer berechnete Intensitätsverteilung zwischen dem 1. und 2. Maximum eines Gitters mit 5 bzw. 8 Spalten.

Vergleichen Sie mit dem Doppelspalt (der ja nichts anderes als ein optisches Gitter mit 2 Spalten ist), so fällt Ihnen auf, daß bei wachsender Spaltzahl *zunehmend Minima* auftreten, die sich mehr und mehr an die Maxima herandrängen und diese dadurch immer schärfer werden lassen. Zwischen den Minima entstehen schwächere *Nebenmaxima*, deren Intensität mit wachsender Anzahl der Spalte abnimmt. Im Unterschied dazu nennt man die nach *Bild 128.1* zustande kommenden Helligkeitsstellen Maxima $k$ter Ordnung oder *Hauptmaxima*. Sie sind bei einem Gitter mit sehr vielen Spalten scharf ausgeprägt; dazwischen herrscht praktisch Dunkelheit.

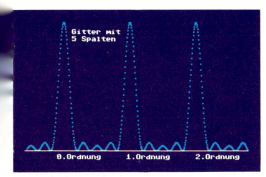

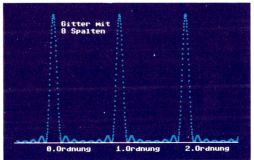

129.1 Intensitätsverteilung für die Beugung an optischen Gittern mit unterschiedlich vielen Spalten

Nur wenn der Gangunterschied zweier benachbarter Wellenstrahlen genau ein ganzzahliges Vielfaches der Wellenlänge ist, fallen nämlich bei der Überlagerung in einem Punkt des Schirms *sämtliche* Wellenberge (bzw. -täler) aufeinander und erzeugen dabei eine resultierende Welle mit maximaler Amplitude. Schon bei einer geringfügigen Abweichung von der Ganzzahligkeit tritt eine Fülle von Phasenverschiebungen auf, so daß es fast zu jedem der vielen Strahlen einen um 180° phasenverschobenen Partner gibt, der ihn auslöscht:

Bei einem Gitter mit 100 Spalten erhält man z.B. schon für einen Gangunterschied zweier benachbarter Strahlen von $\delta = k\lambda + \lambda/100$ eine Dunkelstelle dicht neben dem Maximum $k$ter Ordnung. Dann löschen sich nämlich jeweils diejenigen Wellenstrahlen *restlos* aus, die vom 1. und 51., 2. und 52., ..., 50. und 100. Spalt kommen, da ihr Gangunterschied jeweils $50k\lambda + 50\lambda/100 = 50k\lambda + \lambda/2$ beträgt. Auch bei einem etwas größeren Gangunterschied finden sich immer noch viele Paare von Wellenstrahlen, die sich gegenseitig auslöschen. Nur wenige bleiben übrig; daraus resultiert dann die geringe Resthelligkeit der Nebenmaxima. Aber schon für $\delta = k\lambda + 2\lambda/100$ entsteht eine weitere Dunkelstelle: Jetzt löschen sich nämlich jeweils der 1. und 26., 2. und 27., ..., 75. und 100. Strahl restlos aus. Bis das $(k+1)$te Maximum mit dem Gangunterschied $\delta = k\lambda + \lambda = (k+1)\lambda$ erreicht ist, kommt es wegen der großen Zahl der Spalte immer wieder zu weiteren solchen Dunkelstellen, die nur von geringfügigen Resthelligkeiten unterbrochen werden. Sie lassen sich jedoch nicht alle mit dem einfachen Trick der paarweisen Auslöschung berechnen, der uns zur Erklärung der ersten und zweiten Dunkelstelle in unserem Beispiel verholfen hat.

Die Schärfe eines Hauptmaximums wird durch die Lage des ersten Minimums bestimmt, das darauf folgt. Verallgemeinert man die Betrachtung, die wir mit 100 Spalten angestellt haben, auf n Spalte, so ergibt sich für das erste Minimum, das auf das Maximum $k$ter Ordnung folgt, der Gangunterschied

$$\delta = k\lambda + \lambda/n. \tag{129.1}$$

Je größer also die Zahl n der Gitterspalte ist, desto dichter schiebt sich das nachfolgende Minimum an das Maximum $k$ter Ordnung heran.

Mit wachsender Anzahl der Spaltöffnungen eines optischen Gitters werden die Hauptmaxima heller und schärfer. Die Helligkeit der Nebenmaxima nimmt dabei immer mehr ab.

Versuch 132: Ein Gitter mit 1000 Strichen pro Zentimeter wird durch Laserlicht senkrecht beleuchtet. Auf einem 3,80 m vom Gitter entfernten Schirm messen wir den Abstand des linken Maximums 2. Ordnung vom rechten Maximum 2. Ordnung zu 97,0 cm.

Aus der Zahl der Gitterstriche pro Zentimeter läßt sich die Gitterkonstante g leicht ermitteln. In unserem Fall ergibt sich $g = \frac{1}{1000}$ cm $= 1,00 \cdot 10^{-5}$ m. Nach *Gl. 128.2* gilt für den Winkel α_2 zum Maximum 2. Ordnung $\tan \alpha_2 = d_2/a = \frac{48,5 \text{ cm}}{380 \text{ cm}} = 0,128$; also $\alpha_2 = 7,27°$. Aus *Gl. 128.1* folgt für die Wellenlänge des Laserlichts

$$\lambda = \frac{g \sin \alpha_2}{k} = 633 \text{ nm}.$$

Die Zahl der Striche pro cm kann man mit 1% Genauigkeit annehmen. Die Entfernung des Schirms vom Gitter läßt sich auf ± 1 cm, der gegenseitige Abstand der Maxima auf ± 2 mm genau ablesen. Damit erhalten wir das Vertrauensintervall 630 nm $< \lambda <$ 636 nm.

3. Gitterspektren

Mit dem optischen Gitter können wir die Wellenlänge für jede beliebige Lichtquelle sehr genau bestimmen. Dazu brauchen wir nur den Doppelspalt in der Anordnung des Versuchs 129 durch ein Gitter zu ersetzen.

Versuch 133: Nach *Bild 130.1* wird das Licht einer Natriumdampf-Lampe durch die Kondensorlinse K auf einen verstellbaren Spalt konzentriert, der ungefähr in der Brennebene einer Sammellinse L liegt. Das dabei entstehende annähernd parallele Lichtbündel erzeugt auf einem etwa 2 m entfernten Schirm ein optisches Bild des Spalts. Bringen wir nun dicht hinter L ein Gitter, so wird das Spaltbild wie der Laserlichtfleck in Versuch 131 vervielfacht: Auf dem Schirm entsteht ein Muster von hellen Streifen.

Man kann diese Streifen im Grunde immer noch als optische Bilder des Beleuchtungsspalts auffassen, denn sie werden breiter, wenn man den Spalt erweitert. Dabei wird dann aber das Interferenzmuster nicht gleich völlig „zugeschüttet", wie dies beim Doppelspalt in Versuch 129 der Fall war. Das liegt daran, daß die Maxima beim Gitter viel schmaler und wesentlich weiter voneinander entfernt sind als beim Doppelspalt. Ihre volle Schärfe kommt jedoch erst zum Vorschein, wenn wir den Beleuchtungsspalt *genügend verengen*. Die dann auftretenden extrem schmalen Linien werden **Spektrallinien** genannt.

In einem Versuch mit Natrium-Licht hatte das Gitter 1000 Striche pro Zentimeter; der gegenseitige Abstand der beiden Spektrallinien 3. Ordnung wurde auf einem 2,00 m vom Gitter entfernten Schirm zu 71,8 cm gemessen. Aus diesen Angaben können wir die Wellenlänge des Natriumlichts leicht ermitteln:

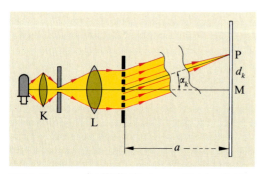

130.1 Messung der Wellenlänge von Natriumlicht

Farbe der Spektrallinie	Wellenlänge im Vakuum
violett	405 nm
blau	436 nm
grün	546 nm
gelb (doppelt)	577 nm und 579 nm

Tabelle 130.1 Spektrallinien von Quecksilber

Die Gitterkonstante beträgt $g = 1,00 \cdot 10^{-5}$ m. Für den Winkel α_3 zum Maximum 3. Ordnung erhält man

$$\tan \alpha_3 = \frac{d_3}{a} = \frac{35,9 \text{ cm}}{200 \text{ cm}} = 0,180; \quad \alpha_3 = 10,18°.$$

Aus $\sin \alpha_3 = \frac{3\lambda}{g}$ folgt $\lambda = \frac{g \sin \alpha_3}{3} = 589$ nm.

Das gelbe Licht der Natriumdampf-Lampe hat also die ziemlich scharf bestimmte Wellenlänge 589 nm; wir nennen es *monochromatisch*.

Versuch 134: Nun setzen wir als Lichtquelle eine Quecksilberdampf-Lampe ein. Während beim Natrium-Licht in jeder Ordnung nur *eine* gelbe Linie zu beobachten war, erscheint jetzt auf dem Schirm eine Folge verschiedenfarbiger Linien. Aus diesem **Linienspektrum** können wir ablesen, daß die durch Elektronenstoß zum Leuchten angeregten Quecksilber-Atome im sichtbaren Bereich mehrere verschiedenfarbige Lichter mit ganz bestimmten Wellenlängen aussenden.

Die im Linienspektrum vorkommenden Wellenlängen sind für die Art der lichtaussendenden Atome charakteristisch (Spektraltafel Seite 150). Mißt man z.B. das Linienspektrum von Quecksilberdampf im Vakuum (und praktisch auch in Luft) aus, so erhält man stets dieselben Wellenlängen. Sie sind in *Tabelle 130.1* angegeben.

Aus solchen Überlegungen heraus entwickelten *R.W. Bunsen* (1811 bis 1899) und *G.R. Kirchhoff* die Methode der **Spektralanalyse.** Damit kann man nicht nur chemische Substanzen im Laboratorium untersuchen, sondern auch Aufschluß über die stoffliche Zusammensetzung von Sternen erhalten. *J. von Fraunhofer* (1787 bis 1826) entdeckte 1814 im kontinuierlichen Sonnenspektrum eine große Zahl dunkler Linien. Sie entstehen dadurch, daß die Dämpfe der Sonnenoberfläche ganz bestimmte Wellenlängen des von tiefer liegenden Schichten der Sonne kommenden weißen Lichts *absorbieren* (Spektraltafel Seite 150).

Versuch 135: Als Lichtquelle setzen wir nun eine Experimentierleuchte ein, die weißes Glühlicht liefert. Auf dem Schirm entsteht eine weiße Linie; links und rechts davon erscheinen in allen Farben leuchtende Bänder, die sich teilweise überlappen.

Im weißen Glühlicht kommen sämtliche Wellenlängen des sichtbaren Bereichs vor. Nach *Gl. 128.1* liegt das Maximum 1., 2., ... Ordnung für jede dieser Wellenlängen an einer anderen Stelle. Die im weißen Glühlicht enthaltenen farbigen Lichter werden also ihrer jeweiligen Wellenlänge entsprechend in den verschiedenen Ordnungen zu kontinuierlichen Spektren nebeneinander gelegt *(Bild 131.1)*. Die Richtung zum Maximum nullter Ordnung ($k=0$) ist von der Wellenlänge unabhängig; deshalb erscheinen in der Mitte des Interferenzmusters alle Farben an derselben Stelle und erzeugen dort einen weißen Strich.

Aus der Mittelstufe wissen Sie, daß auch bei der *Brechung* des weißen Glühlichts an einem Prisma ein Spektrum entsteht. Gegenüber einem solchen **Prismenspektrum** hat das **Gitterspektrum** den Vorzug, daß die Wellenlängen der einzelnen Farben nach *Gl. 128.1* leicht gemessen werden können.

Im Gitterspektrum liegt nach *Gl. 128.1* rotes Licht wegen seiner großen Wellenlänge außen und das kurzwellige Violett innen. Dagegen liegt im Prismenspektrum Rot innen und Violett außen, weil Rot am schwächsten und Violett am stärksten gebrochen wird.

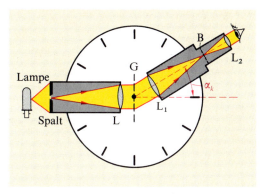

131.2 Schema eines Gitterspektrometers. Das Spektrum wird von Lampe und Gitter G erzeugt.

Für genaue Messungen der Wellenlängen von Spektrallinien benutzt man ein **Gitterspektrometer**. Sein Aufbau ist in *Bild 131.2* schematisch dargestellt. Der Spalt und die Sammellinse L haben dieselbe Funktion wie in Versuch 133. Das Spektrum wird hier aber nicht – wie in Versuch 133 – in großer Entfernung, sondern dicht hinter dem Gitter G beobachtet. Wellenstrahlen, die sich in einem Punkt einer so nahen Beobachtungsebene treffen, kann man für genaue Messungen nicht mehr als parallel ansehen. Deshalb ist eine weitere Sammellinse L_1 eingebaut; sie vereinigt exakt parallele Strahlen in ihrer Brennebene B. Dort wird das Spektrum beobachtet; dazu sind in dieser Ebene zwei dünne gekreuzte Fäden angebracht. Eine weitere Sammellinse L_2 dient als Lupe, durch die man das Gitterspektrum samt dem Fadenkreuz vergrößert betrachtet. L_1 und L_2 bilden übrigens zusammen ein Fernrohr; es ist um eine Achse schwenkbar, so daß man die einzelnen Spektrallinien mit dem Fadenkreuz anvisieren kann. Der zugehörige Winkel α_k wird auf einem Teilkreis abgelesen; aus der Gleichung $\lambda = (g/k) \sin \alpha_k$ läßt sich dann die Wellenlänge sehr genau berechnen.

Der nächste Versuch zeigt, daß man die Wellenlängen eines Linienspektrums auch mit ganz einfachen Mitteln bestimmen kann.

Versuch 136: Eine gasgefüllte Spektralröhre wird so aufgestellt, daß sich ihre dünne, hell leuchtende Kapillare senkrecht vor einem horizontalen Maßstab befindet *(Bild 132.1)*. Blicken wir nun durch ein optisches Gitter auf die Röhre, so sehen wir vor dem Maßstab das weit auseinandergezogene Linienspektrum des leuchtenden Füllgases.

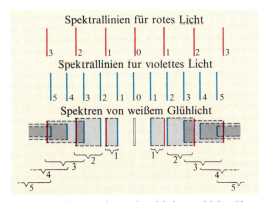

131.1 Die Gitterspektren des sichtbaren Lichts überlappen sich von der 2. Ordnung an.

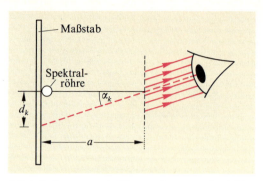

132.1 So kann man ein Gitterspektrum auch mit bloßem Auge beobachten.

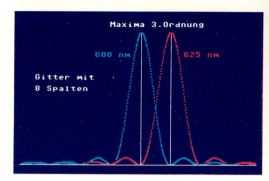

132.2 Die beiden Spektrallinien werden gerade noch getrennt. (Mit dem Computer berechnet)

Die Lichtquelle ist so dünn, daß sie nicht besonders verengt werden muß. Die zum $k$ten Maximum einer Spektrallinie führenden Wellenstrahlen verlassen das optische Gitter unter dem Winkel α_k und werden von der Augenlinse des Beobachters als farbiges Bild dieser Spektrallinie auf die Netzhaut projiziert. Für den Betrachter scheinen die Lichtstrahlen vom Maßstab herzukommen; dort kann er die Strecke d_k ablesen, aus $\tan \alpha_k = d_k/a$ den Winkel zum Maximum $k$ter Ordnung berechnen und aufgrund von *Gl. 128.1* die Wellenlänge der betreffenden Spektrallinie ermitteln.

Die beiden Linien können erst dann getrennt wahrgenommen werden, wenn das Maximum der zweiten Spektrallinie auf den Rand des Bereichs der ersten Spektrallinie fällt *(Bild 132.2)*. Damit ergibt sich für die Auflösbarkeit der beiden Linien die Bedingung $k \lambda' \geqq k \lambda + \lambda/n$ oder $k(\lambda' - \lambda) \geqq \lambda/n$. Mit $\lambda' - \lambda = \Delta \lambda$ folgt

$$\Delta \lambda \geqq \frac{\lambda}{k n}. \qquad (132.1)$$

Demnach können zwei vom optischen Gitter auflösbare Spektrallinien um so dichter beieinander liegen, je höher die Ordnung k und je größer die Zahl n der ausgenutzten Gitterspalte ist.

4. Das Auflösungsvermögen eines optischen Gitters

Versuch 137: Wir richten ein Spektrometer auf eine Natriumdampf-Lampe und betrachten das Linienspektrum des von ihr ausgesandten Lichts. In Versuch 133 erhielten wir für Natriumlicht eine einzige Linie mit der Wellenlänge 589 nm. Gehen wir nun mit unserem guten Spektralapparat zu höheren Ordnungen über, so bemerken wir, daß sich die gelbe Natriumlinie mit wachsender Ordnung immer deutlicher teilt: Das sichtbare Spektrum des Natriumlichts besteht aus zwei sehr nahe beieinanderliegenden Linien.

Warum ist uns das erst jetzt aufgefallen? Nun – das liegt am **Auflösungsvermögen** des optischen Gitters. Die von Licht der Wellenlänge λ erzeugte Linie $k$ter Ordnung eines Gitterspektrums erstreckt sich nach *Gl. 129.1* auf einen Wellenlängenbereich von $k \lambda - \lambda/n$ bis $k \lambda + \lambda/n$; dabei ist n die Anzahl der durchstrahlten Gitterspalte. Unterscheidet sich nun die Wellenlänge $\lambda' > \lambda$ einer benachbarten Spektrallinie so wenig von λ, daß ihr Maximum $k$ter Ordnung ebenfalls in diesen Bereich fällt, dann liegen die Maxima $k$ter Ordnung dieser beiden Wellenlängen so dicht beisammen, daß sie bei der Betrachtung zu einer einzigen Linie verschmelzen.

5. Unsichtbares Licht

Es ist wohl nicht anzunehmen, daß alle Lichtquellen nur solche elektromagnetische Wellen ausstrahlen, die genau in dem für uns Menschen sichtbaren Wellenlängenbereich zwischen 400 nm und 800 nm liegen. Überprüfen wir also einmal eine Glühlampe darauf, ob sie außer sichtbarem Licht auch noch weitere, für uns unsichtbare Wellen aussendet!

Dazu müssen wir die dunklen Bereiche untersuchen, die links und rechts an die Ränder des sichtbaren Spektrums angrenzen. Ein *Gitterspektrum* ist hierfür wenig geeignet, da sich dort diese dunklen Bereiche in den benachbarten Ordnungen überschneiden. Deshalb stellen wir das Spektrum für diesen Zweck besser mit einem **Prisma** her.

Versuch 138: Wir erzeugen das Prismenspektrum des Lichts, das von einer *Halogenlampe* ausgeht (Prisma und Sammellinse sollten möglichst aus Quarzglas bestehen). Durch dieses Spektrum führen wir nun eine Silicium-*Fotodiode*, die mit einem Meßverstärker verbunden ist. Tatsächlich: Das Instrument schlägt nicht nur im sichtbaren Bereich aus, sondern auch in den dunklen Gebieten jenseits von Rot bzw. Violett! Man nennt die dazugehörigen unsichtbaren Strahlungen **Infrarot** und **Ultraviolett**.

Im Infrarot schlägt das Instrument sogar noch stärker aus als im sichtbaren Bereich. Der größte Teil der von einer Glühlampe ausgesandten Energie fällt nämlich in das infrarote Gebiet.

Versuch 139: a) Wir lassen das Spektrum vom Glühlicht einer Halogenleuchte auf einen *Fluoreszenzschirm* fallen. Jenseits von Violett leuchtet er — je nach Art des Schirms — grün, blau oder rot. Er wandelt nämlich die Energie der unsichtbaren kurzwelligen ultravioletten Strahlung in längerwelliges sichtbares Licht um.

b) Halten wir nun ein sogenanntes *UV-Filter* in den Strahlengang, so verschwindet das sichtbare Spektrum; wir sehen auf dem Fluoreszenzschirm nur noch den leuchtenden Streifen, der vom ultravioletten Licht hervorgerufen wird.

Versuch 140: Nun erzeugen wir das *Gitterspektrum* einer Quecksilberdampf-Lampe und lassen es auf einen Fluoreszenzschirm fallen. Jenseits der auf einem gewöhnlichen Schirm gerade noch sichtbaren violetten Linie ($\lambda = $ 405 nm) leuchten jetzt weitere Linien auf. Zwei davon sind besonders deutlich zu erkennen; wir messen ihre Wellenlängen zu 360 nm und 310 nm.

Die Sonne strahlt neben sichtbarem Licht auch Infrarot und Ultraviolett auf die Erde. Der langwellige Anteil der Infrarotstrahlung wird vom in der Luft enthaltenen Wasser absorbiert. Feuchte Luft wird dadurch unmittelbar erwärmt, während trockene Luft nur durch Konvektion vom Boden her aufgeheizt werden kann. So erklärt sich auch, daß die trockene Luft im Hochland trotz der starken Sonnenstrahlung kalt ist.

Die ultraviolette Strahlung bewirkt die Pigmentierung der Haut, also die *Hautbräunung* und den *Sonnenbrand*. Auch das *Höhenklima* verdankt seine therapeutisch wertvollen Reizwirkungen der mit der Höhe zunehmenden ultravioletten Strahlung. Nicht für alle Lebewesen ist Ultraviolett unsichtbar. So können z.B. die *Bienen* ultraviolettes Licht wahrnehmen.

Aufgaben
(Für sichtbares Licht gilt 400 nm $\leq \lambda \leq$ 800 nm)

1. *Welchen Abstand hat die Spektrallinie 1. Ordnung von der Spektrallinie 2. Ordnung für rotes Licht ($\lambda_1 = 760$ nm) bzw. für blaues Licht ($\lambda_2 = 400$ nm) bei einem Gitter mit 500 Linien pro mm und einem Schirmabstand von 1,50 m?*

2. *Ein optisches Gitter mit 2000 Strichen pro cm wird von parallelem weißem Licht senkrecht beleuchtet.* **a)** *Wie breit erscheint das Spektrum 1. Ordnung auf einem 3,20 m entfernten Schirm?* **b)** *Zeigen Sie, daß sich die sichtbaren Spektren 2. und 3. Ordnung überlappen!* **c)** *Bis zu welcher Wellenlänge ist das Spektrum 2. Ordnung noch ungestört zu sehen?* **d)** *Zeigen Sie, daß die Ergebnisse in b) und c) von der Gitterkonstante g unabhängig sind!*

3. *Welche Gitterkonstante hat ein Gitter, bei dem die beiden Spektrallinien 1. Ordnung von Natriumlicht ($\lambda = 590$ nm) auf einem 1,00 m entfernten Schirm den Abstand 11,8 cm haben?*

4. *Ein Gitter mit 5000 Strichen pro cm wird mit parallelem weißem Glühlicht beleuchtet; der Schirm hat die Form eines Halbzylinders, in dessen Mittelachse das Gitter steht.* **a)** *Bis zu welcher Ordnung kann das sichtbare Spektrum ganz beobachtet werden?* **b)** *Welche Wellenlänge ist in der höchsten Ordnung gerade noch feststellbar?*

5. *Auf einem 2,50 m vom Gitter entfernten Schirm wird das Linienspektrum von Quecksilberdampf beobachtet. In der 1. Ordnung beträgt der Abstand der linken violetten Linie ($\lambda_1 = 405$ nm) von der rechten 40,6 cm.* **a)** *Berechnen Sie die Gitterkonstante!* **b)** *Wie weit ist in der 2. Ordnung die violette Linie ($\lambda_1 = $ 405 nm) von der grünen Linie ($\lambda_2 = 546$ nm) entfernt?* **c)** *In welcher Ordnung kommt es zum ersten Mal vor, daß die grüne Linie in das Spektrum der nächsthöheren Ordnung fällt?*

6. *2,00 m von einem optischen Gitter mit 5000 Strichen pro cm ist ein 3,20 m breiter Schirm so aufgestellt, daß das Maximum 0. Ordnung in seine Mitte fällt. Das Gitter wird mit parallelem weißem Glühlicht senkrecht beleuchtet. Welche Wellenlänge hat das Licht, das am Rande dieses Schirmes gerade noch zu sehen ist?*

7. *Ein Gitter mit der Gitterkonstante $5,00 \cdot 10^{-5}$ m besteht aus 4 Spalten. Es wird von parallelem Licht aus einer Natriumdampf-Lampe mit der Wellenlänge 590 nm senkrecht beleuchtet. Hinter dem Gitter ist im Abstand von 2,40 m ein Schirm aufgestellt.* **a)** *Wie weit ist das auf dem Schirm entstehende 1. Maximum von der Mitte (dem 0. Maximum) entfernt?* **b)** *Zeigen Sie, daß zwischen dem 0. und dem 1. Maximum 3 Minima entstehen; berechnen Sie deren Lage auf dem Schirm!* **c)** *Um wieviel muß sich die Wellenlänge einer Spektrallinie von 590 nm unterscheiden, damit sie bei diesem Gitter in der 1. Ordnung von der Natriumlinie gerade noch getrennt erscheint?*

§45 Das elektromagnetische Spektrum

1. Alles über Strahlung

A. Wie entsteht Strahlung?

1. Der *elektromagnetische Schwingkreis* besteht aus einem Kondensator und einer parallel geschalteten Spule. Seine Schwingung hat die Periodendauer $T = 2\pi\sqrt{CL}$. Bei der Wechselspannung $U = \hat{U}\cos\omega t$ fließt der Wechselstrom $I = -\hat{I}\sin\omega t$ mit $\omega = 1/\sqrt{CL}$ und $\hat{I} = \omega C \hat{U}$.

2. Der *Hertzsche Dipol* dient zur Abstrahlung und zum Empfang elektromagnetischer Wellen. Bei der Länge $\lambda/2$ ist er in Resonanz.

3. Elektromagnetische Wellen kommen auch in der Natur häufig vor. So erzeugt z.B. jeder *Blitz* elektromagnetische Strahlung, die bekanntlich den Rundfunkempfang stört.

Zur Erzeugung elektromagnetischer Wellen ist also nicht unbedingt ein schwingender Dipol nötig. Allgemein gilt:

— *Ruhende* elektrische Ladungen erzeugen lediglich *elektrische* Felder.
— *Gleichmäßig fließende* elektrische Ladungen erzeugen darüber hinaus *Magnetfelder*.
— Damit *elektromagnetische Wellen* abgestrahlt werden, müssen sich nach Maxwell elektrische und magnetische Felder *ändern*; dies ist der Fall, wenn sich elektrische Ladungen mit wechselnder Geschwindigkeit, also *beschleunigt* bewegen.

Beim *Blitz* werden Ladungen kurzzeitig in Bewegung gesetzt und kommen dann rasch wieder zur Ruhe; deshalb ist er eine Strahlungsquelle. In der *Röntgenröhre* prallt ein Elektronenstrahl auf eine Anode und wird dadurch stark abgebremst. Dabei entsteht Röntgenstrahlung — eine elektromagnetische Welle.

Kreisbewegungen sind beschleunigte Bewegungen. Deshalb senden geladene Teilchen, die z.B. in einem Zyklotron oder Synchrotron (Seite 51) durch Magnetfelder auf Kreisbahnen gezwungen werden, elektromagnetische Wellen — die *Synchrotronstrahlung* — aus. Da diese gefährlich sein kann, müssen solche Beschleuniger abgeschirmt werden. Synchrotronstrahlung gibt es auch in der Natur: Sie wird von Elektronen oder Protonen erzeugt, die im Magnetfeld von Himmelskörpern kreisen.

B. Wie breitet sich Strahlung aus?

1. In der elektromagnetischen Welle breiten sich miteinander verknüpfte elektrische und magnetische Felder aus. Sie bilden jeweils eine linear polarisierte Querwelle mit aufeinander senkrecht stehenden Schwingungsebenen.

2. In einer fortschreitenden elektromagnetischen Welle wird Energie transportiert.

3. Die Ausbreitungsgeschwindigkeit der elektromagnetischen Welle beträgt im Vakuum (und praktisch auch in Luft)

$$c = 1/\sqrt{\varepsilon_0 \mu_0} = 3{,}0 \cdot 10^8 \text{ m s}^{-1}. \qquad (134.1)$$

C. Die Wellennatur der Strahlung

1. Licht ist eine elektromagnetische Welle.

2. Der Bereich des sichtbaren Lichts erstreckt sich von Violett bis Rot im Vakuum (und praktisch auch in der Luft) auf die Wellenlängen 400 nm bis 800 nm.

3. Typisch für alle Wellen ist *Interferenz*. Zwei Wellen mit dem Gangunterschied $\delta = 0$, λ, 2λ, ..., $k\lambda$ *verstärken* sich maximal; bei $\delta = \lambda/2$, $3\lambda/2$, ..., $(2k+1)\lambda/2$ *schwächen* sie sich maximal bzw. löschen sich sogar aus.

4. Interferenz kann nur bei *kohärenten* Wellen beobachtet werden, d.h. bei Wellen mit konstant bleibender Phasendifferenz.

5. Das Licht eines *Lasers* ist kohärent. Normale Lichtquellen erzeugen *inkohärentes* Licht, denn sie senden in unregelmäßiger Folge kurze Wellenzüge aus. Soll Interferenz auftreten, so müssen die Größe l der Lichtquelle und der Öffnungswinkel ε des Lichtbündels die *Kohärenzbedingung* $l\varepsilon < \lambda/2$ erfüllen.

6. Wellen werden hinter einer Öffnung *gebeugt*, d.h. sie laufen dort nach allen möglichen Richtungen auseinander. Dies wird aber erst an kleinen Öffnungen deutlich bemerkbar.

7. Bei der Beugung am *Doppelspalt* (Gitterkonstante g) entsteht ein Interferenzmuster mit allmählich ineinander übergehenden Maxima und Minima. Am *optischen Gitter* mit vielen Spalten treten dagegen die Maxima um so schärfer hervor, je größer die Anzahl der Spalte ist. Für die Richtungen α_k zu den *Maxima* der verschiedenen Ordnungen k gilt

$$\sin\alpha_k = \frac{k\lambda}{g} \quad \text{mit } k = 0, 1, 2, \ldots < \frac{g}{\lambda}. \qquad (134.2)$$

2. Alles strahlt

Elektromagnetische Wellen spielen sowohl in der Natur als auch in technischen Anwendungen eine herausragende Rolle. Sie entstehen, wenn elektrische Ladungen beschleunigt werden. Dies kann auf unterschiedliche Weise geschehen. Entsprechend teilt man die elektromagnetische Strahlung nach ihrer Entstehungsart ein *(Bild 135.1)*; ihre Wellenlängen erstrecken sich über ein breites Spektrum von etwa 10 000 km bis zu einer Größenordnung von millionstel Nanometer.

Die längsten elektromagnetischen Wellen gehen von Leitungen aus, in denen technische Wechselströme fließen; sie werden durch Generatoren erzeugt. Rundfunk- und Fernsehsender strahlen Wellen von 2000 m bis zu etwa 40 cm Wellenlänge ab. Sie kommen durch Röhren- bzw. Transistorschaltungen mit Schwingkreisen zustande. Auch die Mikrowellen bis $\lambda = 0{,}1$ mm werden elektronisch erzeugt. Dies geschieht mit Klystron oder Gunn-Diode.

Die elektromagnetischen Wellen vom fernen Infrarot über Ultraviolett (Seite 133) bis zu Röntgenstrahlen nennt man „Licht", weil sie auf gleiche Weise wie sichtbares Licht entstehen, nämlich durch *Temperaturstrahlung* (in Glühlampen) oder durch *Stöße von Elektronen* (in Leuchtstoffröhren und Röntgenröhren). Jedes Atom enthält elektrische Ladungen. Nun schwingen aber die Atome eines festen Körpers wegen der *Wärmebewegung* dauernd um ihre Ruhelagen; man kann sich vorstellen, daß dabei elektromagnetische Wellen entstehen. So kann man sagen: *Alle Körper, deren Temperatur größer als Null Kelvin ist, strahlen.* Auch ein Eisklotz strahlt; die von ihm ausgehenden elektromagnetischen Wellen liegen im Infrarotbereich. Trotzdem ist es nicht ratsam, sich zum Aufwärmen vor einen Eisblock zu setzen. Zwar strahlt er Ihnen elektromagnetische Wellen zu; Sie selbst aber geben wegen Ihrer höheren Temperatur viel mehr Energie durch Strahlung an den Eisblock ab, als Sie von diesem empfangen. Das Ergebnis: Sie frieren – der Eisklotz schmilzt.

Je höher die Temperatur eines festen Körpers ist, desto kleiner werden die Wellenlängen seiner Strahlung. Deshalb sendet ein fester Körper von einer bestimmten Temperatur an sichtbares Licht aus – erst Rot, dann kommen Gelb und Grün dazu, bis schließlich bei *Weißglut* alle Farben ausgestrahlt werden.

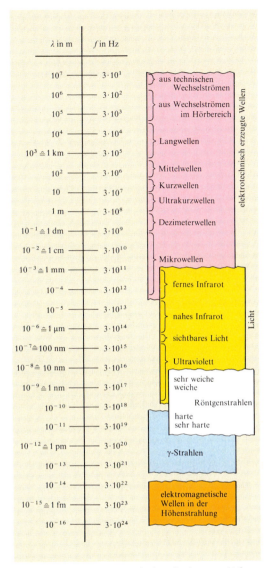

135.1 Das elektromagnetische Spektrum (1 fm = 1 Femtometer = $1 \cdot 10^{-15}$ m)

Mit den kürzesten Wellen des Ultraviolett überschneiden sich die längsten elektromagnetischen Wellen von *Röntgenstrahlen*. Diese werden in der Röntgenröhre bei sehr hohen elektrischen Spannungen durch Abbremsen schneller Elektronen an der Anode erzeugt. Die sogenannten *harten* Röntgenstrahlen sind die kürzesten elektromagnetischen Wellen, die technisch hergestellt werden können.

γ-Strahlen entstehen bei der Umwandlung von Atomkernen. Die kürzesten elektromagnetischen Wellen, die uns bekannt sind, kommen in der kosmischen *Höhenstrahlung* vor.

Lichtquanten

§46 Fotoeffekt und Energiequanten

1. Gibt es beim Licht noch Rätsel?

In der Lichtwelle schwingen nach *Maxwell* und *Hertz* elektrische und magnetische Feldstärken quer zur Ausbreitungsrichtung. Können wir damit alles beim Licht erklären oder gibt es noch Rätsel? Licht von einem 1 W-Lämpchen schwärzt in kurzer Zeit fotografische Filme. In schwarzes Papier gehüllt kann man diese jedoch auf einem Fernsehturm stundenlang den viel stärkeren elektromagnetischen Wellen eines 100 kW-Senders aussetzen. Was ist bei ihnen anders? — Durch Ultraviolettstrahlung erhält man einen Sonnenbrand, nicht aber durch starke Wärmestrahlung (Infrarot). Sind Ultraviolett- und Röntgenstrahlen gefährlicher, nur weil sie kurzwelliger sind? Darf man sagen, sie seien energiereicher als sichtbares Licht oder als Fernsehwellen? Was heißt hier energiereicher? — Wie wirkt Licht auf Materie, auf die Elektronen darin? Mit diesen zahlreichen Fragen betreten wir das auch noch heute aktuelle Forschungsgebiet der **Wechselwirkung zwischen Licht und Materie**.

2. Wie wirkt wohl Licht auf ein Elektron?

Die Antwort scheint einfach zu sein, wenn wir an ein Boot denken, das von einer Welle geschüttelt wird. Ebenso schüttelt die sich periodisch mit der Frequenz f ändernde elektromagnetische Welle nach Seite 103 die Elektronen einer Metallwand. Von der Wand geht deshalb wie von einem Hertz-Dipol eine reflektierte Welle gleicher Frequenz aus. Beim Fotoeffekt werden die Elektronen vom Licht sogar aus dem Metall herausgeschleudert. Können wir aus der Energie eines Fotoelektrons auf die Energie schließen, die im Licht steckt?

Bevor wir experimentieren, versuchen wir — wie jeder Physiker — das Ergebnis mit unseren Kenntnissen vorherzusagen:

a) Die Energie eines Fotoelektrons sollte mit der Feldstärke der Lichtwelle, also der Helligkeit des Lichts, zunehmen (Seite 105 und 139).

b) Bei größerer Lichtfrequenz beschleunigt die Feldkraft ein im Metallinnern freies Elektron in einer bestimmten Richtung nicht so lange wie bei kleiner Frequenz. Blau sollte ihm also (bei gleicher Feldstärke) weniger Energie geben als Rot. Stimmen diese Vermutungen?

3. Auf Vermutungen folgen Experimente

Versuch 141: a) Eine frisch geschmirgelte Zinkplatte ist nach *Bild 136.1* mit einem Elektroskop verbunden und wird mit dem ultravioletten Licht (UV) einer Quecksilberdampf- oder Bogenlampe ohne Linse bestrahlt (Glas läßt UV-Licht nicht durch). War die Platte vorher negativ geladen, so geht der Ausschlag beim Belichten schnell zurück. Eine positive Ladung bleibt dagegen bestehen. Führt vielleicht das Licht positive Ladung mit sich, welche die negative neutralisiert? Dann müßte es in elektrischen oder magnetischen Feldern abgelenkt werden und könnte Faradaybecher aufladen. Nichts davon geschieht.

b) Hat das Licht die Luft leitend gemacht? Um diese Vermutung zu prüfen, arbeiten wir im Hochvakuum einer technischen **Fotozelle** nach *Bild 136.2*. Dort können wir mit dem sonst leicht oxidierenden Alkalimetall Cäsium und sogar

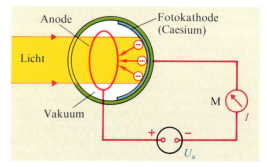

136.1 UV-Licht setzt aus Zink Elektronen frei.

136.2 Schaltung der Vakuumfotozelle

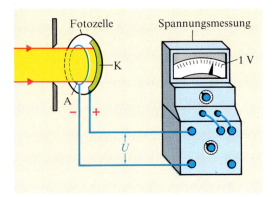

137.1 Messung der Energie von Fotoelektronen

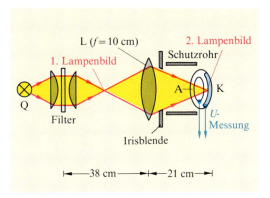

137.3 Kleinere Blende — langsamere Elektronen?

mit sichtbarem Licht experimentieren. Wir legen die Anodenspannung U_a zwischen die Cäsiumschicht als Kathode (−) der Fotozelle und ihren Anodenring (+). Vom belichteten Cäsium werden Elektronen zum Ring gezogen und liefern den Fotostrom I. Sie wurden vom Licht aus dem Cäsium in das Vakuum freigesetzt. Wir nehmen die $I(U_a)$-Kennlinie nach Bild 137.2 auf. Sie zeigt ein klares Sättigungsverhalten. Der Sättigungsstrom gibt die Zahl der je Sekunde vom Licht freigesetzten Elektronen an. Beleuchten wir mit mehreren Lampen (mit getrennten Stromquellen speisen), so addieren sich die Sättigungsströme. Sie sind also der Lichtintensität proportional.

Da die Fotoelektronen das Metall verlassen, spricht man vom **äußeren Fotoeffekt**. Den inneren finden wir bei Halbleitern.

> **Beim äußeren Fotoeffekt werden durch Licht aus der Oberfläche von Körpern Elektronen freigesetzt. Die Zahl der je Sekunde gelieferten Fotoelektronen ist der Lichtintensität exakt proportional.**

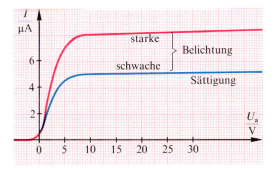

137.2 Kennlinie einer Vakuumfotozelle

4. Welche Energie erhält ein Fotoelektron?

In der Kennlinie der Vakuumfotozelle (Bild 137.2) erkennen wir, daß ein Fotostrom auch bei kleinen *negativen* Spannungen fließt. Fotoelektronen können auch an einem schwach negativ geladenen Anodenring A landen ($U = -1$ V in Bild 137.1). Gab das Licht ihnen auch noch Energie mit und — wenn ja — wieviel? Messen wir die Energie der einzelnen vom Licht freigesetzten Fotoelektronen!

Versuch 142: Wir entfernen in Bild 136.2 die Spannungsquelle. Der Meßverstärker M wird als hochohmiger Spannungsmesser benutzt. Er zeigt, daß von den Fotoelektronen selbst die Spannung U zwischen Cäsiumschicht und Auffangring aufgebaut wird. Sie beträgt etwa 1 V.

Die schnellsten aus dem Cäsium freigesetzten Elektronen erhalten also vom Licht Energie von etwa 1 eV. Sie laden den Ring negativ auf und stoßen nachfolgende Elektronen ab.

Versuch 143: a) Nach Bild 137.1 und 137.3 fällt Licht auf die Metallschicht K einer Vakuum-Fotozelle, nicht aber auf den Drahtring A. Zwischen K und A legen wir einen Meßverstärker mit großem Widerstand und dem Meßbereich 1 V. Seine Anzeige steigt schnell auf eine bestimmte Spannung U, z.B. 0,8 V.

Das Licht befreit nämlich Fotoelektronen aus dem Metall K. Die schnellsten haben die Energie $W = eU = 0{,}8$ eV. Sie laden den Ring A so lange negativ auf, bis keine weiteren Elektronen dagegen anlaufen können. Jedes der schnellsten Fotoelektronen verläßt also das Metall mit der Energie

$$W_{\max} = \tfrac{1}{2} m v^2 = eU. \qquad (137.1)$$

b) Auch wenn wir die Intensität des Lichts durch langsames Schließen der Blende verringern, ändert sich an der Spannung U und an der Energie eU nichts. Also ist die Vermutung von Ziffer 2a widerlegt. (Bei zu enger Blende sinkt allerdings U; dann fließen die wenigen freigesetzten Elektronen über den Widerstand R_i des Meßverstärkers zu schnell ab; man müßte ihn über $10^{10}\,\Omega$ vergrößern.)

c) Wenn wir Licht einer Quecksilberdampflampe benutzen, können wir mit einzelnen Spektrallinien arbeiten. Wir sondern die jeweilige Linie sorgfältig aus. Dabei steigt die Spannung U und damit die Energie $W_{max}=eU$ der schnellsten Fotoelektronen mit der Lichtfrequenz f *(Tabelle 138.1)*. Dies widerlegt auch die Vermutung in Ziffer 2b. Wir tragen in *Bild 138.1* die Energie W_{max} über der Frequenz $f=c/\lambda$ auf und erhalten die blaue Gerade Cs, also einen einfachen linearen Zusammenhang. Er hängt von der Licht-Intensität nicht ab.

Fotozellen mit anderen Metallen, etwa mit Natrium oder Lithium, liefern parallele Geraden. Bezeichnen wir ihren negativen Abschnitt auf der Energieachse mit W_a und die gemeinsame Steigung mit h, so lautet ihre Gleichung $W_{max}=hf-W_a$. Die Größe W_a ist nur vom Metall bestimmt, also eine Materialkonstante. Die Steigung h dagegen hängt weder vom Kathodenmaterial noch von der Frequenz oder von der Intensität des Lichts ab. h erweist sich als eine neuartige, allgemeine *Naturkonstante*.

Farbe	Wellenlänge in nm	Frequenz f in 10^{14} Hz	Energie W_{max} in eV
violett	405	7,41	1,02
blau	436	6,88	0,81
grün	546	5,50	0,27
gelb	578	5,19	0,13

Tabelle 138.1 Frequenz f und Energie $W_{max}=eU$ der schnellsten Fotoelektronen bei Cäsium

Metall bzw. Legierung	Grenzfrequenz in 10^{14} Hz	Ablösearbeit in eV
Ag-Cs-O	2,5 (IR)	1,04
Cäsium	4,7 (orange)	1,94
Natrium	5,5 (grün)	2,28
Zink	10,3 (UV)	4,27
Silber	11,4 (UV)	4,70
Platin	13 (UV)	5,36

Tabelle 138.2: Grenzfrequenz f_{gr} und Ablösearbeit W_a; Ag-Cs-O eignet sich für Bildwandler im Infrarot.

5. Lichtenergie gibt es nur portionsweise!

Um unser Ergebnis physikalisch zu deuten, bedenken wir, daß die Terme der Gleichung $W_{max}=hf-W_a$ Energien darstellen. W_a ist bei edlen Metallen, die schwerer Elektronen abgeben, besonders groß *(Tabelle 138.2)*. Man nennt sie die zum Ablösen der Fotoelektronen vom Metall nötige **Ablösearbeit**. Sie ist auch beim glühelektrischen Effekt aufzubringen. Die langsameren Fotoelektronen mit $W<W_{max}$ haben schon im Metall Energie verloren; in Versuch 143 treten sie nicht auf, da sie vom negativ geladenen Ring abgestoßen werden.

Aus $W_{max}=hf-W_a$ folgt $hf=W_{max}+W_a$. Also ist hf die Energie, die Licht der Frequenz f insgesamt an ein einzelnes Elektron abgibt. Diese Energie $W_{phot}=hf$ ist zur Lichtfrequenz f proportional und in *Bild 138.1* als rote Ursprungsgerade eingezeichnet.

Die blauen Geraden in *Bild 138.1* schneiden die f-Achse bei der vom Metall abhängigen **Grenzfrequenz** f_{gr} *(Tabelle 138.2)*. Licht der Frequenz f_{gr} gibt so viel Energie hf_{gr} ab, daß das Elektron gerade noch die Ablösearbeit W_a verrichten kann; es gilt $hf_{gr}=W_a$. Dies zeigt sich, wenn wir weißes Licht in sein kontinuierliches Spektrum zerlegen und die Fotozelle im Spektrum verschieben. Bei Frequenzen f, die kleiner als f_{gr} sind, kann auch helles Licht keine Elektronen aus dem Metall freisetzen. Also gibt selbst helles Licht keine Energie, die größer als $W_{phot}=hf$ ist, an ein Elektron ab.

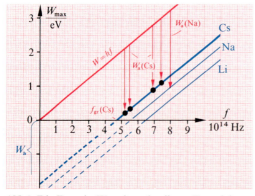

138.1 Die Energie W_{max} der schnellsten Fotoelektronen steigt linear mit der Lichtfrequenz f an.

Um 1900 fand *Max Planck*: Licht erhält von glühenden Körpern Energie nur in Portionen, sogenannten **Quanten**, der Größe hf. Einstein ging 1905 und 1909 einen wichtigen Schritt weiter. Er folgerte, daß Licht Energie nur als Quanten enthält und nannte die von ihm als unteilbar postulierte Licht-Energie-Portion hf **Lichtquant** oder **Photon**. Diese Aussagen widersprechen der klassischen Physik. Nach ihr darf die Natur keine Sprünge machen und kann Energie nur stetig umsetzen. *Einstein* forderte für die Energie der schnellsten Fotoelektronen die obige Gleichung

$$W_{max} = hf - W_a. \tag{139.1}$$

Sie wurde 1916 von *Millikan* experimentell bestätigt. Er benutzte Elektroskope zur Spannungsmessung; es gab keine Meßverstärker.

Würde ein Quant nur einen Teil seiner Energie abgeben, so müßte als Rest ein neues Quant mit der kleineren Energie $W_2 = hf_2$ entstehen. Ein mit blauem Licht bestrahltes Metall müßte dann auch grün und rot zurückstrahlen. Doch hat man dies nie beobachtet.

6. Plancksche Konstante h und Ablösearbeit W_a

Die neue Konstante h tritt in *Bild 138.1* als Geradensteigung auf. Wir erhalten sie aus *Gl. 137.1* und *139.1* mit den Werten der gelben (g) und der violetten (v) Linie:

$$W_v = hf_v = eU_v + W_a; \quad W_g = hf_g = eU_g + W_a.$$

Subtraktion liefert

$$h = e(U_v - U_g)/(f_v - f_g) = 6{,}4 \cdot 10^{-34} \, \text{J s}.$$

Die Konstante h wurde *Planck* zu Ehren **Plancksches Wirkungsquantum** oder **Plancksche Konstante** genannt. Ihre Einheit J s oder e V s ist die von Energie mal Zeit, *Wirkung* genannt.

Setzen wir h in eine der Ausgangsgleichungen ein, so folgt für die Ablösearbeit von Cäsium $W_a = hf - eU = 1{,}9$ eV *(Tabelle 138.2)*.

Licht der Frequenz f enthält Energie nur in Form unteilbarer Energiequanten oder Photonen der Größe

$$W_{phot} = hf. \tag{139.2}$$

Die Plancksche Konstante ist

$$h = 6{,}626 \cdot 10^{-34} \, \text{J s} = 4{,}136 \cdot 10^{-15} \, \text{eV s}.$$

139.1 *M. Planck* und *A. Einstein* im Jahre 1929

7. Bestrahlungsstärke S und Feldstärke E

Ein Sonnenanbeter der Fläche $A = 1 \, \text{m}^2$, auf den das Licht senkrecht trifft, erhält in der Zeit $t = 1$ s etwa 1 kJ an Lichtenergie W. Man sagt, die Bestrahlungsstärke sei $S = W/(At) = 1 \, \text{kJ m}^{-2} \, \text{s}^{-1}$. — Nach *Maxwells* Theorie sitzt diese Lichtenergie in elektrischen und magnetischen Feldern stetig verteilt. Dort ist die Energiedichte proportional zu $\hat{E}^2$, also zum Amplitudenquadrat $\hat{E}^2$ der Lichtwelle (Seite 77). Bei doppelter Amplitude $\hat{E}$ führt $1 \, \text{m}^3$ lichterfüllter Raum also die vierfache Energie; damit steigt auch die Bestrahlungsstärke auf das Vierfache. Wir merken uns $S \sim \hat{E}^2$ (genauer $S = \frac{1}{2} \varepsilon_0 \hat{E}^2 c$).

8. Helles Licht — starker Photonenstrom

Licht einer bestimmten Frequenz f transportiert also seine Gesamtenergie W in Portionen der Größe hf; n Photonen haben die Energie $W = nhf$. Wir berechnen Photonenzahlen n: Außerhalb der Erdatmosphäre stehe die Fläche $A = 1 \, \text{m}^2$ senkrecht zur Sonnenstrahlung. Diese liefert in $\Delta t = 1$ s die Energie $W = 1{,}38$ kJ durch diese senkrecht stehende Fläche $A = 1 \, \text{m}^2$. Die Bestrahlungsstärke $S = W/(A \Delta t)$, *Solarkonstante* S_0 genannt, beträgt $S_0 = 1380 \, \text{J (m}^2 \text{ s)}^{-1}$. Nehmen wir an, es handle sich um monochromatisches Licht der Frequenz $f = 5 \cdot 10^{14}$ Hz ($\lambda = c/f = 600$ nm), so ist die Energie eines Quants $hf = 3{,}3 \cdot 10^{-19}$ J. Dann treffen in 1 s auf $1 \, \text{m}^2$ $n = 1380 \, \text{J}/3{,}3 \cdot 10^{-19} \, \text{J} = 4 \cdot 10^{21}$ Photonen. Die Zahl der von ihnen freigesetzten Fotoelektronen je Sekunde, also der Fotostrom I im Belichtungsmesser, ist der je Sekunde eintreffenden Photonenzahl und damit der Bestrahlungsstärke S proportional (Seite 137).

9. Halbleiter behalten Fotoelektronen

Bei Halbleitern registrieren wir die Fotoelektronen auch dann, wenn sie den Festkörper nicht verlassen. Sie werden bei diesem *inneren Fotoeffekt* freigeschüttelt und erhöhen die Leitfähigkeit eines Fotowiderstands. Dazu ist viel weniger Energie nötig als zum Ablösen von Metall beim äußeren Fotoeffekt (bei Germanium beträgt die entsprechende „Ablösearbeit" 0,66 eV, in Silicium 1,2 eV). Deshalb arbeiten Fotowiderstände schon im Infrarot (Fernbedienung des Fernsehers). Auch erreicht bei ihnen die *Quantenausbeute* 100%. Das heißt, jedes absorbierte Photon macht ein Elektron frei und erzeugt ein Elektron-Loch-Paar. Beim *äußeren Fotoeffekt* an Metalloberflächen dagegen ist die Quantenausbeute mit 0,1% klein. Die restliche Lichtenergie gibt i.a. Wärme.

Beim Belichten fotografischer Filme werden Ag^+-Ionen zu Ag-Atomen reduziert. Nach *Bild 140.1* ist die Zahl n_{Ag} der so gebildeten Ag-Atome gleich der Zahl n_{Ph} der absorbierten Photonen. Die Quantenausbeute beträgt also auch hier 100%. Die Quantenenergie muß bei diesem Prozeß mindestens 1 eV betragen. Licht mit einer Frequenz kleiner als $f = 1\,eV/h = 2{,}4 \cdot 10^{14}$ Hz (λ über 1200 nm) bleibt deshalb fotografisch völlig unwirksam, selbst wenn von einem Fernsehsender noch so viele Quanten mit wenig Energie auftreffen.

10. Der sogenannte Dualismus Teilchen-Welle

Den ersten Zugang zur Quantisierung der Lichtenergie fand der deutsche Physiker *Max Planck* (Nobelpreis 1920). Er konnte 1900 die genau gemessene Lichtemission glühender Körper durch sein berühmtes *Strahlungsgesetz* exakt beschreiben.

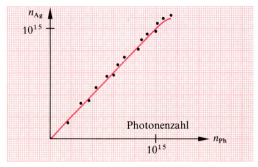

140.1 Jedes absorbierte Photon setzt in Fotoschichten ein Ag-Atom frei.

Planck schrieb die Quantisierung den glühenden Körpern — nicht dem Licht — zu: Die Körper seien so beschaffen, daß sie Energie nur in Quanten der Größe $W = hf$ an die Lichtwelle abgeben oder von ihr aufnehmen können.

Albert Einstein ging wesentlich weiter. Ihm war daran gelegen, den Atomismus der Materie, den er durch seine Theorie der Brownschen Bewegung bewiesen hatte, auch beim Licht einzubringen. Am Planckschen Strahlungsgesetz zeigte er 1905 und 1909 theoretisch, daß das *Licht stets Wellen- und Teilcheneigenschaften zugleich* besitze. Damit begründete er den *Dualismus Teilchen-Welle*. Er war aber weit davon entfernt zu sagen, man könne den Fotoeffekt *nur* mit einem Teilchenmodell, die Lichtausbreitung dagegen *nur* mit einem Wellenmodell verstehen.

Wenn man bei dem Wort „Photon" an ein fliegendes Lichtteilchen denkt, gibt es nämlich Schwierigkeiten. Ein solches Teilchen sollte das Photoelektron aus einem Atom in Strahlrichtung herausstoßen. Die Elektronen werden jedoch etwa senkrecht dazu — und zwar in Richtung des $\vec{E}$-Vektors der Welle — herausgeschleudert. Man kann also auch beim Fotoeffekt die Welleneigenschaften nicht verleugnen. *Planck* warnte davor, die von ihm für die Lichtentstehung postulierte Energieportion hf als Teilchen anzusehen. Er fürchtete, die von *Maxwell* vollendete Wellentheorie des Lichts würde um Jahrhunderte wieder auf die *Newtonsche Korpuskulartheorie* zurückgeworfen (Seite 116). Planck bangte um die Einheit der Naturbeschreibung.

Ein widerspruchsfreier Einbau des Photons in die Wellentheorie des Lichts gelang erst 25 Jahre später, 25 Jahre, die wohl zu den aufregendsten der Physikgeschichte gehören und einen wichtigen Abschnitt in der Auseinandersetzung des menschlichen Denkens mit der Natur darstellen. *Man sieht heute Photonen als Energieportionen — als Quanten — einer Lichtwelle mit neuartigen Quanteneigenschaften an*. Von diesen wollen wir im folgenden ein wenig erfahren.

Bild 141.1 zeigt die ersten Zeilen von *Einsteins* Arbeit. Sie wurde in den *Annalen der Physik* veröffentlicht (aber nur von wenigen ernst genommen). Heute machen die Physiker auf diese Weise in zahlreichen Zeitschriften ihre neuesten Erkenntnisse und Experimente den interessierten Fachkollegen bekannt und sichern sich so die Priorität. Die meist kurz gefaßten Artikel werden auf Anhieb nur von den auf dem gleichen Gebiet arbeitenden Fachkolle-

141.1 Arbeit von *Einstein* zum Fotoeffekt, veröffentlicht 1905. In diesem Jahr erschien auch seine spezielle Relativitätstheorie und sein physikalischer Beweis für die Existenz von Atomen durch mathematische Analyse der Brownschen Bewegung.

gen verstanden. Physiker treffen sich auch regelmäßig bei Tagungen, um ihre Ideen und Erfahrungen auszutauschen. Solche Tagungen sind entweder auf ein Spezialgebiet beschränkt oder zerfallen — nach wenigen Übersichtsreferaten — in kleine Diskussionsgruppen; so sehr hat sich die Physik heute spezialisiert. Es entwickelt sich eine internationale Zusammenarbeit zahlreicher Forschergruppen. Etwas Neues spricht sich schnell herum. Neue Experimente werden sofort von anderen, meist unter veränderten Bedingungen, wiederholt. Erfolgversprechende Ideen werden weltweit unter den verschiedensten Gesichtspunkten geprüft, angenommen, verbessert oder verworfen. So hat sich seit 1900 die moderne Quantentheorie entwickelt. Sie reicht weit über die Physik in Chemie, Biologie und auch in die Philosophie hinein und ist die experimentell am besten gesicherte physikalische Theorie; keine uns bekannte Naturerscheinung widerspricht ihr.

Aufgaben

1. a) Eine Fotozelle enthält eine Kaliumkathode. Berechnen Sie die Grenzfrequenz ($W_a = 2{,}25$ eV)! Welche Energie und Geschwindigkeit haben die schnellsten Fotoelektronen bei UV-Licht ($\lambda = 100$ nm)? Ist ihre Energie bei 50 nm doppelt so groß? **b)** Warum gelingt der Fotoeffekt bei Zink erst im ultravioletten Licht? **c)** Woran erkennt man, daß h eine universelle Naturkonstante ist?

2. Man legt in Bild 137.1 eine äußere, von Null ansteigende Gegenspannung U zwischen Foto„kathode" ($+$) und Ring ($-$) der belichteten Fotozelle. Der Meßverstärker mißt jetzt den Fotostrom I. Zeichnen Sie die Schaltskizze (Bild 136.2)! I sinkt stetig auf 0. Warum zeigt dies, daß es auch langsamere Fotoelektronen gibt? Wie bestimmt man hier W_{max}? Vergleichen Sie mit Versuch 143! Wie entstand dort U?

3. Das dunkel adaptierte Auge nimmt eine Bestrahlungsstärke von 10^{-10} W m^{-2} bei $\lambda = 600$ nm gerade noch wahr. Wie viele Photonen treffen je Sekunde die Pupillenöffnung von 6 mm Durchmesser?

4. a) Schwärzen Radarstrahlen oder Mikrowellen im Herd ($f = 2{,}5$ GHz) einen Film (sie durchdringen die Papierhülle)? Warum wird ihm die Röntgendurchleuchtung auf dem Flughafen gefährlich? **b)** Wie viele Photonen erzeugt ein Mikrowellenherd ($P = 0{,}7$ kW) in 1 s? **c)** Wie viele Photonen liefert ein Röntgenstrahl von 1 mW Leistung ($\lambda = 10$ pm) in 1 s? Welche Leistung hat er, wenn er 10^6 Photonen in 1 s liefert?

5. Wie groß ist die Bestrahlungsstärke in 20 m Abstand von einem 100 kW-Sender bei gleichmäßiger Ausstrahlung? Wie viele Quanten werden bei $\lambda = 30$ cm in 1 s abgestrahlt?

6. Licht der Wellenlänge 400 nm und der Bestrahlungsstärke S_0 des Sonnenlichts fällt auf ein Metall. Wie viele Photonen treffen je Sekunde auf 1 cm^2? Wie viele Fotoelektronen werden dort bei einer Quantenausbeute von 0,1% freigesetzt? Welche Energie wird durch sie in 1 s abgeführt? ($W_a = 2$ eV; $S_0 = 1{,}38$ kW m^{-2})

7. Wo liegen die Grenzwellenlängen für Si und Ge als Fotohalbleiter (Ziffer 9)?

8. Die Feldstärke $E = \hat{E} \sin \omega t$ des Lichts schüttle ein freies Elektron im Metall. Berechnen Sie seine Beschleunigung $\ddot{x}$ und seine maximale Bewegungsenergie $W_{kin} = \frac{1}{2} m \dot{x}^2$ durch Integration! Zeigen Sie, daß W_{kin} bei dieser klassischen Rechnung und bei konstanter Bestrahlungsstärke $S = \frac{1}{2} \varepsilon_0 c \hat{E}^2$ proportional zu $1/f^2$ sein müßte. Wie groß müßte S sein, um die Ablösearbeit $W_a = 2{,}0$ eV aufzubringen? Würde Sonnenlicht zur Ablösung ausreichen ($S_0 = 1{,}38$ kW m^{-2}; $f = 5 \cdot 10^{14}$ Hz)? Was ist nach der Quantentheorie anders? (Nach klassischer Vorstellung wird jedes Elektron von der Welle geschüttelt.)

9. Bei welcher Wellenlänge entstehen Fotoelektronen mit $v_{max} = 100$ km s^{-1}? ($W_a = 3{,}0$ eV)

§ 47 Photonenimpuls

1. Wie schwer sind Photonen?

Im gleichen Jahre 1905, in dem *Einstein* die Photonen postulierte, veröffentlichte er auch seine spezielle Relativitätstheorie. Sie enthält die berühmte Gleichung $W = mc^2$. Nach ihr ist jede Masse m eines Systems mit dessen Gesamtenergie $W = mc^2$ verknüpft (c: Lichtgeschwindigkeit). So verliert die Sonne durch Abstrahlung von $3,9 \cdot 10^{26}$ J Lichtenergie in 1 s auch $4 \cdot 10^6$ t Masse — ohne deswegen ein einziges Atom abzugeben. Wegen $W = mc^2$ schreiben wir jedem Quant hf die ihm äquivalente relativistische Masse m_{phot} zu:

$$m_{\text{phot}} = \frac{W}{c^2} = \frac{hf}{c^2} = \frac{h}{c\lambda}. \qquad (142.1)$$

Diese Masse hat die Energieportion Photon natürlich nur „im Flug", denn anders als mit der Geschwindigkeit c kann es nicht existieren; die Schildbürger konnten Sonnenlicht nicht im Sack auffangen und mit Unterlichtgeschwindigkeit in ihr fensterloses Rathaus tragen! Nach Seite 46 ist die Ruhemasse m_0 des Photons $m_0 = m_{\text{Ph}} \sqrt{1 - (v/c)^2} = 0$. Im Gegensatz zu Elektronen haben Photonen die Ruhemasse 0.

Lichtquanten erfahren wegen ihrer Masse auch eine Gewichtskraft $G = mg = hfg/c^2$. Wenn ein Quant im Gravitationsfeld um die Strecke ΔH höher steigt, nimmt seine Lageenergie um $\Delta W = G \Delta H = hfg \Delta H/c^2$ zu. Im Gegensatz zu einem hochgeworfenen Ball kann seine Geschwindigkeit c nicht abnehmen. Dafür sinkt seine Frequenz f um $\Delta f = \Delta W/h = fg \Delta H/c^2$. Das Licht wird etwas langwelliger. Diese Differenz Δf ist zwar sehr klein, kann aber an scharfen γ-Spektrallinien auf 1% genau gemessen werden. Auch sind alle Photonen, die das Gravitationsfeld der Sonne verlassen haben, etwas zu längeren Wellen hin verschoben.

Wenn ein Stern mit mehr als zehn Sonnenmassen erkaltet ist, quetscht ihn die Gravitationskraft nicht nur fast auf einen Punkt zusammen; sie hindert sogar die Lichtquanten, den „Stern" zu verlassen. Wir sehen von ihm nichts mehr und nennen ihn ein *schwarzes Loch*. Doch ist sein Gravitationsfeld außen geblieben; sichtbare Sterne können in diesem Feld um das Loch kreisen. Wahrscheinlich gibt es schwarze Löcher in der Milchstraße, nicht nur im Science-fiction-Film.

142.1 Schweif des Kometen West 1976

2. Licht als Photonenhagel

Die Energieportion $W = hf$ des Lichts hat die Masse $m_{\text{phot}} = hf/c^2$. Sie bewegt sich mit Lichtgeschwindigkeit c. *Einstein* schrieb diesem Photon 1917 auch **Impuls p** zu vom Betrag

$$p = m_{\text{phot}} v = m_{\text{phot}} c = \frac{hf}{c} = \frac{h}{\lambda}. \qquad (142.2)$$

Er nimmt mit abnehmender Wellenlänge λ zu. Wo wirkt er sich aus? Man weiß schon lange, daß das Sonnenlicht auf die Staubteilchen eines Kometenschweifs einen Lichtdruck ausübt, der von der Sonne wegweist *(Bild 142.1)*. Licht gibt den Teilchen des Staubschweifs Impuls.

Aufgaben

1. a) *Welche relativistische Masse haben Photonen der gelben Natriumlinie* (590 nm)? *Vergleichen Sie mit der Elektronenmasse!* **b)** *Bei welcher Frequenz hat ein Quant Protonenmasse?* **c)** *Berechnen Sie die Impulse dieser Photonen! Vergleichen Sie mit dem Impuls eines Elektrons der Energie* 1 eV!

2. *Ein kurzer Laser„impuls" der Energie* 1 J *wird an einem als ballistisches Pendel aufgehängten Spiegelchen der Masse* 20 mg *und der Länge* 10 cm *vollständig und senkrecht reflektiert. Um wieviel verschiebt es sich? Spielt die Reflexionsdauer eine Rolle? Nach diesem Prinzip mißt man die Energie starker Laser.*

3. *Wie groß ist die Kraft, die das Sonnenlicht bei völliger Absorption auf die Erde in Richtung von der Sonne weg ausüben würde? (Solarkonstante: Seite 139; $F = \Delta p/\Delta t$; $p = W/c$)*

4. *Welche Beschleunigung erfährt ein Kügelchen mit Radius* 0,0010 mm *und Dichte* 2,0 g cm^{-3} *durch den Strahlungsdruck des Sonnenlichts im Vakuum bei vollständiger Absorption? Vergleichen Sie diese Kraft mit seiner Gewichtskraft ($g = 10$ m s^{-2})! Wie weit käme das Kügelchen aus der Ruhe heraus in* 1 min *allein auf Grund des Strahlungsdrucks? (Solarkonstante: Seite 139)*

§48 Paarbildung und Zerstrahlung

1. Energie mit Masse äquivalent?

Kann sich nach *Einsteins* Gleichung $W = mc^2$ Energie vollständig in Masse verwandeln und umgekehrt? Experimente brachten 1932 Klarheit. In *Bild 143.1* treffen energiereiche Gammaquanten eine Bleiplatte von links. Nach rechts sieht man zwei Nebelkammerspuren; sie sind im Magnetfeld entgegengesetzt gekrümmt, gehören also zu zwei entgegengesetzt geladenen Teilchen. Das eine ist das längst bekannte Elektron. Das andere erwies sich als ihm gleich — nur positiv geladen. Es ist das vom englischen Physiker *P. Dirac* (Nobelpreis 1933) vier Jahre früher rein theoretisch vorhergesagte **Positron**. Dieses *Elektron-Positron-Paar* entstand aus einem Quant mit der Ruhmasse $m_0 = 0$, das Energie und Masse nur „im Flug" hatte. Aus seiner Energie hf entstanden bei dieser **Paarbildung** die Ruhemassen m_e zweier Elektronen, äquivalent der Energie $W_e = 2 m_e c^2$.

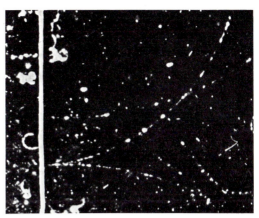

143.1 Wilsonkammeraufnahme einer Paarbildung

2. Teilchen entstehen, Teilchen vergehen, nur die Erhaltungssätze bleiben bestehen!

a) Bei dieser Paarbildung geht die Energie hf eines Röntgen- oder Gammaquants zum einen Teil über in die Energiesumme $W_e = 2 m_e c^2 = 2 \cdot 9{,}1 \cdot 10^{-31}$ kg $\cdot 9 \cdot 10^{16}$ m^2 s$^{-2} = 16{,}4 \cdot 10^{-14}$ J $= 1{,}02$ MeV der beiden Ruhemassen $m_e = 9{,}1 \cdot 10^{-31}$ kg. Der Rest gibt beiden Teilchen zusammen die kinetische Energie W_{kin}. Die **Energiebilanz** lautet

$$hf = 2 m_e c^2 + W_{kin} = 2 m_{rel} c^2. \quad (143.1)$$

Quanten mit der Energie $hf < 2 m_e c^2 = 1{,}02$ MeV können kein Elektron-Positron-Paar erzeugen, W_{kin} wäre negativ.

b) Auch die **Ladungsbilanz** ist erfüllt. Dem ungeladenen Quant entspricht die Ladungssumme $Q = -e + e = 0$. Selbst bei Paarbildung ändert sich die Gesamtladung der Welt nicht.

c) Fliegen beide Teilchen mit der gleichen Geschwindigkeit $v < c$ in gleicher Richtung weg, so ist die Summe ihrer Impulse (relativistisch)

$p = 2 m_{rel} v < 2 m_{rel} c$. Gl. 143.1 liefert

$p < 2 m_{rel} c = hf/c$.

Die Impulssumme p beider Teilchen ist demnach kleiner als der Quantenimpuls hf/c. Um den **Impulssatz** zu erfüllen, muß das Quant Impuls noch anderweitig abgeben, etwa an ein Bleiatom in *Bild 143.1*. Ohne einen solchen Stoßpartner — also im Vakuum — ist Paarbildung unmöglich.

d) *Die Paarbildung ist umkehrbar.* Das radioaktive Präparat Na22 liefert Positronen. In Materie werden sie fast ganz abgebremst. Dann können sie mit Elektronen reagieren und Photonen bilden: Plus- und Minusladung geben wieder die Gesamtladung Null. Auch die Ruhemasse $2 m_e$ beider Teilchen verschwindet und geht in die Energie $W_e = 1{,}02$ MeV über, d.h. in die relativistische Masse m_{phot} von Photonen. Ihr käme der Impuls $p = W_e/c = 0{,}55 \cdot 10^{-21}$ N s zu. Die abgebremsten Teilchen hatten aber keinen Impuls. Ist der Impuls p aus Nichts entstanden? Die Natur hilft sich mit einem Trick: Bei dieser *Zerstrahlung* fliegen zwei Quanten je mit halber Energie in entgegengesetzte Richtungen weg. Die Vektorsumme der Impulse bleibt dann Null. Zwei einander gegenüberliegende Zählrohre registrieren gleichzeitig je einen γ-Impuls

---

Ein Quant mit der Energie $hf > 1{,}02$ MeV kann in Materie verschwinden und ein Elektron-Positron-Paar bilden. Die Ruhemasse des Paars ist der Energie 1,02 MeV äquivalent; die restliche Quantenenergie gibt dem Paar kinetische Energie.

Ein Positron kann mit einem Elektron zerstrahlen. Dabei bilden sich mindestens zwei Quanten. Bei solchen Umwandlungen von Teilchen gelten die Erhaltungssätze für Energie, Impuls und Ladung.

Diese Umwandlungen zwischen Ruhemasse und Quantenenergie haben die vollständige Äquivalenz von Energie und Masse experimentell bestätigt. Sie zählen zu den wichtigsten Ergebnissen der modernen Elementarteilchenphysik. Zeigen sie doch, daß es zu jedem Teilchen ein **Antiteilchen** gibt, etwa zum Proton p^+ das *Antiproton* p^-. Man kann heute leicht Atome aus Antiprotonen und Positronen herstellen und sich *Antimaterie* aus solchen Atomen denken. Käme sie mit unserer „normalen" Materie in Berührung, würden beide in einer ungeheuren Zerstrahlungskatastrophe verschwinden. Also gibt es im Grunde keine beständigen Teilchen.

Aufgaben

1. Ein Quant hat die Energie 1,040 MeV. Wie groß ist die kinetische Energie von Positron und Elektron bei der Paarbildung (gleiche Flugrichtung; Bild 143.1)? Welchen Impuls haben beide? Welchen Impuls muß also ein Bleikern aufnehmen?

2. Bei welcher Wellenlänge hat ein Quant die Masse eines Protons? Von welcher Wellenlänge und welcher Energie ab entstehen Proton-Antiproton-Paare?

3. Zählen Sie alle Beispiele auf, bei denen Photonen entstehen oder vergehen! Woher kommt jeweils die nötige Energie, wohin geht die Photonenenergie?

4. a) Berechnen Sie aus der Solarkonstanten $S_0 = 1{,}38$ kW m^{-2} und dem Radius der Erdbahn ($1{,}5 \cdot 10^8$ km) die Masse, welche die Sonne in 1 s durch Lichtausstrahlung verliert! Wie viele Photonen sind dies bei einer mittleren Wellenlänge von 550 nm?
b) Wie viele Photonen erhält hiervon die Erde? Diese Energie strahlt sie im IR ab. Sind dies mehr oder weniger Photonen?

§49 Die Quanten im Gesamtspektrum

Tabelle 144.1 zeigt eine Übersicht über das elektromagnetische Gesamt-Spektrum. Die Zahlen sagen Ihnen erst etwas, wenn Sie die Wechselwirkung der Strahlung mit einzelnen Elektronen betrachten. In der rechten Spalte wird deshalb die Photonenmasse m_{phot} mit der Elektronenmasse m_e verglichen. Wenn dieses Verhältnis in die Größenordnung von 1 kommt (Röntgen-, Gamma- und kosmische Strahlung), können die Quanten vor allem *Paarbildung* auslösen. Diese Entstehung von Teilchen aus Energie nennt man bisweilen *Materialisation*. Man könnte vermuten, daß es Sterne oder gar Galaxien aus Antimaterie gibt. Doch fand man bislang hierfür keine Hinweise. Die Photonen, die sie aussenden würden, wären die gleichen wie „unsere".

Quanten viel niedrigerer Energie lösen nur *Fotoeffekt* aus. Als Vergleichswert benutzen wir die Ablösearbeit W_a von ca. 2 eV. Sie wird im sichtbaren Bereich erreicht. Solche Energien sind für chemische Prozesse nötig. Bei der *Fotosynthese* absorbiert Chlorophyll Photonen bestimmter Wellenlängen und setzt Elektronen frei. Schließlich bilden sich aus Kohlenstoffdioxid und Wasser Kohlenhydrate. Die sehr zahlreichen Photonen eines Rundfunksenders haben hierfür zu wenig Energie. In seiner Nähe wachsen also die Bäume nicht schneller. Bei den Photonen macht es eben die Energie und nicht nur die Zahl. *Wenn man sagt, eine Strahlung sei „energiereich", so meint man die Energie ihrer Photonen.*

Erzeugungsort bzw. -art	Wellenlänge	Frequenz in Hz	Photonenenergie in eV	Masse in m_e
elektrotechnisch (Rundfunk u.ä.)	von $6 \cdot 10^6$ m bis 50 µm	50 $6 \cdot 10^{12}$	$2 \cdot 10^{-13}$ 0,025	$4 \cdot 10^{-19}$ $5 \cdot 10^{-8}$
Atome: IR grünes Licht UV	von 1 mm 600 nm bis 10 nm	$3 \cdot 10^{11}$ $5 \cdot 10^{14}$ $3 \cdot 10^{16}$	$1 \cdot 10^{-3}$ 2 $1 \cdot 10^2$	$2 \cdot 10^{-9}$ $4 \cdot 10^{-6}$ $2 \cdot 10^{-4}$
Röntgenstrahlen aus Röntgenröhren	von 100 nm bis 0,1 pm	$3 \cdot 10^{15}$ $3 \cdot 10^{21}$	12 $1 \cdot 10^7$	$2 \cdot 10^{-5}$ 20
Gamma-Strahlen aus Atomkernen	von 10 pm bis 0,01 pm	$3 \cdot 10^{19}$ $3 \cdot 10^{22}$	$1 \cdot 10^5$ $1 \cdot 10^8$	0,2 200
Kosmische Strahlung aus dem Weltall	<0,01 pm	>$3 \cdot 10^{22}$	>$1 \cdot 10^8$	>200

Tabelle 144.1 Das elektromagnetische Spektrum und seine Quanten (m_e: Elektronenmasse $9{,}1 \cdot 10^{-31}$ kg)

§ 50 Was bedeutet die Welle?

1. Wann kommt das erste Fotoelektron?

Versuch 144: Im verdunkelten Raum fällt Licht eines Lämpchens (4 V; 0,5 A) aus $r=1$ m Entfernung auf eine Fotozelle. Es strahlt höchstens 5% seiner Leistung 2 W, also $0,1 \text{ J s}^{-1}$, als fotoelektrisch wirksames Licht ab. Diese Lichtenergie verteilt sich in 1 m Entfernung auf die Kugelfläche $A = 4\pi r^2 \approx 10^5 \text{ cm}^2$. 1 cm² der Fotoschicht erhält dort in $\Delta t = 1$ s die Lichtenergie $W = 10^{-6}$ J. Davon reflektiert sie 90%. Also dringt je Sekunde und cm² nur die Energie $W_L = 10^{-7}$ J ein. Was geschieht mit ihr im Metall?

In Metallen, etwa in Blattgold, wird Licht in einer Schicht von 10^{-6} cm Dicke fast ganz absorbiert. Hinter 1 cm² Oberfläche liegt also ein lichtaufnehmendes Volumen von 10^{-6} cm³ mit 10^{16} Atomen und gleich vielen freien Elektronen (Seite 44). Niemand anderes als diese Elektronen nehmen die oben berechnete Energie $W_L = 10^{-7}$ J in 1 s auf. Stellen wir uns vor, die Lichtenergie W_L ströme in das Metall und verteile sich dort auf alle 10^{16} Elektronen gleichmäßig. Ein Elektron erhielte dann je Sekunde die Energie $W_L/10^{16} = 10^{-23}$ J. Zum Ablösen aus dem Metall braucht es aber etwa $3 \text{ eV} = 5 \cdot 10^{-19}$ J. Also müßte es 50000 s warten, bis es genügend Energie aus dem Wellenfeld aufgesammelt hätte (angenommen, es könnte das). Vor dieser Zeit dürfte kein Elektron das Metall verlassen; dann aber müßten sie alle in großer Zahl ausbrechen. Doch erhält man das erste Elektron schon nach 10^{-12} s! Berücksichtigen wir noch, daß die tiefer liegenden Elektronen weniger Energie je Sekunde erhalten, so müßten sie noch später austreten; der Fotostrom wurde mit der Zeit stärker werden.

Nun brauchen auch die zuerst ausgelösten Fotoelektronen Energie von etwa 3 eV. Sie wurden also vom Licht bevorzugt; es verteilt seine Energie wahllos. Ein Elektron wird im nächsten Augenblick getroffen, während Milliarden daneben erst nach Stunden ein Lichtquant bekommen und dann erst das Metall verlassen. Hat hier das Wellenfeld überhaupt noch etwas mitzureden – oder herrscht der blinde Zufall? Damit haben wir die *Grundfrage der Quantenphysik* angeschnitten. Sie lautet: Wie verhält sich ein *Einzelakt* – hier die Bevorzugung eines Elektrons – zu einer *stetigen Welle*?

2. Wie verbinden sich Zufall und Gesetz?

Versuch 145: Wir lassen Laserlicht auf einen Doppelspalt fallen. Sein Beugungsbild werfen wir unmittelbar auf einen sehr feinkörnigen Film (*Bild 145.1*; Empfindlichkeit nicht über 15 DIN). Hierzu stellen wir einen Fotoapparat ohne Objektiv unmittelbar hinter den Doppelspalt. Die Helligkeit des Lichts setzen wir am Laser durch Filter so stark herab, daß wir das Bild auch im verdunkelten Raum kaum noch sehen. Dann belichten wir aufeinanderfolgende Filmbilder mit $\frac{1}{1000}$ s, $\frac{1}{100}$ s usw. und entwickeln den Film (aber nicht so lange, bis Schleier entstehen). Unter dem Mikroskop erkennt man bei 600facher Vergrößerung, wie sich das Interferenzmuster mit steigender Belichtungszeit aus einer wachsenden Zahl unregelmäßig verteilter, gleich aussehender schwarzer Silberkörner aufbaut. (*Bild 145.2* gibt nur einen schwachen Eindruck von der im Mikroskop erkennbaren Kornschärfe.) An Stellen großer Beleuchtungsstärke liegen die geschwärzten Silberkörner dichter. Sie fehlen dafür ganz an den Stellen, die wegen destruktiver Interferenz kein Licht bekommen. Mit wachsender Belichtungszeit nimmt die Zahl, nicht aber die Schwärzung der einzelnen Körner zu. Ein Computerprogramm simuliert dies *(Bild 146.1)*.

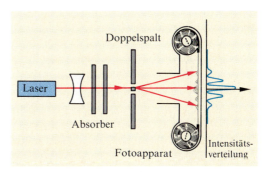

145.1 Auf dem Film entsteht ein Interferenzmuster.

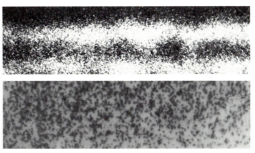

145.2 Interferenzmuster aus Silberkörnern

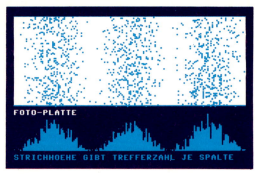

146.1 Computersimulation zu Versuch 145

Zur Bildung der Ag-Körner stehen so viele Ag-Atome bereit, wie Lichtquanten absorbiert worden sind *(Bild 140.1)*. Also zeigen die geschwärzten Körner die scharf lokalisierten Orte, an denen ein einzelnes Lichtquant seine Energie an ein Elektron abgegeben hat und verschwunden ist. Diese **Photonenlokalisationen sind stochastisch verteilt.** Den nächsten Lokalisationsort kann niemand vorhersagen.

Man sieht aber, daß die Lokalisationen in einem Bezirk um so wahrscheinlicher auftreten, je größer dort die Bestrahlungsstärke $S = \frac{1}{2} c \varepsilon_0 \hat{E}^2$ durch das Licht ist. S ist dem Amplitudenquadrat $\hat{E}^2$ der Welle proportional. **Die Antreffwahrscheinlichkeit w für Photonenlokalisationen ist proportional zu $\hat{E}^2$: $w \sim \hat{E}^2$.**

Bei Beugungsversuchen wird die Verteilung der Bestrahlungsstärke S und damit von $\hat{E}^2$ durch das Intensitätsdiagramm angegeben. Dieses können wir auf dem Papier aus Spaltweite, Spaltabstand, Wellenlänge usw. genau vorausberechnen, insbesondere die Lage seiner Nullstellen. Sie sind streng *determiniert* (berechenbar). Doch handelt es sich nur um Rahmengesetze – für unser Denken. Für die Natur beschreiben sie nur die Wahrscheinlichkeit des stochastischen Verhaltens der tatsächlich auftretenden Einzelprozesse.

> **Durch die Anordnung (etwa eines Beugungsversuchs) und die Wellenlänge ist die Verteilung der Bestrahlungsstärke S, also des Amplitudenquadrats $\hat{E}^2$ der Lichtwelle, streng determiniert.**
>
> **Die Einzelprozesse dagegen, also die tatsächlichen Quantenlokalisationen, erfolgen stochastisch. Ihre Antreffwahrscheinlichkeit w ist dem Amplitudenquadrat $\hat{E}^2$ der Welle proportional: $w \sim \hat{E}^2$.**

Betrachten wir nochmals eine *Fotoschicht*. Würde die Lichtenergie in ihr nach klassischer Vorstellung an die Silberionen gleichmäßig verteilt, so blieben an schwächer belichteten Stellen alle Ionen während der Belichtungszeit unbeeinflußt. An nur etwas stärker belichteten Stellen könnten dagegen alle Ionen genügend Energie ansammeln und den Film total schwärzen. Er zeigte dann keine stetige Helligkeitsabstufung. Erst die stochastische Verteilung der Lokalisationen nach den Quantengesetzen macht eine helligkeitsgetreue Fotografie möglich. Hätten Sie nur früher Ihre Filme unter dem Mikroskop angesehen, so würde wohl das im Mikrokosmos auftretende Zufallsgeschehen Ihre Vorstellung vom stetigen Ablauf der Naturvorgänge längst korrigiert haben. Die Idee einer großräumigen Lichtwelle mit kontinuierlicher Energieverteilung wäre wohl gar nicht aufgekommen. Die Wechselwirkung Licht-Materie kann man eben mit der klassischen Physik nicht verstehen; trauern Sie ihr nicht nach! Vielleicht können Sie sich den Energietransport von der Sonne zur Erde leichter mit Photonen als mit Energie, die in Vakuumfeldern stetig verteilt ist, vorstellen.

3. Tanzen die Photonen Ballett?

Die Welle und ihre Quanten hängen also eng miteinander zusammen. Helfen hier klassische Modelle weiter?

Eine *Schallwelle* wird durch die Relativbewegung der eng benachbarten Luftmoleküle gebildet. Bestehen auch elektromagnetische Wellen einfach aus Photonen, die im Flug zusätzlich im Takte der Lichtfrequenz schwingen, ähnlich wie Arme und Beine beim Revue-Ballett? Wissen wir nun endlich, was in der Welle schwingt? Um dies zu klären, hat man Interferenzversuche mit Licht so geringer Photonendichte ausgeführt, daß die Photonen mit einem mittleren Abstand von etwa 1000 m aufeinander folgten. Dann befand sich jeweils höchstens ein Photon in der Apparatur. In Versuch 145 war es ähnlich; trotzdem baute sich nach längerem Belichten das gewohnte Beugungsbild aus den stochastisch verteilten Photonenlokalisationen auf; jedes Photon fügte sich dem Interferenzfeld und ordnete sich so der Welle unter! Wenn man Photonen beobachtet, darf man die Welle nicht verleugnen. So zeigt Versuch 145 Wellen- und Teilcheneigenschaften zugleich, wie es *Einstein* 1909 theoretisch gefordert hat.

Wie dicht sind die Photonen im *Sonnenlicht*? Bei ihm strömt in 1 s durch 1 m^2 die Energie 1,38 kJ. In 1 s läuft sie um $3 \cdot 10^8$ m weiter, füllt also einen Zylinder vom Volumen $V = 3 \cdot 10^8$ m^3. Die Energiedichte beträgt somit nur $5 \cdot 10^{-6}$ J m^{-3}. Da ein Photon die Energie 3 eV $= 5 \cdot 10^{-19}$ J hat, ist die Photonendichte $n = 10^{13}$ m^{-3} und der mittlere Photonenabstand $a = 1/\sqrt[3]{n} = 0,05$ mm! (Man kann jedem Photon als Aufenthaltsbereich einen Würfel der Kantenlänge a zuschreiben. Dann ist $n\,a^3 = 1$.)

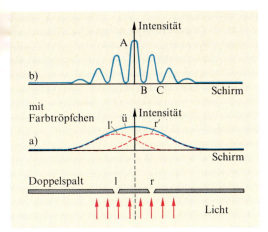

147.1 Doppelspaltversuch a) mit klassischen Korpuskeln; b) beobachtet in Übereinstimmung mit der Wellentheorie (vergleiche mit *Bild 127.1*)

§51 Was bedeutet das Quant?

1. Sind Photonen fliegende Farbtröpfchen?

Vielleicht haben Sie für sich die Welt mit der folgenden Vorstellung wieder in Ordnung gebracht: Von der Lichtquelle gehen kleine, mit Energie bepackte Teilchen aus und durcheilen mit Lichtgeschwindigkeit ihre Bahn. Zufällig – wie Hagelkörner – treffen sie auf dieser Bahn ein Elektron. Sind wir allerdings so unvorsichtig und schicken Photonen nach dieser Vorstellung von Photonenbahnen durch einen Doppelspalt, so gibt es Probleme:

Versuch 146: a) Wir beleuchten einen Doppelspalt mit *Laserlicht*. Zunächst werde nur der linke Spalt l geöffnet. Man sieht auf dem Schirm im wesentlichen nur das ihm zugehörige breite Beugungsmaximum l'. Öffnen wir nur den rechten Spalt r, so sehen wir sein nur wenig nach rechts verschobenes Maximum r'. Nun öffnen wir beide Spalte und erhalten die bekannte feingliedrige Verteilung nach *Bild 147.1b*. Ganz nahe neben der Achse mit ihrem Maximum A liegen die von der Wellenoptik geforderten Minima B, C usw. der Doppelspaltbeugung. Was ist daran so merkwürdig?

b) Stellen Sie sich die Photonen auch unterwegs als Teilchen vor, die auf Bahnen fliegen! Hierzu wiederholen wir den Doppelspaltversuch mit den *Farbtröpfchen* einer Sprühdose (an größeren Spalten). Ein Tröpfchen kann nur durch den linken oder den rechten Spalt treten. Wir bekommen als Farbfleck auf dem Schirm die Überlagerung ü zweier verwaschener Einzelspaltbilder, ähnlich l' und r'. Nimmt ein Tröpfchen seine Bahn durch den linken Spalt l, so bleibt es für seinen Bahnverlauf völlig gleichgültig, ob wir den rechten Spalt r geöffnet oder geschlossen haben.

Bei *Licht* dagegen gibt es Interferenz. Photonen verhalten sich anders als Farbtröpfchen, anders als makroskopische Körperchen, deren Wege man – wenigstens in Gedanken – nachvollziehen könnte. Man nennt Photonen deshalb **Quantenobjekte.** Für ihre Verteilung ist nicht die Newtonsche Mechanik zuständig, sondern das *Huygenssche Prinzip* und das *Interferenzprinzip für Wellen*. Bei ihnen gibt es keine Bahnen, sondern Elementarwellen. Wir zeichnen sie völlig gleichberechtigt für beide Spalte und konstruieren so das Interferenzmuster.

Dies mag wenig erscheinen; doch sind dies bereits 10000 Wellenlängen! Stellen Sie sich einmal vor, Luftmoleküle in einem gegenseitigen Abstand von 10000 m sollten eine Schallwelle mit $\lambda=1$ m erzeugen! Also können selbst im hellen Sonnenlicht die Photonen durch ein Mit- und Gegeneinanderschwingen keine Lichtwelle bilden. Die Lichtwelle ist kein Photonenballett!

4. Das Photon – ein kurzer Lichtwellen-Blitz?

Ist vielleicht umgekehrt jedes Quant für sich nichts weiter als ein kurzer klassischer Wellenzug? Im Augenblick der Lokalisation müßte er dann wohl seine stetig verteilte Energie und Masse mit Überlichtgeschwindigkeit in einen Punkt zusammenziehen – im Widerspruch zur Relativitätstheorie. Noch schlimmer: Bei geringer Lichtintensität fliege ein solcher Quant-Welle-Zwitter allein in einem Gitterspektralapparat. Er müßte sich nicht nur in viele Elementarwellen aufteilen – hinter jedem Gitterspalt eine; er müßte sich auch am Schirm in die zahlreichen „Ordnungen" aufspalten. Energie $W=hf$ und Frequenz f würden geteilt. Man findet jedoch die Energie hf eines Quants stets in einem *unteilbaren Punktereignis* nur an einer Stelle. Photonen sind keine kurzen Wellenzüge. Es sind die Energieportionen einer Welle mit Masse und Impuls. Dabei soll es bleiben!

Aufgabe

1. Wie viele Photonen kommen **a)** *bei Sonnenlicht* ($S=1{,}38$ kW m^{-2}; $\lambda=600$ nm), **b)** *an einem Sender* (1 kW m^{-2}; $\lambda=0{,}5$ m) **c)** *bei Röntgenstrahlen* (0,01 mW cm^{-2}; $\lambda=1$ pm), **d)** *in extrem starkem Laserlicht* (10^{16} W m^{-2}; $\lambda=600$ nm) auf einen Würfel der Kantenlänge λ?

Deshalb soll man sich das Photon nicht schon an einer Spaltöffnung lokalisiert denken. Auch darf man nicht sagen, das Photon habe sich auf beide Spaltöffnungen „verteilt". Dann müßte man dort Lichtquanten halber Energie, also doppelter Wellenlänge, finden. Einen bestimmten Ort können wir dem unteilbaren Photon erst dann sinnvoll zuschreiben, wenn es sich auf dem Film lokalisiert hat.

2. Wahrscheinlichkeit als absolutes Prinzip — oder nur aus Bequemlichkeit und Unkenntnis?

Bei Farbtröpfchen, also bei *klassischen Teilchen*, könnte man nach genauer Kenntnis des Entstehungsorts, der Geschwindigkeit und der Luftströmungen wenigstens im Prinzip — aber überaus mühsam — den Bahnverlauf, den Durchflugspalt und die Einschlagstelle vorausberechnen. Nur aus Bequemlichkeit gibt man sich mit Wahrscheinlichkeitsangaben zufrieden — wie bei Lotto und Würfelspiel! Beim Doppelspaltversuch mit Licht läßt sich dagegen eine solche Kausalkette und damit ein Bahnverlauf für Photonen prinzipiell nicht verfolgen. Dafür springt der viel einfachere Wellenformalismus ein. Das Computerprogramm zum Doppelspalt „erwürfelt" allein aus dem Amplitudenquadrat $\hat{E}^2$ die Lokalisationen der Photonen so vollständig wie nur sinnvoll. Dabei kommt es ohne Bahnverlauf und ohne irgendwelche auf die Photonen wirkenden Kräfte aus. Die **Wahrscheinlichkeitsdeutung gilt als grundlegendes Prinzip.** *Werner Heisenberg* (1901 bis 1976; Nobelpreis 1932) sagt klar: Die *Wellenfunktion* bestimmt nur die Möglichkeit für das Eintreten eines Quantenereignisses. Wo und wann es jedoch zur *Wirklichkeit* wird, kann nicht vorhergesagt werden.

3. Finden Sie Ihren Frieden mit den Quanten?

Wir können Intensitätsdiagramme auf dem Papier entwerfen. Sie geben die Wahrscheinlichkeitsverteilung für künftige Versuche, also zunächst nur ein reines Wissen. Die Energie, also etwas viel Realeres, sitzt in den Photonen. Bei den hohen Frequenzen von Röntgen- und γ-Strahlen können wir sie beim Comptoneffekt und der Paarbildung einzeln nachweisen. Hier zeigt sich vornehmlich die Quantennatur. Auf die elektromagnetische Welle dagegen sind wir von einem andern Grenzfall kommend gestoßen. Ein Radiosender der Frequenz 1 MHz ($\lambda = 300$ m) liefert bei der Leistung 100 kW in 1 s etwa 10^{32} Photonen der Energie 10^{-27} J. Ihr mittlerer Abstand ist in 100 m Entfernung 10^{-6} m, also etwa $10^{-8}\,\lambda$! Im Gegensatz zu Sonnenlicht (Photonenabstand $10^4\,\lambda$) wird hier eine kontinuierliche Energieverteilung vorgetäuscht. Mit einer Empfangsantenne empfängt man eine kohärente Welle und macht ihre Schwingungen am Oszilloskop sichtbar. Man kann bei dieser riesigen Photonenzahl in stehenden Wellen die *Wellennatur* mit einem Dipol abtasten, „mit Händen greifen". Hier wird sie etwas Reales. Wir haben den *Grenzfall einer klassischen, kohärenten elektromagnetischen Welle mit kontinuierlicher Energieverteilung* vor uns. Doch dürfen wir ihn nicht verallgemeinern. Bei Materie erfassen unsere Sinne ja auch ein Kontinuum und nicht die Atome.

Diesen Grenzfall gibt es auch im Sichtbaren. In extrem starkem **Laserlicht** ist die Photonendichte so groß, daß in einer Halbschwingung $T/2$ der Welle viele Laserquanten ein einzelnes Stickstoffmolekül der Luft treffen. Um aus ihm ein Elektron zu schlagen, braucht man 16 eV. Die Energie $hf = 3$ eV der sehr zahlreichen Quanten addiert sich an *einem* Elektron; es wird in Richtung des $\vec{E}$-Vektors beschleunigt und erhält dabei mehr als 16 eV an Energie. Damit verläßt es das Molekül. Seine Energie steigt dabei mit der Photonenzahl, also der Lichtintensität — wie wir es beim Fotoeffekt zunächst klassisch erwartet haben (Seite 136). Sehr starkes Laserlicht ($S > 10^{15}$ W m^{-2}) verhält sich also wie eine klassische Welle.

Lichtquanten sind weder auf Bahnen fliegende klassische Korpuskeln noch Wellen mit kontinuierlicher Energieverteilung. Es sind die Energieportionen einer Welle mit neuartigen Quanteneigenschaften.

Die Welle bestimmt die Wahrscheinlichkeitsverteilung der Photonenlokalisationen. Erst im Grenzfall hoher Photonendichte verhält sie sich wie eine klassische elektromagnetische Welle.

Die Wahrscheinlichkeitswelle beschreibt an sich nur unser „Wissen" über mögliche Photonenlokalisationen. „Handgreiflich real" wird die Welle erst im klassischen Grenzfall. Verallgemeinern wir ihn und sehen die Welle stets als „real" an, so verwickeln wir uns in die genannten Widersprüche mit der Erfahrung. Dies gilt auch, wenn wir Photonen als klassische Teilchen betrachten. **Photonen sind weder Welle noch Teilchen, sondern etwas Neues!**

§52 Zusammenfassung

1. Quantengesetze für Licht

a) Eigenschaften von Photonen: Energieaufnahme und -abgabe durch Licht der Frequenz f erfolgt durch Quanten der Größe

$$W = hf. \tag{149.1}$$

Das Plancksche Wirkungsquant ist

$$\begin{aligned} h &= 6{,}626 \cdot 10^{-34} \text{ J s} \\ &= 4{,}136 \cdot 10^{-15} \text{ eV s}. \end{aligned} \tag{149.2}$$

Photonen sind relativistische Teilchen; ihre Ruhemasse ist Null. Ein Quant der Vakuum-Wellenlänge λ hat den relativistischen Impuls

$$p = h/\lambda. \tag{149.3}$$

b) Wechselwirkung mit Materie: Die schnellsten *Fotoelektronen* aus Metallen mit Ablösearbeit W_a haben die Energie

$$W_{max} = hf - W_a. \tag{149.4}$$

Paarbildung und Zerstrahlung: Ein Quant der Energie $hf > 2 m_e c^2 = 1{,}02$ MeV kann in Materie ein Elektron-Positron-Paar bilden, dessen Ruhemasse der Energie 1,02 MeV äquivalent ist. Umgekehrt kann ein Positron zusammen mit einem Elektron zerstrahlen und mindestens zwei Quanten der Gesamtenergie $2 m_e c^2$ erzeugen (m_e: Elektronen-Ruhemasse). Dabei gelten die Erhaltungssätze für Ladung, Energie und Impuls.

2. Wahrscheinlichkeitsdeutung von Wellen:

a) In der Quantentheorie hat die Welle eine Wahrscheinlichkeitsbedeutung: Ihr Amplitudenquadrat gibt die *Antreffwahrscheinlichkeit* für Photonen bzw. Teilchen an. Die Welle ist durch die Versuchsanordnung streng determiniert, nicht aber die einzelne Teilchenlokalisation. Die klassische elektromagnetische Welle ist ein Grenzfall eines kohärenten Wellenzugs mit sehr vielen Photonen.

b) Diese Wahrscheinlichkeitswelle kommt nicht durch eine Relativbewegung von Teilchen zustande. Die Energie von Licht steckt in den Photonen, nicht in der Welle. Die *Welle* regelt nur die *Verteilung* der Photonenlokalisationen, also der Energie. Deshalb kann man den Photonen – im Gegensatz zu klassischen Teilchen – keinen Bahnverlauf zuschreiben.

3. Erst hohe Quantenenergien überzeugen!

Die Energie des einzelnen Lichtquants ist mit 2 eV sehr klein; bei Licht hat man deshalb zuerst das Zusammenwirken vieler Quanten in der Wahrscheinlichkeitswelle, also die Wellennatur, gefunden (Seite 148). Sehr viel leichter lassen sich dagegen einzelne Quanten hoher Energie nachweisen, nämlich die Quanten der Röntgen- und Gamma-Strahlung. Sie geben sich einzeln in Zählrohren durch einen Knacks zu erkennen, nachdem sie ihre Energie auf einzelne Elektronen übertragen haben, die dann eine Entladungslawine auslösen.

Warum entstehen in Röntgenröhren Quanten hoher Energie? Dort setzt eine Glühkathode Elektronen frei. Sie werden dann mit Spannungen zwischen $U = 20$ kV und 5 MV beschleunigt. Mit der Energie $W = eU = 20$ keV bzw. 5 MeV prallen diese Elektronen auf die Anode und werden abgebremst. Gibt dabei im Idealfall ein Elektron seine Energie $W = eU$ in einem einzigen Elementarprozeß ab, so entsteht ein einziges *Röntgenquant* mit dieser Energie. Das heißt, es gilt

$$hf = W = eU. \tag{149.5}$$

Die Frequenz f kann bei der Spannung $U = 50$ kV höchstens $1{,}2 \cdot 10^{19}$ Hz betragen. Dies gibt den Röntgenstrahlen die gegenüber Licht sehr kleine Wellenlänge $\lambda = c/f = 24$ pm. Noch höher sind die Energien der Gammaquanten, die aus den Atomkernen kommen. Betrachten Sie *Tabelle 144.1!*

An Quanten so hoher Energie konnte der amerikanische Physiker *A.H. Compton* 1922 die Quantennatur „schlagartig" beweisen. Er ließ Röntgenquanten auf Elektronen prallen, die in Graphit sehr locker sitzen. Dabei wurden die Elektronen wie Billardkugeln weggeschleudert. Das stoßende Quant verlor entsprechend an Energie und Impuls. Da es aber stets Lichtgeschwindigkeit haben muß, konnte es nicht langsamer werden. Der Energieverlust zeigte sich in einer Abnahme der Quantenenergie $W = hf$. Die Quanten hatten nach dem Stoß eine kleinere Frequenz und damit eine größere Wellenlänge. Die Erhaltungssätze für Energie und Impuls waren bei jedem dieser Einzelvorgänge in subatomaren Bereichen hervorragend erfüllt. Erst dieses **Compton-Experiment** veranlaßte die Physiker ab 1922, die Quantenvorstellung ernst zu nehmen. Um 1930 lag dann die Quantentheorie fertig vor. Wir berichten in Band 13 darüber.

Anhang

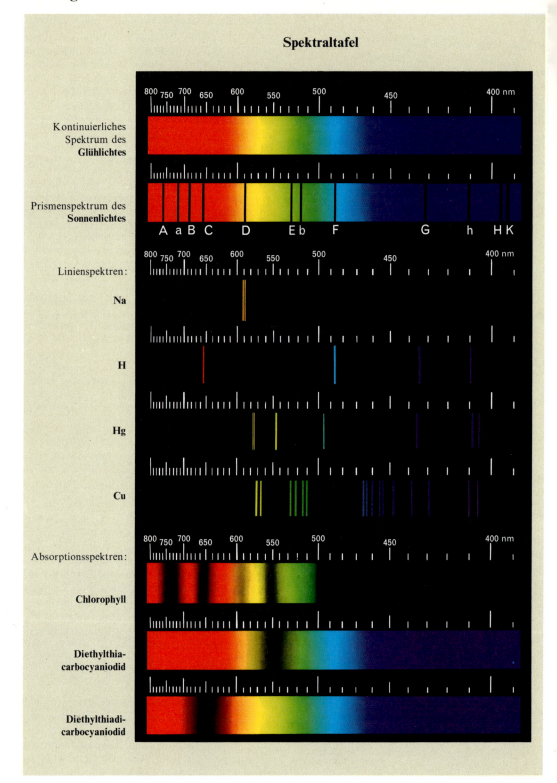

Physikalische Konstanten

	Symbol	Wert
Gravitationskonstante	G^*	$6{,}670 \cdot 10^{-11}$ m³ kg⁻¹ s⁻²
Molvolumen idealer Gase bei NB	V_0	$22{,}414$ dm³ mol⁻¹
Gaskonstante	R_0	$8{,}3143$ J mol⁻¹ K⁻¹
Physikalischer Normdruck	p_0	$101\,325$ Pa $= 1013{,}25$ mbar
Boltzmannsche Konstante	k	$1{,}38062 \cdot 10^{-23}$ J K⁻¹
Avogadrosche Konstante	N_A	$6{,}0221 \cdot 10^{23}$ mol⁻¹
Vakuumlichtgeschwindigkeit	c_0	$2{,}997924562 \cdot 10^8$ m s⁻¹
elektrische Feldkonstante	ε_0	$8{,}85419 \cdot 10^{-12}$ F m⁻¹
magnetische Feldkonstante	μ_0	$1{,}25664 \cdot 10^{-6}$ T m A⁻¹ $= 4\pi \cdot 10^{-7}$ H m⁻¹
Plancksches Wirkungsquantum	h	$6{,}62618 \cdot 10^{-34}$ J s $= 4{,}13570 \cdot 10^{-15}$ eV s
Elementarladung	e	$1{,}6022 \cdot 10^{-19}$ C
Spezifische Elektronenladung	e/m_e	$1{,}7588 \cdot 10^{11}$ C kg⁻¹
Spezifische Protonladung	e/m_p	$9{,}5788 \cdot 10^{7}$ C kg⁻¹
atomare Masseneinheit	$1\,u$	$1{,}6605519 \cdot 10^{-27}$ kg
Elektronenmasse	m_e	$9{,}1095 \cdot 10^{-31}$ kg $= 5{,}48580 \cdot 10^{-4}$ u
Neutronenmasse	m_n	$1{,}6749 \cdot 10^{-27}$ kg $= 1{,}0086650$ u
Protonenmasse	m_p	$1{,}6726 \cdot 10^{-27}$ kg $= 1{,}0072765$ u

Stichwortverzeichnis

Ablösearbeit 138 f.
Amperesches Gesetz 54
Amplitudenmodulation 108
Antiblockiersystem 85
Antiteilchen 144
Antreffwahrscheinlichkeit 146
Arbeit 23
Auflösungsvermögen eines Gitters 132
Ausbreitungsgeschwindigkeit 94
Außenpolmaschine 64
Avogadro-Konstante 28 f.

B-Feld-Messung 39
Bandbreite 112
Bandfilter 112
Bestrahlungsstärke 139
Beugung von Licht 119
–, quantenmechanische 146
Block-Kondensatoren 27
Braunsche Röhre 19, 30, 36
Brechung von Mikrowellen 115

Compton-Experiment 149
Coulombgesetz 53
Coulombkraft 53

Demodulation 109
Dipol 91
Drehkondensatoren 27
Dreifinger-Regel 36, 57
Dreipunktschaltung 89 f.
Dualismus 140

Echo 94
Effektivwerte bei Wechselstrom 66
Eigenfrequenz 91, 107
Eigeninduktivität 69
Eigenschwingungen 99
Elektrolyt-Kondensatoren 27

Elektromagnete 72
Elektron 6, 28, 45, 136
Elektronenblitz 77
Elektronenmasse 45
Elektroskop 22, 26
Elektrostatik 18
Element, galvanisches 6
Elementarladung 28 f.
Elementarmagnete 34
Elementarwelle 119
Energie 8, 11, 22, 47, 77 f., 137
–, chemische 11
–, elektrische 23
–, kinetische 47
–, mechanische 11
– von geladenen Kondensatoren 77
Energiedichte, elektrische 77
–, magnetische 78
Energiequanten 136
Energiesatz 127
Entladekurve 75
Erdfeld 42
–, magnetisches 43
Erhaltungssätze 8, 143
Ersatzwiderstand 13

Fadenstrahlrohr 45
Faraday-Käfig 18
Faradaybecher 19
Faradays Feldvorstellung 16, 58, 101
Farben 123
Federpendel 82
Felder 77
–, elektrische 6, 16
–, homogene 17
–, magnetische 6, 34
–, radiale 17, 53
Feldgesetze, allgemeine 53

Feldkonstante, elektrische 25
–, magnetische 42
Feldkräfte 16
Feldlinien, elektrische 7, 16
–, geschlossene 35
Feldstärke 139
–, elektrische 20 ff.
Fernfeld 101
–, elektromagnetisches 106
Fernkräfte 6
Fernsehröhren 40
Filter 123
Flächendichte 24
Flasche, magnetische 49
Flußdichte, magnetische 38
Fotoeffekt 136, 145
–, äußerer 137, 140
–, innerer 140
Fotozelle 136
Frequenz 94, 123
Frequenzband 112
Frequenzmodulation 112

Gangunterschied 97
Gegenkopplung 85
Generator 56
Geschwindigkeitsfilter 49
Gitter, optisches 127
Gitterspektren 130
Grenzfrequenz 138

Halbleiter 140
Halbwertszeit 75
Halleffekt 39
Hallspannung 39
Heizung, elektrische 11
Hertz-Dipol 91
Hintereinander-Schaltung 13
Hochpass 76
Höhenstrahlung, kosmische 49

Impuls 8
Induktion 56f., 60, 62, 103
Induktionsgesetz 58
Induktionsschleife 74
Influenz 8, 16, 18
Infrarot 133
Inklinationswinkel 43
Innenpolmaschine 64
Innenwiderstand 13
Interferenz 97, 102, 145, 147
— bei Lichtwellen 120
— bei Mikrowellen 120
— bei Wasserwellen 120
—, destruktive 98
—, konstruktive 97
Isolatoren 8
Isotope 51

Kapazität 26
Kirchhoffsche Gesetze 12
Klemmenspannung 13
Klingel 72
Kohärenz 120
— des Lichts 125
Kohärenzbedingung 126
Kondensatoren 26, 75
Kreisbeschleuniger 49, 51
Kreisfrequenz 63
Kristalltonabnehmer 65
Kurzschluß 13
Kurzwellen 110

Ladung 26
—, elektrische 8
—, fließende 9
—, spezifische 46
Langwellen 110
Lautsprecher 40
—, dynamischer 40f.
Leerlaufspannung 13
Leistung 11, 67
Lenzsches Gesetz 61
Licht 136, 147
—, sichtbares 123
Lichtgeschwindigkeit 46, 117f.
Lichtquant 139
Linienspektrum 130
Loch, schwarzes 142
Lorentzkraft 36, 44, 56

Magnetfeld 54, 78
—, homogenes 35
— von Spulen 42
Magnetismus 6, 34
Magnetpole 34
Masse 8, 47
— des Elektrons 46
—, relativistische 47
Massenspektrometer 50
Maxwell-Gleichungen 105
Meissner-Schaltung 84
Meßbereich 14
Messung magnetischer Felder 38

Meßverstärker 10, 26
Mikrowellen 114
Millikan-Versuch 28
Mißweisung 43
Mittelwellen 110
MHD-Generator 59
Motor 56, 72

Nahfeld 101
—, elektrisches 93
—, magnetisches 93

Oszilloskop 32

Paarbildung 143
Parallelschaltung 12
Periodendauer 83
Permeabilitätszahl 42
Phasendifferenz 126
Phasensprung 96
Phasenverschiebung 81
Phasenwinkel 63
Photon 139
Photonenimpuls 142
Photonenlokalisationen 146
Positron 143
Potentiometer 14
Prismenspektrum 131
Proton 6, 47

Quanten 139
— des elmag. Spektrums 144
Quantenobjekte 147
Quellen, elektrische 8
Querwelle 94

Radioastronomie 113
Radioempfang 111
Radiowellen 107
Randbedingungen 100, 107
RC-Glied 75
Rechteckimpulse 72
Reflexion einer Querwelle 96
Reflexionsgesetz für Licht 116
— für elmag. Wellen 114
Regelkreis 85
Resonanz 86, 100
Resonanzkatastrophe 87
Resonanzkurve 87ff.
RL-Glied 75
Rückkopplung 84f.
Ruhe-Energie 47
Ruhemasse 46f.
Rundfunk 107

Schattenkreuzröhre 48
Scheitelspannung 63
Scheitelwert 66
Schwingkreis 80
—, elektromagnetischer 80, 82
—, Frequenzen 83

Schwingung, erzwungene 86
—, gedämpfte 80
—, hochfrequente 89
—, ungedämpfte 81
—, ungedämpfte elmag. 84
Selbstinduktion 69, 73
Spannung 11, 13, 22f.
Spannungsfehlerschaltung 14
Spannungsmesser 14, 26
Spannungsmessung 32
Spektralanalyse 130
Spektrallinien 130
Spektrum, elmag. 134, 144
Spezifische Ladung
— des Elektrons 46
— des Protons 47
Strahlungsgürtel 49
Strom 8ff., 13
Stromfehlerschaltung 14
Strommesser 14
Stromstärke 9
—, momentane 9
Stromwärme 11
Synchrotron 52

Teilchen, klassisches 148
Teilchenbeschleuniger 50f.
Teilspannung 13
Thomsonsche Schwingungs-
  gleichung 83
Tonabnehmer 65
— mit bewegtem Eisen 65
—, dynamischer 65
—, magnetischer 65
Trägerfrequenz 110
Transformator 60, 62, 73

Übersetzungsverhältnis 73
Ultrakurzwellen 110
Ultraviolett 133

Verbraucher, elektrische 8

Wahrscheinlichkeit 148
Wahrscheinlichkeitsdeutung 148
Wechselspannung 73
—, sinusförmige 63
Wechselwirkung 136
Wehneltzylinder 32
Welle 94, 145
—, elektromagnetische 101, 104f.
—, quantenmechanische 145
—, stehende 97
Wellenlänge 94
Widerstand 11
—, spezifischer 12
Wirbelfeld, elektrisches 62
—, magnetisches 35

Zeigerdiagramm 64
Zerstrahlung 143
Zündkerze 72
Zyklotron 51